高职高专经管专业基础课系列教材

应用管理学

—— 面向生产一线员工

主　编　贺迎九　谢恩润
副主编　张松毅　张高兴　张思思　刘子良

WUHAN UNIVERSITY PRESS
武汉大学出版社

图书在版编目(CIP)数据

应用管理学:面向生产一线员工/贺迎九,谢恩润主编 .—武汉:武汉大学出版社,2011. 8(2022.8 重印)
高职高专经管专业基础课系列教材
ISBN 978-7-307-08833-7

Ⅰ.应… Ⅱ.①贺… ②谢… Ⅲ. 企业管理—高等职业教育—教材 Ⅳ.F270

中国版本图书馆 CIP 数据核字(2011)第 108744 号

责任编辑:柴 艺 责任校对:刘 欣 版式设计:马 佳

出版发行:**武汉大学出版社** (430072 武昌 珞珈山)
(电子邮箱:cbs22@ whu.edu.cn 网址:www.wdp.com.cn)
印刷:武汉邮科印务有限公司
开本:787×1092 1/16 印张:15.5 字数:362 千字 插页:1
版次:2011 年 8 月第 1 版 2022 年 8 月第 2 次印刷
ISBN 978-7-307-08833-7/F · 1540 定价:45. 00 元

推荐序

“纸上得来终觉浅，绝知此事要躬行。”2009年春，湖北轻工职业技术学院的贺迎九、谢恩润两位教师和我谈到他们打算写一本以企业生产一线员工和高职学生为读者对象的管理学教材，写书的起因是他们在多年的教学和培训中难以找到一本合适的教材，虽然市面上的管理书籍很多，但要么是宏篇大论、理论艰深，要么是蜻蜓点水、泛泛而谈，因此他们打算自己写一本实用性较强的管理学教材。对此我深表赞同和支持，此后我耳闻目睹了他们编写此书的艰辛过程，今天，他们的付出终有结果。

《国家中长期教育改革和发展规划纲要（2010—2020年）》提出，要加快发展继续教育，继续教育是面向学校教育之后所有社会成员的教育活动，特别是成人教育活动，是终身学习体系的重要组成部分。《应用管理学——面向生产一线员工》一书结合国家教育宏观政策及新时代的特征与需求，立足于生产一线员工的管理知识的教育和发展，将现代企业管理的最新知识和理论与生产一线的管理实践有机地结合在一起，通过精选的管理案例使理论与实践的结合更加紧密。本书具有很强的指导性、实用性和针对性，更适用于高职学生和生产一线员工的管理理论与管理实践的教学和培训，给读者以“忽如一夜春风来”的感觉。

很有意义的是，该书不仅引用了许多企业管理案例，还引用了许多军事管理案例，我认为这是该书的最大亮点之一，可以大大拓宽读者的思路。另外书中每章的末尾还通过针对性较强的“实践训练”来指导学习者进行实践，这非常符合理论联系实际、学以致用、注重能力培养的职业教育思想。

该书也非常注重管理智慧、工作技能的培养与员工综合素质（尤其是道德修养）的关系，体现出很强的教育功能。该书的编者都是在教学和生产一线工作多年、取得一定成就的骨干，他们把自己多年的所学、领悟和体会浸润到书中，这本身就是一种“传经布道”的体现。

该书不仅给读者介绍了外国管理大家的管理思想，而且也介绍了中国古今管理家的思想。在给该书写序时，我不禁想到了许多卓有成就的中国人，在他们学习、生活、工作及创业的经历中，不仅受到外国的先进思想的影响，而且中华民族的传统美德和博大精深的管理智慧对他们也影响巨大。有人说，21 世纪是中国的世纪。中国文化中博大精深的管理智慧必将与西方管理思想撞出火花，在管理领域必将出现具有中国文化印记的管理大家。

《应用管理学——面向生产一线员工》是一本非常合乎时代需求的管理学教材，我相信它一定能帮助学习者提升管理理论水平和综合素养。

李　利
教育部高职评估专家、湖北轻工职业技术学院教授
2011 年 4 月于武昌

前言

通过对许多企业生产一线的调研，为提升生产一线员工的管理理论水平和职业素养，本着"够用为度"的原则，在注重理论与实践、传统与创新、全面与重点相结合的思想指导下，我们编写了这本教材。

应用管理学区别于一般管理学教材的是，它侧重于运用管理理论中的规律和原则，通过对管理政策、管理案例的学习和研究，总结经验和教训，活学活用，以解决问题并实现管理目标。

马克思批评有的理论家只知道"解释世界"，却不明白更重要的是"改造世界"。生产一线员工掌握着一定的管理理论，只不过还没有科学地加以提炼、改进和体系化。本书是面向生产一线员工的应用管理学，所以侧重于在"战术"、技术和思想文化层面对生产一线员工进行综合素质提升，即侧重于指导生产一线员工对管理知识的科学理解和应用，从而使生产一线员工在服从上级命令时能服从而不盲从，在干好本职工作时能坚守而不死守（指不思进取），在处理人际关系时能和谐而不妥协（指不讲组织原则、怕得罪人的一团和气），在追求组织和个人绩效时能注重成就与过程的科学结合，而不是"只看结果，不问原因"，"只看结果，不问原因"必然会产生唯利是图、见利忘义的短期不良行为。

本书准确地定位和服务于高职学生（未来的生产一线员工）和企业的生产一线员工，避免了泛泛而谈，给读者以新鲜感和现实感，能让学习者学以致用、触类旁通。本书力求通过精选管理案例使理论与实践结合得更加紧密，使之更适用于高职学生和生产一线员工的理论学习。

本书借鉴管理大师明茨伯格所著《明茨伯格管理进行时》的编撰经验，**在全书中用黑体突出重要语句**，作为对要点的总结和提示，如果读者很忙，便可通过这些语句追寻本书的论述主线，并在最感兴趣的论点附近深入探究一番。本书的"实践训练"有益于提高读者的实践能力，读者可结合个人与企业的实际情况，开展有针对性的训练。本书的“相关链接”和“推荐阅读”有助于读者开阔视野，如果读者很忙，可以在闲暇时再阅读。

在编写本书的过程中，编者深受中国著名企业家青岛啤酒集团总裁金志国博士、中国著名军事专家戴旭上校等人的先进思想的启发，同时也参考了许多相关著作和教材。

本书的编写得到了武汉科技大学贺尊博士后、教育部高职评估专家李利教授和武汉大学出版社柴艺编辑的精心指导，他们提出了许多宝贵建议。湖北轻工职业技术学院杜波涛、黄爱国、崔汉斌等老师在本书的编写过程中积极与一些企业进行沟通，并得到了企业的大力支持。

在此我们谨向上述企业家、专家、学者们深表谢意！

参加本书撰写的有（按章节顺序）：贺迎九撰写第 1、2、4、5、7 章；张松毅撰写第 3、18 章；张思思撰写第 6、16 章；刘子良撰写第 8、15 章；杜波涛和贺迎九撰写第 9 章；谢恩润撰写第 10、19 章；张高兴撰写第 11 章；孟泽祥撰写第 12 章；张高兴和侯万彪撰写第 13 章；汪拥军撰写第 14 章；李庆平撰写第 17 章；本书主编贺迎九、谢恩润和副主编张松毅、张高兴、张思思、刘子良等研究制定了写作提纲，并对有关章节进行了修改和完善，最后由贺迎九和谢恩润进行统稿和定稿。

由于编者的管理理论知识和实践知识有限，书中肯定存在不少缺陷和错误，衷心希望读者批评指正。

编　者

目录 CONTENTS

第一编　学习管理知识的意义

第二编　管理的基本职能

第三编　文明生产与管理技能

第四编　软实力提升

第一编
学习管理知识的意义

的确，我们可以系统化地将管理者的工作进行分析和分类，换言之，管理工作具备明显的专业特性和科学的一面。**管理一家企业绝非单凭直觉或天赋就能胜任。管理的要素和要求是可以进行分析的，是能够予以系统的组织的，是能够被任何具有正常天资的人所学会的。**系统地学习原理，掌握有条理的知识，系统地分析其在工作所有领域中的表现，将提高管理者的绩效。

——管理大师德鲁克

第一章 绪论

第一节 学习管理知识的必要性

被誉为“管理理论之父”的法约尔指出，**技术职能长久以来已经物就其位，但是它并不能保证企业的顺利发展，因为它必须依靠其他基本职能的协作，尤其是管理职能的协作。**

管理知识和管理工具在不断地推陈出新，许多企业进行了很多次不同方面的管理培训，但在生产一线取得的效果怎样呢？

事实证明，经历了认证、培训，运用了先进管理工具的企业在生产一线还是出现了不尽如人意的地方。我们认为，**造成这种结果的根源之一在于企业不重视生产一线员工对管理知识的系统学习和运用，**就像法约尔所说，技术发展了，管理还需要跟上，而这些企业在管理方面还有欠妥之处。

席西民指出，怎样看待管理？怎样面对问题？怎样定位人生？管理因与人有关，始终处于一种动态的竞争和博弈的环境下，因而管理永远都是复杂和富于挑战的活动。企业要弄清生产一线出现问题的真实原因，要解决生产一线出现的管理问题，就必须充分认识到学习管理知识的必要性。

一、“以产品为根，以生产一线员工为本”的管理理念要求生产一线员工必须学习管理知识

管理理论和工具的创新始终不应脱离“经济绩效”这一首要职能。

管理大师德鲁克指出，如果未能创造经济成果，就是管理的失败。如果管理层不能以顾客愿意支付的价格提供顾客需要的产品和服

务，就是管理的失败。如果管理层未能令交付于它的经济资源提高或至少保持其创造财富的能力，也是管理的失败。

我们只有拨开“向管理要效益”的各种管理理论和管理手段的迷云（每层迷云都贴着“核心竞争力”的标签），才能发现企业取得经济绩效的所有核心竞争力的附着点是什么，达成“以产品为根，以生产一线员工为本”的管理理念。

第一，企业是以“顾客需要的产品和服务”这个第一要素作为决策基础和依据的。企业通过商品交易的方式对外出售产品来获利，没有“顾客需要的产品和服务”作为决策基础和依据，所有管理理论和管理手段都是空中楼阁或水中捞月。

第二，产品是具备生产优质产品的职业素养的生产一线员工生产出来的。没有生产一线员工的认真负责，优质产品是无法生产出来的。

“以产品为根，以生产一线员工为本”是我们强调学习管理知识的出发点。

正如柯林斯在《基业长青》中所言：“我们发现，今天很多‘新颖’或‘创新’的管理方法其实一点都不新。很多今天流行的术语，诸如员工持股、授权、持续改善、全面质量管理（TQM）、共同愿景、共同价值观等，都是经过重新包装和更新的旧做法，有些做法甚至可以追溯到19世纪的最初10年。”①

“以产品为根，以生产一线员工为本”有利于帮助我们回归一个最根本的思路：**任何新的管理理论和管理工具都不能脱离“顾客需要的产品和服务”和生产产品的生产一线员工。**

有的企业在管理理论和工具的复杂性、多样性面前没有理顺这个思路，片面强调产品的质量和成本，并为此对一些时髦的管理手段和管理工具加以运用，不重视产品是否能满足顾客需要，不注重把握行业本质，也不重视对员工的关爱和培养，结果顾此失彼，导致生产一线员工的消极应对和机械运用。员工成为没有情感和灵魂的肉体机器，生产一线必然隐藏着质量危机、安全危机、跳槽危机、罢工危机等，这就是为什么经过了培训认证的企业也会出现不尽如人意的情况的本质原因，这些企业的培训忽视了对员工的精神导向，忽视了对生产一线员工的关爱和培养。

“以产品为根，以生产一线员工为本”的管理理念是企业所有核心竞争力的管理“原点”和根本。所有关于生产一线的管理理论只有在此思想的统帅之下才能发挥其应有的作用。

但要让这个核心的微观理念被接受、强化并应用到管理工作中，还必须让生产一线员工系统学习管理知识，**任何教人怎么做的秘方都几乎注定会过时**，只有在系统学习并正确运用管理知识后，学习者才能避免或断章取义，或机械应用，或成为实用主义者。这就好像教育士兵，仅仅教育他们服从上级、掌握单兵技能还不够，必须教育士兵懂得基本的战争理论和战术思想，否则士兵们就会“四肢强壮，头脑简单”。

许多有先见之明的企业通过建立学习型组织，对企业员工进行管理知识培训，提高员工的管理素养，并借此提高企业竞争力。如果在管理知识的学习热潮中跟不上时代步伐，这样的企业必将被时代所抛弃。企业必须组织员工由浅入深地对管理知识进行学习，通过

① 柯林斯：《基业长青》，中信出版社，2006年版，第XVIII页。

融会贯通领会管理知识。

二、企业要永续经营，就必须让生产一线员工系统学习管理知识

三鹿集团破产，昭示着“以产品为根，以生产一线员工为本”管理理念的不可颠覆，也让我们深深地认识到生产一线员工学习管理知识的重要性。当时全国牛奶销量第一的三鹿集团在生产技术、产品组合、企业形象、知名度、市场占有率等核心竞争力方面都是行业的巨擘，其“伟业大厦”一夜崩溃坍塌就是因为轻视“以产品为根，以生产一线员工为本”。该集团从董事长到部分生产一线员工，明知产品不合格还要继续生产和销售，甚至他们自己也喝自己生产的“毒奶”，这种在企业价值观方面集体麻木、集体迷失方向的现象值得我们深深地反省：不重视“以产品为根，以生产一线员工为本”，企业终将失败。

2011年发生的双汇集团“瘦肉精”事件再次给我们上了一课：企业必须“以生产一线员工为本”，让他们通过系统学习管理知识来提高严防出现产品质量事故的自觉性和责任感。

相关链接

双汇董事长：公司不会轻易被扳倒 我也是受害者（节选）

如同一颗重磅炸弹，“瘦肉精”事件引爆肉类加工企业，号称“中国最大的肉类加工基地”的双汇集团首当其冲。

在2011年3月22日的内部会议上，双汇集团提出了“快速恢复销量”计划：“全力帮助客户做好市场启动工作，目标分成三个阶段：一是3月底将销量恢复到2 000吨/天以上；二是到4月15日恢复到3 500吨/天以上；三是到4月底恢复到5 000吨/天以上，推动市场销售尽快步入正常轨道。”

这意味着双汇集团销量至少下降了60%。双汇集团去年利润是43亿元，今年计划获利54亿元，在销量迅速下降的情况下，如何保障资金链不断裂，是最为严峻的考验。

双汇集团能否从这次食品安全事件中汲取经验教训？公众拭目以待。3月21日，双汇集团董事长万隆首次面对媒体，接受《瞭望东方周刊》独家专访。

《瞭望东方周刊》：2002年，农业部明确禁用“瘦肉精”，最高人民法院、最高人民检察院也出台了关于非法生产、销售、使用“瘦肉精”的司法解释。“瘦肉精”事件发生，是我们都不希望看到的。你认为是这样吗？

万隆：这一次对我们来说是教训，什么教训？我们抽检的比例太低。对于“瘦肉精”，国家有关部门规定，按照1%、3%、5%的比例抽检，现在看起来是有漏洞的。即使抽检了10%，其余90%你也很难保证没有问题。

“三聚氰胺”事件和“瘦肉精”事件有区别吗？

《瞭望东方周刊》：当年“三聚氰胺”事件发生时，几乎没有人意识到三鹿集团

会轰然倒下，因为那是行业问题。现在的“瘦肉精”事件，也有人认为是行业问题。你认为“三聚氰胺”事件和“瘦肉精”事件有区别吗？

万隆：我觉得二者有本质上的区别。“三聚氰胺”事件是他们的企业使用了“三聚氰胺”，我们的企业不是使用了“瘦肉精”，而是上游的产业使用了“瘦肉精”，产品流入我们这里了。

《瞭望东方周刊》：这个“本质区别”是怎么界定的？

万隆：他们是使用，我们是上游产品流入我们这里。如果他们不造、不用“瘦肉精”，我们的猪肉产品就可以100%安全，不管在哪里买都是安全的。对我们这种肉类加工企业，要从源头上解决问题。

《瞭望东方周刊》：如何从源头上解决问题？

万隆：如果政府在源头把制造“瘦肉精”这些有害、有毒药品的厂堵死，企业就不需要承担高昂的检测代价。政府监管部门有责任净化这个市场，确保我们的源头安全。

《瞭望东方周刊》：经过“瘦肉精”事件，双汇集团会不会“拆分”？

万隆：我们企业不会“拆分”，也没有必要“拆分”。我们企业这20多年来由1 000万元发展到500多亿元，全体员工付出了很大的努力。这些年，我们给国家缴税达100多亿元。所以，我们企业的凝聚力是很强的。我们企业实现整体上市，市值超过1 000亿元。无论从资本市场看，还是从产品结构看，我们这个企业还是有竞争力的。

资料来源：http：//finance. ifeng. com/news/special/shchouwen/20110401/3807761. shtml

（**编者注**：双汇集团为了使自己不变成第二个“三鹿”，已经决定把生猪抽检变成“头头检”。据万隆介绍，屠宰一头生猪利润最多是50元。仅“头头检”这一项，就吃掉他们利润的一半多。万隆毫不讳言：“如果再出现一次类似瘦肉精事件的危机，双汇就死定了。”然而，一位不愿透露姓名的业内人士并不乐观：“双汇的广告语是‘十八道检验，十八道安全’，瘦肉精事件让这一广告语成为插向消费者内心的一把匕首，十几年甚至二十几年的信任毁于一旦。双汇如果想在消费者心中重新树立品牌形象，可能需要长达几年的时间。”）

青岛啤酒集团的成功，是重视“以产品为根，以生产一线员工为本”的现实写照。该集团总裁金志国先生在《一杯沧海：我与青岛啤酒》中记述了这样一个感人的故事：20世纪90年代初，青岛啤酒厂积压了一批快过期的啤酒，这是该厂首次遇到销售难题。新任领导在确认这批啤酒的质量后，决定“重新打上新日期”，但是，当时在场的所有干群无一响应！

具备生产优质产品的职业素养、以诚信生产为使命的生产一线员工，帮助企业筑起了一道不可攻克的质量长城！

巴纳德就曾指出，**一项命令是否有权威性取决于接受命令的人，而不是取决于权威当局或发布命令的人。**

企业要贯彻价值观，就必须仰赖具备生产优质产品的职业素养、以诚信生产为使命的生产一线员工，他们是接受命令的人，是决定一项命令是否有权威、有成效的关键因素。而要培养如此优秀的员工，必须通过系统学习管理知识才能做到。

德鲁克指出："管理者能否管理好别人从来就没有被真正验证过，但**管理者却完全可以管理好自己**。实际上，让自身成效不高的管理者管好他们的同事与下属，那几乎是不可能的事。管理工作在很大程度上是要身体力行的，**如果管理者不懂如何在自己的工作中做到卓有成效，就会给其他人树立错误的榜样**。"①

企业要加强执行力建设，就必须培养既能管理好自己，又能给其他人树立正确榜样的管理者，而这必须通过系统学习管理知识才能做到。

"以产品为根，以生产一线员工为本"的管理理念是所有生产一线管理理论的根基。只有通过系统学习管理知识，并结合管理现实中的经验和教训，才能强化生产一线员工对"以产品为根，以生产一线员工为本"的管理理念的深刻理解，从而培养出一大批类似青岛啤酒集团的不盲从权威者或发布命令的人、严守企业质量长城的生产一线员工。

三、只有系统学习管理知识，才能组建一支富有主人翁精神的员工队伍，进而为企业培养接班人奠定基础

"科学管理之父"泰勒指出："我们都在寻找别人培养起来的、现成的、有才干的人，**但我们的天职和良机是系统地联合培养并造就这样有才干的人，而不是猎取别人培养的人**。只有充分认识到了这一点，我们才算走上了提高全国性效率的正确道路。"②

但是，当今的很多企业不重视培养人才，不重视生产一线员工对管理知识的学习，究其原因主要有：

一方面，企业认为生产一线员工没必要学习管理知识，只要服从指挥，会操作机器，能生产出合格产品就行，甚至连部分生产一线员工也这样认为；第二次世界大战时美国一些大企业的生产一线员工，多数不懂也不学管理知识，照样以极高的生产率生产出战时急需的产品，现在的一些知名企业也是如此，企业以此推断，生产一线员工没必要学习管理知识。

另一方面，企业认为生产一线员工学习管理知识会产生额外费用，不利于企业的经济绩效。国内外知名企业经常对员工进行专业技术方面的培训（有些培训是法律规定的），鲜见另拿出一笔费用对生产一线员工进行管理知识的培训。

德鲁克认为，知识工作者是将自己所学投入工作中并据此取得酬劳而不是根据体力或手工技能获得酬劳的人。他指出：即使是全时工作的员工，完全听命行事的下属也越来越少，甚至基层工作也是如此。他们越来越属于"知识工作者"，知识工作者不是部属，而是伙伴。通过见习阶段以后，知识工作者比他们的老板更了解他们的工作，否则他们就不能发挥什么作用。事实上，他们比组织里任何人更懂得他们的工作，这也是他们被称为"知识工作者"的部分缘由。

---

① 德鲁克：《卓有成效的管理者》，机械工业出版社，2008年版，第Ⅻ页。

② 泰勒：《科学管理原理》，机械工业出版社，2009年版，第ⅩⅦ页。

柯林斯则指出：**高瞻远瞩公司从内部员工中培养、提升和慎重选择管理人才的程度，远远超过对照公司，他们把这件事当成保存核心要素的关键因素。**

企业因产品质量事故、生产安全事故、员工跳槽、罢工甚至自杀等引起的“后院起火”现象，根源都在于没有重视“以产品为根，以生产一线员工为本”的管理理念，没有把生产一线员工当做像知识工作者那样的伙伴，在提拔干部和选择接班人时不注重在企业内部进行培养，因此就不能凝聚人心，不能建立一支富有主人翁精神的、稳定的生产一线员工队伍，甚至有的企业精心培养的员工会跳槽为竞争对手服务。

树立了“以产品为根，以生产一线员工为本”的管理理念，就能够高度重视产品质量以及对生产一线员工的关爱和培养，就能够视生产一线员工为伙伴，就能够形成“用制度来约束，用文化来改变，用情感来感染，用事业来激励”的管理风格。在“以产品为根，以生产一线员工为本”理念的指导下，企业就能够返璞归真，不被形形色色的、正在流行的管理理论和管理工具而迷惑（并不是说这些理论和工具不好），就能够狠抓内功，做到“君子务本，本立而道生”，从而为提升产品质量和效益、建立一支稳定的员工队伍打下坚实基础。

第二节　学习管理知识的意义

管理知识是人类智慧的结晶，“向管理要效益”的前提必须是企业有一大批员工能学习理解并正确运用管理知识。

我们认为，在当今**“合作竞争”、“联合竞争”**的态势下，企业的生产一线员工只有不断学习管理知识，才能不断提高技术和管理水平，不断提升职业素养，从而**提升整个企业的竞争实力**。因此，学习管理知识具有非凡的意义。

一、有助于提高理性分析和处理事物的能力，避免人云亦云，做到守正出奇

西蒙认为：人类的优势是，他不必确定每个特定决策的结果，只要通过实验、知识交流以及对结果进行理论预测等方法，他就能将相对较少的经验作为大范围决策的依据。这就达到了明显节省思考和观察的效果。

生产一线员工面临着职业岗位选择、职业能力培养、融入企业文化、未来发展潜力、企业公共关系、职业生涯规划等问题，以怎样的思路和方法去解决这些问题？西蒙的以上理论给我们指出了方向：只有让他们系统学习相应的管理知识和参加管理实践，才能积累知识和经验，才能为他们提供良好的思维模式和方法，才能在管理知识的复杂性和多样性面前避免人云亦云，做到守正出奇。

二、有助于人格的提升和人际关系的改善，有助于树立良好的个人形象

人格是人的性格、气质、能力、道德品质等特征的总和。法约尔认为，**涵盖了大量应用知识及丰富的个人素质的管理学，实际是一种塑造人的艺术。**

德鲁克指出：**“公司的本质和目标不在于它的经济业绩，也不在于它形式上的准则，**

而在于人和人之间的关系，包括公司成员之间的关系和公司与公司外部公民之间的关系。”①

西蒙指出：“智力觉醒同时也是一种道德上的觉醒。”②

美国思想家爱默生认为，劳动的真正价值就是知识和美德，财富和信誉只不过是标记。

管理知识是人类历史积淀下来的智慧，它能帮助生产一线员工更好地了解和提升自己，能让他们在工作中丰富知识和美德，看淡财富和信誉，增强工作责任心，懂得如何尊重自己和他人，如何承担社会责任，如何充分开启人性中真、善、美的一面，如何有效培养自己的情商等，这些能帮助生产一线员工更好更快地适应社会、适应工作，能帮助生产一线员工提升人格和搞好人际关系，并树立起良好的个人形象。

三、有助于更好地理解管理者的愿景，提出管理建议，增强自己对企业的主动适应性，有助于主人翁精神的培养

德鲁克认为，只有当员工拥有管理者的愿景时，也就是说，如果员工能站在管理者的角度来看待事业，认为自己的绩效将影响企业的兴衰存亡，那么他就会承担起达到最高绩效的责任。

管理知识能帮助生产一线员工从管理者和被管理者两个角度换位思考，能更好地理解管理者的愿景并提出建议，能使管理者与被管理者加强沟通合作，能使他们以主人翁精神为企业的发展励精图治。

四、有助于提高管理技术和管理水平，不断提升职业素养，增强企业竞争力

德鲁克认为，管理工作具备明显的专业特性和科学的一面。管理一家企业绝非单凭直觉或天赋就能胜任。管理的要素和要求是可以进行分析的，是能够予以系统地组织的，是能够被任何具有正常天资的人所学会的。系统地学习原理，掌握有条理的知识，系统地分析其在工作所有领域中的表现，将提高管理者的绩效。

生产一线员工通过学习管理知识，认识到“以产品为根，以生产一线员工为本”的管理理念，就能够正确认识自己在企业中的重要地位，认识到企业的发展和一线员工的发展是相互促进、相互依存的，就能够自觉学习，激励自己不断提高技术和管理水平。管理知识为学习者提供了凝聚着人类智慧的管理理论以及良好的思维模式和方法，能使学习者事半功倍、触类旁通，能帮助学习者提高管理技术和管理水平，不断提升职业素养，企业将涌现出许多可供挑选的中高层管理人才，从而提升整个企业的竞争实力。

五、有助于加强自我管理

德鲁克认为，在21世纪，即使平凡的人也应学习自我管理。自我管理的重要方面主

① 德鲁克：《公司的概念》，机械工业出版社，2009年版，第12页。

② 西蒙：《管理行为》，机械工业出版社，2007年版，第215页。

要包括：（1）我是谁？我的长处何在？我做事的方法为何？（2）我的归宿在何处？（3）我的贡献是什么？（4）对关系负责。（5）管理下半生。

同时，大多数主管到了45岁，早已攀上了事业生涯的高峰，20年的反复磨练，让他们在工作上驾轻就熟，同样的工作已不再意味着学习、贡献、挑战与满足，**而以后还有20多年的路要走，大多数主管就会因厌烦而产生"中年危机"**。通过学习管理知识，通过加强自我管理，就能积极应对企业主管的"中年危机"。

六、有助于塑造良好的企业形象

法约尔描述了这样一种现象："在技术领域里，如果领导人违反了某些既定规则，他的威望可能被怀疑，**而在管理领域里，领导人却可能无所顾忌地做些惹恼大家的事。**"①

目前这种现象还在继续。生产一线员工通过系统学习管理知识，就能在生产领域营造出人人学管理、个个懂管理、事事讲管理的良好氛围，就能有效根除这种现象。

生产一线员工系统学习管理知识，还能使企业上下一心、共学共管，就能在人力资源方面取得优势，就能塑造良好的企业形象。

第三节　学习管理知识的方法

学习管理知识应该实事求是，管理知识在运用时不是放之四海而皆准的，不能全盘照搬。

席西民指出：管理知识浩如烟海，管理技术和技能多如牛毛，而且随着时代和环境以及文化的变化，同一种知识和技能的应用还有很强的环境依赖性，这就使管理知识的学习变得很难把握，许多人不知道看什么样的书，有的人看完书或听完课后的体会是当时明白了，也听懂了，但仍不知道怎样管理！实际上管理的学习同经济学、自然科学一样，首先在于掌握基本的思想和方法论。管理面对的是实际的企业、组织和人，一般规律对他们有用，但他们往往也有独特性，这也使管理具有科学、艺术、实务、思想等多种属性，所以不能僵化地看待管理知识，**在理解和运用管理知识时一定要注意其使用对象的特殊性**。其次，管理者手中能够应用的武器有两方面：科学的带有普遍性的技术、方法以及与人有关的随情况变化的涉及心理和行为的具有艺术特色的知识和经验。前者容易通过书本学习，后者则要通过实践或者案例教学学习和体会。再次，管理重在明确目标，围绕目标选择最佳或最满意的路径，而完成这一任务除了高瞻远瞩、运筹帷幄的能力以及丰富的知识和经验外，最基本的是要学会和善用成本效益分析工具。最后，所谓"三人行必有我师"，无论成功与失败，任何管理实践中都蕴含着知识和经验，所以，对于管理来说，处处留心皆学问。要增加自己的管理知识和丰富自己的管理经验，就要善于观察组织及人的行为和实践活动，勤于思考和提炼，日积月累也是重要途径。这段话对生产一线员工学习和运用管理知识具有很强的指导作用。

在学习管理知识时，应注意如下前提和方法：

---

① 法约尔：《工业管理与一般管理》，机械工业出版社，2007年版，第16页。

一、要树立正确的人生价值观和伦理观念

三鹿集团曾是中国知名的乳品企业，连续五年进入中国企业500强，品牌价值曾高达149.07亿元。2008年三鹿牌婴幼儿配方奶粉重大食品安全事故发生后，该集团遭受沉重打击。2009年1月22日，董事长田文华以犯生产、销售伪劣产品罪一审被判处无期徒刑，剥夺政治权利终身，并处罚金人民币2 468万余元。2009年2月12日法院正式宣布该集团破产。

田文华能当上知名企业的董事长，应该说她的综合素质是一般人难以企及的，其“一着不慎，满盘皆输”的根源还是在良心、做人的原则以及由此衍生的法律意识方面出现了重大问题。

因此，在学习现代企业管理时，**我们始终要摆正个人的人生价值观、道德观与社会责任感的关系**，只有这样才能科学地理解和运用现代企业管理理论。

德鲁克就指出：“管理者的新任务要求未来管理者的每一项行动和决策都根植于原则，管理者不只通过知识、能力和技巧来领导部属，同时也通过愿景、勇气、责任感和诚实正直的品格来领导。无论管理者接受的是通才教育还是管理教育，由于将来的情况会与过去的情况不一样，**在将来最起决定性作用的既不是教育，也不是技能，而是一个人诚实正直的品格。**”①

二、假设自己是管理者，模拟处理案例或身边的管理问题

注重对行业中的时事热点问题的有关讨论报道。比如把自己当成三鹿集团的生产一线员工，你明知原奶或成品奶的三聚氰胺超标，你会怎样？如果你是企业的管理者，你该如何处理？你的企业管理者又是怎样处理的？

三、活学活用，善于用管理知识处理有关问题

根据时代的要求，强化生产一线员工对管理知识的学习，培养他们的先进管理意识是很有必要的。企业和员工都必须与时俱进，顺应时代潮流，认真探索企业发展的管理特点，应实事求是、活学活用，将新知识、新技术、新工艺及时地反映到生产一线的实践中来。比如有的企业在节能降耗方面取得实效，我们能否借鉴？

四、要扩大自己的知识视野

管理学是一门涉及面广、实践性强的综合性学科，在学习管理知识时，要广泛地涉猎经济学、社会学、心理学、法律、政治、历史、军事等知识，只有这样才能触类旁通、增进智慧。

五、要构建学习型组织，积极地进行实践演练

要树立“**每一位员工都是管理者**”的主人翁思想，不断寻求决策层领导的帮助和支

① 德鲁克：《管理的实践》，机械工业出版社，2009年版，第313页。

持，在领导的帮助和指导下，在班组、工段和车间成立管理知识学习小组，要不断提出合理化建议，以及一些企业或岗位的成功做法，以及一些新兴的管理理论、管理手段和管理工具，要结合企业实际，积极地、科学地进行实践演练。

我们应该充分认识到学习管理知识的必要性和意义，要不断地学习管理知识，掌握正确的学习方法，只有这样才能提升自己的管理能力，才能实现自己的理想。

实践训练

1. 向企业的总经理或部门负责人请教：他们的管理理论水平和实践能力是如何不断提高的？

2. 在以后的学习和管理实践中，建议阅读如下书籍及观看如下影视节目：

书籍：《弟子规》、《曾国藩家书》、《智谋大全》（冯梦龙著）、《卓有成效的管理者》、《一杯沧海：我与青岛啤酒》、《狼图腾》、《定位》、《细节决定成败》、《孙子兵法》、《C形包围——内忧外患下的中国突围》。

影视节目：《首席执行官》、《决战中的较量》、《亮剑》。

案例分析

金口玉言，尚方宝剑否决权

为确保质量，燕京啤酒集团公司（以下简称燕京）专门成立了质量管理机构，对啤酒生产各环节实行质量把关，每月由厂办牵头，组成由基础科、设备科、检验科等单位参加的质量审核组，对各车间的工艺执行、设备运转、操作卫生及安全生产情况进行不定期全面检查，并按质量经济责任制进行考核。同时，检验科在各车间都“派驻”检验员，形成了严密的质量监督网，这些专职检验员拥有厂长的“尚方宝剑”——质量否决权。检验员的“金口玉言”，即使是厂领导也得“洗耳恭听”。

一次，检验员发现一瓶酒里悬浮着两根细小的纸纤维，果断行使否决权，停机、封库、查酒，并及时追回了运出厂的4 000箱啤酒。再一次，第二糖化车间在试车过程中有一锅麦汁颜色发深，为保证质量，检验科果断实行使了质量否决权，把价值3.5万元的麦汁全部倒掉了。

董事长李福成反复告诫大家：“要像保护眼睛一样，保护产品质量；要像珍惜生命一样，珍惜企业品牌。”他在职工大会上提出：“谁砸企业的牌子，就等于砸自己的饭碗。”燕京三次修改完善规章制度，建立质量保证体系，花400多万元购买进口检测设备，生产过程实现在线检测，一项项管理制度，一层层管理措施，一个个深入人心的观念，使燕京从上到下筑起了捍卫燕京产品质量的长城，每天，看到一车车包装精美的燕京啤酒从厂门口源源不断地运出，任何一个燕京人都会十分自信地告诉你，多的不用说，燕京啤酒保证运酒的踏实，卖酒的放心，买酒的满意。

资料来源：http://www.yanjing.com.cn/admin/WebAction/ShowList2.asp? sectionId=53

◎分析思考：生产一线员工学习管理知识对员工个人和企业的意义有哪些？

推荐阅读

哈佛的“幸福课”(节选)

出人意料，2005年哈佛最受欢迎的选修课是“幸福课”，听课人数超过了王牌课——经济学导论。教这门课的是一位名不见经传的年轻讲师，名叫泰勒·本-沙哈尔。

在一周两次的“幸福课”上，本-沙哈尔没有大讲特讲怎么成功，而是深入浅出地教他的学生，如何更快乐、更充实、更幸福。

“我曾不快乐了30年。”本-沙哈尔这样说自己。

他也是哈佛的毕业生，从本科读到博士。在哈佛，作为三名优秀生之一，他曾被派往剑桥进行交换学习。他还是一流的运动员，在社团活动方面也很活跃。但这些并没有让他感到持久的幸福。他坦言，自己的内心并不快乐。

“最初，引起我对积极心理学感兴趣的是我的经历。我开始意识到，内在的东西比外在的东西，对幸福感更重要。通过研究这门学科，我受益匪浅。我想把我所学的东西和别人一起分享，于是我决定做一名教师。”

我们来到这个世上，到底追求什么才是最重要的?

本-沙哈尔坚定地认为：幸福感是衡量人生的唯一标准，是所有目标的最终目标。

“人们衡量商业成就时，标准是钱。用钱去评估资产和债务、利润和亏损，所有与钱无关的都不会被考虑进去，金钱是最高的财富。但是我认为，人生与商业一样，也有盈利和亏损。”

“具体地说，在看待自己的生命时，可以把负面情绪当做支出，把正面情绪当做收入。当正面情绪多于负面情绪时，我们在幸福这一‘至高财富’上就盈利了。长期的抑郁，可以被看成是一种‘情感破产’。整个社会也有可能面临这种问题，如果个体的问题不断增长，焦虑和压力的问题越来越多，社会就正在走向幸福的‘大萧条’。”一项有关“幸福”的研究表明，人的幸福感主要取决于3个因素：遗传基因、与幸福有关的环境因素以及能够帮助我们获得幸福的行动。而积极心理学可以帮助人们活得更快乐、更充实。幸福，是可以通过学习和练习获得的。本-沙哈尔说：“我知道它是可行的，因为它已深深地帮助了我。”我们的很多课，都在教学生如何更好地思考、更好地阅读、更好地写作，可是为什么没有人教学生更好地生活呢？把艰深的积极心理学学术成果简约化、实用化，教学生懂得自我帮助，这是本-沙哈尔开设“幸福课”的初衷。

幸福，应该是快乐与意义的结合。

让本-沙哈尔对幸福的理解发生根本转变的起因，是他早年的一次重要经历。16岁那年，在以色列长大的本-沙哈尔获得了全国壁球赛的冠军。在长达5年的训练中，空虚感如影相伴，他一直觉得生命中缺少了什么。虽为此闷闷不乐，但他仍坚信：无论身体或心理都要坚强，才能最终取胜；而胜利，一定会带来充实感，也能让自己最终幸福。

终于，本-沙哈尔如愿以偿，夺冠后的他欣喜若狂，和家人、朋友举行了隆重的庆贺活动。那时，他对自己的理念更加深信不疑：成功可以带来快乐，过去所受的种种苦痛，都是值得的。

“可就在那天晚上，睡前我坐在床上，试着再回味一下无限的快感。可是突然间，那种胜利的感觉，那种梦想成真的喜悦，所有的快乐，都消失得无影无踪。我的内心忽然又变得很空虚，只有迷惘和恐惧。泪水涌出，不再是喜极而泣，而是伤心难过。在如此顺意的情况下，尚不能感到幸福的话，那我将到何处去寻找我人生的幸福?”

他极力让自己镇定，并告诉自己这只是暂时的神经过敏。但在接下来的日子里，他仍没有找回快乐；相反，内心的空虚感越来越重。慢慢地他发现：胜利，并没为他带来任何幸福，他所依赖的逻辑彻底被打破。“从那时起，我开始对一个问题非常着迷：如何才能得到真正的幸福?”

本-沙哈尔注意观察周围的人，谁看起来幸福，他就向谁请教。他读有关幸福的书，从亚里士多德到孔子，从古代哲学到现代心理学，从学术研究到自助书籍等。最后他决定去大学主修哲学和心理学。

他的幸福观逐渐清晰起来：幸福，应该是快乐与意义的结合。

“一个幸福的人，必须有一个明确的、可以带来快乐和意义的目标，然后努力地去追求。真正快乐的人，会在自己觉得有意义的生活方式里，享受它的点点滴滴。”本-沙哈尔总结出这样3种工作境界：赚钱谋生、事业、使命感。

如果只把工作当成任务和赚钱的手段，就没有任何的个人实现。这样每天去上班，只是必须而不是想去，他所期盼的，除了薪水，就是节假日了；把工作当事业的人，除了注重财富的积累外，还会关注事业的发展，如权力和声望等。他们会关心下一个升职的机会，期望从副教授到终身教授、从教师到校长、从职员到主管、从编辑到总编辑；假如把工作当成使命，那么工作本身就是目标了。薪水、职位固然重要，但他们工作，是因为他们想要做这份工作，动力源自内心。工作是一种恩典，而不是为人打工。他们对工作充满热情，在工作中自我实现，获得充实感。他们的目标，正是自我和谐的目标。

不同的人，会在不同的事情里找到意义，如创业、当义工、抚养子女、行医甚至是打家具。重要的是，选择目标时，必须确定它符合自己的价值观、爱好，符合自己内心的愿望，而不是为了满足社会标准，或是迎合他人的期待。“真我的呼唤”，就是使命感。

“那真是神奇的时刻。”本-沙哈尔用一段话描述这种美妙的体验：“我甚至形成了一种迷信，世上确实有看不见的力量在帮我。只要你追随自己的天赋和内心，你就会发现，生命的轨迹原已存在，正期待你的光临，你所经历的，正是你应拥有的生活。当你能够感觉到自己正行走在命运的轨道上，你会发现，周围的人，开始源源不断地带给你新的机会。”

“在追求有意义而又快乐的目标时，我们不再是消磨光阴，而是在让时间闪闪发光。”

资料来源：http：//www. cecm. net/show. asp？id=649

◎思考题

1. 为什么有必要学习管理知识？
2. 学习管理知识有何意义？
3. 学习管理知识的方法有哪些？

第二章 管理知识概述

第一节 企业管理的概念及作用

一、企业管理的概念

（一）“企业”的定义

时至今日仍有许多教科书认为：“企业是以盈利为目的，从事商品生产和商品流通的经济组织。”我们认为，该定义有极大的误导作用。

管理大师德鲁克在《管理：使命、责任、实务（使命篇）》中说，工商企业的管理必须始终把经济绩效放在首位，而且每一项决策和行动都是这样。如果片面理解“把经济绩效放在首位”，就会把企业当成唯利是图的经济动物。其实德鲁克说“把经济绩效放在首位”是强调经济绩效的重要性，而不是说经济绩效是企业的唯一任务或目的。德鲁克就指出：**“一味强调利润，会严重误导管理者，甚至可能危害到企业的生存，以至于为了今天的获利而破坏了企业的未来。”**①

可见，如果在企业经济绩效与社会效益关系的理论问题上出现理解偏差或认识淡薄，就会导致企业用“假冒伪劣”、“商业贿赂”等去谋取不当利益，就会唯利是图，忽视社会效益，就会导致企业管理原点的迷失，企业最终会被淘汰。正如德鲁克所说的：**“我们应该要求自由企业不仅要履行经济职责，还要承担艰巨的社会和政治职**

① 德鲁克：《管理的实践》，机械工业出版社，2009年版，第52页。

责。"①德鲁克还提到：**"工商企业之所以存在，就是为了要向顾客提供商品和服务，而不是为了给员工和管理者提供工作，甚至也不是为了给股东赚取和发放股息。医院之所以存在，并不是为了医生和护士，而是为了病人。而病人的唯一愿望就是治好病以后离开医院并不再重返。学校之所以存在，并不是为了教师，而是为了学生。如果忘记了这点，那就是错误的管理。**"②

像"三鹿"等唯利是图的知名企业，就是忘记了"工商企业之所以存在，就是为了要向顾客提供商品和服务，而不是为了给员工和管理者提供工作，甚至也不是为了给股东赚取和发放股息"的企业存在的真谛，最后就必然失去存在的理由。

企业存在的最终目的和意义与盈利的辩证关系犹如人活着与吃饭的关系，**人吃饭是为了活着，但活着不是为了吃饭。**企业盈利是为了生存和发展，盈利是企业存在的物质条件，但企业存在的最终目的和意义是为了"向顾客提供商品和服务"。

由此，我们认为：**企业是为了向顾客提供商品和服务、必须承担社会责任、通过商品生产和商品流通过程中获取的利润来发展自己的经济组织。**

企业的功能就是通过商品生产和商品交换，把社会的有限资源转换为满足社会需要的商品和服务，以实现企业的经济效益和社会效益。为了完成上述任务，必须加强企业管理。

（二）企业管理的概念

企业管理是由企业的管理者和全体员工按照客观规律的要求，对企业的生产经营活动进行计划、组织、领导、激励和控制，以适应外部环境变化，充分利用各种资源，实现企业经营目标，创造社会效益和经济效益。

二、企业管理的作用

企业管理是社会化大生产的必然产物。企业管理的重要作用，具体表现在以下几个方面：

（一）企业管理是进行生产活动的必要条件

企业的生产过程要能进行，必须拥有劳动者、劳动资料和劳动对象，而且要按照生产技术特点进行合理的组织，保持正确的比例关系。为此就必须实行管理，使生产力的各要素有效地结合起来。

（二）企业管理是实现经营活动、提高经济效益的重要手段

企业是商品生产者，它的产品具有使用价值和价值，要通过市场进行交换。企业销售产品，购进原材料，用销售收入补偿生产中的一切耗费，取得盈利，为此就必须进行管理，组织供产销的紧密衔接，以取得较大的经济效益。

---

① 德鲁克：《公司的概念》，机械工业出版社，2009年版，第4页。

② 德鲁克：《管理：使命、责任、实务（使命篇）》，机械工业出版社，2006年版，第42页。

（三）企业管理是加速科学技术发展的催化剂

科学技术是第一生产力。为确保工业生产的高速增长、不断提高劳动生产率，每个企业都要加强科学技术研究，将科技成果尽快地应用于生产领域。为此就必须实行管理，尽快改变企业技术落后的面貌。

（四）企业管理是培养高素质职工队伍的可靠保证

科技进步和生产发展，对企业职工思想觉悟和文化技术水平的要求越来越高。没有一支品德好、业务精、素质高的产业大军，就无法实现现代化建设的伟大任务。为此必须实行管理，全面提高职工队伍的素质。

（五）企业管理是维护和完善生产关系的客观要求

企业的生产是在一定的生产关系基础上进行的。生产关系必须适应生产力发展的要求，要改革和完善生产关系，发挥各方面的积极性和主动性，促进工业生产迅速发展，必须加强管理。

企业管理的重要性是随着生产的发展和科学技术的进步逐步为人们所认识的。有人将管理、科学和技术看成关系到企业能否存在和发展的“三个主要支柱”。有人则把科学管理和现代技术比喻为支持经济高速增长的“两个车轮”。我国经济建设的实践表明，在重视和加强管理的年代，经济的发展就较快；在削弱或者否定管理的年代，经济的发展就较慢，甚至停滞倒退。在生产技术条件大体相同的企业中，重视和加强管理的企业同别的企业相比，经济效益明显不同。这些经验教训是对企业管理重要性的有力证明，即管理已经成为发达国家的中心资源和发展中国家的基本需要。作为一种发展的动力，管理必将改变人们的生活。

第二节　企业管理的任务与职能

一、企业管理的任务

企业是社会最重要的经济单位，虽然不同行业的企业的工作差异极大，但其管理任务基本上可分为以下三项。通过这三项同等重要而又极不相同的任务，我们可以更好地理解企业管理的内涵。

（一）创造企业的经济效益

任何组织都是为了某种特殊的目的和使命、社会职能而存在的。对工商企业而言，经济上的成就是它存在的理由和目的。在每一项决策和行动中，企业必须始终把经济效益放在首位。企业只有通过自己在经济上的成就才能证明自己有存在的必要。如果一个企业不能以消费者愿意支付的价格向其提供他们需要的商品和服务，它就无法获得经济上的成就，它的生命就会终结。

（二）使工作富有活力并使职工有所成就

在当今社会，企业日益成为个人维持生计并取得社会地位、与人交往、实现自身价值的手段。而与此同时，人是企业唯一真正重要的资源，企业通过富有活力的人力资源来完成它的工作。因此，使工作富有活力并使职工有所成就变得越来越重要，它成为管理的一项任务和衡量企业业绩的重要标准。

（三）承担对社会的责任

每一个组织都是社会的一个器官，是为社会而存在的，企业也不例外。企业之所以存在是为了向消费者提供商品和服务，而不是为了给职工提供工作，也不是为了向股东提供股息。所以企业不能由自身来评定其好坏，而应根据它对社会的影响来评定其好坏。然而，企业在向社会提供工作和税收的同时，也是许多废物和污染物的制造者，而这些正在破坏着人类的生存环境。因此，作为社会的重要一员，企业必须清醒地认识到：**企业应承担改善社会和社区生活质量的任务。**

二、企业管理的职能

虽然不同企业之间各项业务内容千差万别，但从管理的角度分析，企业管理基本可以归纳为五种职能：计划、组织、控制、领导和激励。本书第四章至第八章将比较详细地加以阐述。

企业管理的具体职能随着管理实践的发展是有所变化的，上述所列举的五个具体管理职能是相互联系、相互制约的，在企业管理实践中，应全面实施，不可偏废。

三、管理人员的职责

管理人员是指在企业中正式负有指挥别人进行工作的职能的所有人员，他们的工作态度和业务能力决定了一个企业的绩效。为了使顾客获得满意的服务，员工得到相应的报酬和满足感，同时实现对社会的回报，管理人员必须履行以下基本职责：

（一）全面地进行思考

管理人员的首要职责是思考企业所要达到的目标，分析顾客对本企业的需求和潜在市场，评价本企业目前的经营态势，确定并预测重要的领域和未来趋势。该项职责对于企业的高层管理者尤其重要，只有能够依据过去的成绩和可以预见的变化指出一年、三年、五年或十年后可能发生的情况，并作出有效的战略决策，企业才可能在激烈的竞争中立于不败之地。

（二）有力地实施控制

很多问题是企业在每天的工作中都会遇到的，例如，如何用最小的投入获得最大的收益，如何对每个人的成绩进行评价，如何将工作坚持下去直到实现所期望的改进，等等。如果形成了科学地管理一个企业所必需的各种基本控制措施，制定了完备的人事、财务、决策等规章制度，管理人员就会在最短的时间内处理好各种问题，并将发生失误的可能性降到最小。

（三）积极地开展沟通

管理是一项通过别人的努力来达到结果的工作。为了有效地做到这一点，各级管理人员必须随时对其下属的工作进行指挥和协调。在这一过程中，如何计划工作、如何安排人员、如何发出指示、如何举行会议、如何授权并维持良好的人际关系等，都需要与各方面积极地开展沟通，以便全面而真实地了解工作进展情况，确保各项目标的实现。

（四）不断地寻求创新

推动与促进创新也许是所有管理任务中最困难的。这意味着管理人员不仅本身应具有创新的强烈愿望和自觉性，要认识到并主动提出变革的要求，而且要善于鼓励和发掘下属的创新意识。管理者应学会从一大堆新奇的想法中挑选出有价值的方案进行评估，看其是否有市场机遇以及企业是否具有开发市场机遇所需的资源和能力，从而真正把创新转变为竞争优势。

第三节　企业管理的变革

科技革命的迅猛发展给我们带来了新的机遇和发展手段。

近年来，信息、生物、材料、能源等技术领域所取得的突破性进展，不仅创造了许多新的产品和服务，改变了传统的生产条件和分销方式，而且直接或间接影响着几乎所有经济领域，推动了经济全球化进程。

当前，在经济全球化背景下，许多大企业在管理理念、组织、人员及方法等方面表现出的变化，是值得我们加以学习和借鉴的。

一、管理的直接化

直接式管理力图在自己和顾客需求之间选择一条最短的路线，利用信息资源以最直接的方式达到增值的目的。网络推倒了横亘在供应商、顾客、竞争者和政府之间的高墙，企业通过覆盖各个部门、各个岗位的内联网、数据库和互联网等，将顾客及供应商信息全部实时地管理起来，以减少指令、报表、数据等在不同职能部门和作业流程之间的传递时间。如美国通用电气公司的网络系统就把分布在49个州的65个销售部门、分布在11个州的18个产品仓库以及分布在21个州的40个制造部门全都连接起来，从而使企业的销售、存货管理、生产调度等不同职能结合在一起，使不同地区、不同部门的员工能互通信息，共同解决出现的问题。在以知识流和信息流代替了物流和资金流后，任何需求和供应的变化都能迅速地传递给供应链中的其他环节，企业内部与外部的各种生产要素和资源也得到了更加有效的配置，从而促使货物和服务更高效地流通。

直接式管理过程中信息以高度的透明性，体现了非常明确的目的性：直接面向顾客，为顾客服务。可以说，管理的直接化使企业的各项工作变得更为顺畅高效，充分发挥了作为“万物之灵”的人的智能，削减了许多常规性工作，使员工专注于更加个性化和技巧性的工作。这样就能对变化多端、不可预测的市场进行准确而有效的快速反应，提供高质量、低价格、多品种的产品和服务来满足顾客需求，为企业的发展创造新的成长空间。

二、组织的虚拟化

虚拟技术是计算机中的一个常用术语，它是指通过借用外部共同的信息网络及通道，提高信息数据存储量和存取效率的一种方法。应用到企业管理中，实质上就是指借用外部力量，整合外部知识资源的一种策略。通过一定的信息技术手段，企业将供应商、顾客甚至竞争对手等众多独立单位连接成网络，目的是互享对方的技术知识、分担成本以及市场渗透，从而使得各种优势互相集成，催生出更加强大的综合优势，促进企业的快速发展。虚拟化组织可以获得诸如设计、生产、营销等具体的功能，但不一定拥有与上述功能相对应的实体组织，因此这种策略模式不仅克服了传统的金字塔式组织结构层次过多、效率低下的弊端，而且使企业的管理视野大大拓宽，资源运筹的外延也从企业内部伸展到外部。

巴西有一家号称拥有数十万客户的“虚拟银行”，实际上这个“银行”既没有总行大楼，也没有分行，甚至没有任何砖瓦水泥结构的硬件。它只建立了一个电子网络，拥有自己的入网客户，而产品则是由其他公司提供的各种服务。由此可见，在虚拟化的组织模式中，企业只需要保留最关键的功能，然后将其他功能虚拟化，从而突破企业有形的界限，达到全方位借用外力，创造出超常竞争优势的效果。

三、员工的知识化

在企业中，员工是知识收集、利用和创新的主体。在经济全球化的背景下，随着企业知识管理浪潮的兴起，员工的知识化程度也在不断提高。管理和研究开发岗位所需要的知识成分是显而易见的，而今在销售工作中员工的知识化倾向也在增加。例如，施乐公司销售人员的工作已不再是简单地销售复印机，他们销售的是解决方案。他们需要对客户的业务情况和施乐产品的生产情况有足够的了解，这样才能提供适合每个客户特殊要求的产品和服务。即使是传统意义上需要大量体力劳动的工作也发生了戏剧性的变化。例如，生产多芬香皂的工人并不总是站在大桶边不停地添加香料进行搅拌，相反，他们坐在一个控制台前完成这些操作，他们用各式各样的曲线和图表来控制产品的质量和产量，这足以证明其工作中知识含量的增加。可见，知识员工应该像资本家知道如何把资本用于生产一样，知道如何把知识用于生产。他们通过自己的创意、分析、判断、综合、设计等工作给产品带来附加值，即以知识的生产和交换来获取社会财富。他们用自己的成功证明了作为衡量财富主要标准的货币和实物的拥有量将被知识的拥有量、市场化水平及更新速度所代替。同时，他们也在用自己的管理实践来丰富和完善企业知识管理的理论体系。

特别需要指出的是，随着知识管理影响的日益广泛和深入，发达国家的不少公司中出现了一批被称为“知识主管”的新式高级经理。德鲁克称之为**“知识工作者”，“创造、使用、保存并转让知识”是他们的工作职能，他们承担着使企业的知识资源得到最有效利用的重任。**

四、激励的多样化

在一个越来越依赖于知识资源的企业中，知识工作者及其生产力决定了企业创造财富的多少，也决定了企业存在的价值。作为一种储存在人的大脑中的无形资产，知识和它的能动的载体——知识工作者是不可分离的。因此，如何形成高效的知识工作者群体被许多企业放到了最重要的位置。这不仅意味着人事管理工作应是怎样去吸引高质量的知识工作者，更重要的是能够使员工愿意去提高他们的生产力，并使之转变为本单位的效益。简单地说，就是如何更有效地去激励员工。

由于知识工作者的工作行为具有很强的“不可直观性”特征，对其实施严格监督并不一定会得到良好的效果，关键是要激发员工对企业的献身精神。目前，从支薪制向分享制的转变是一种比较普遍的做法。在日本实行分享制的企业中，员工分享额在企业利润中的比例一般为42%~76%。而在美国员工的报酬结构中，一方面固定工资的比例急剧下降，另一方面员工持股和股票期权等长期激励计划在不断增加。另外，从事高新技术产业的员工的报酬总额要高于一般企业约73%。

除了一些物质激励手段外，实施员工职业生涯规划也是形成优秀员工队伍的一种有效方法，因为知识工作者更看重的是职业，而不是工作。**工作只是提供了生活的保障，职业才真正将人的发展需求与生活结合起来。**所以我们看到，摩托罗拉公司坚持每个季度都要与员工交流，询问诸如“工作是否如你所愿”、“能力与岗位是否匹配”、“还需要公司为你做什么”等问题，以最大限度地体现对员工价值的承认和尊重，为其创造从事更富有挑战性工作的机会，满足其职业生涯发展的需要。

科技在进步，经济在发展，企业管理也在不断地变革。面对经济全球化的新形势，我国企业应根据自己的实际情况，积极借鉴国外先进的管理经验，综合运用现代自然科学、社会科学和管理科学的成就，探索出具有中国特色的科学有效的企业管理模式，为社会创造更多的经济效益和社会效益。

实践训练

1. 你所实习或工作过的企业还存在哪些需要完善的方面？运用企业管理的任务和管理人员的职责等管理知识加以分析。

2. 向企业的老员工或领导请教，企业曾进行过哪些重大的管理变革？这些变革对企业的发展有哪些作用？

案例分析

海尔总裁张瑞敏经常向员工讲的故事

20年前，美国通用电气公司把意大利梅洛尼公司的负责人梅洛尼先生叫过去说：“我们决定收购你的公司，你回去准备一下。”梅洛尼先生很生气地答道：“我没有决定卖掉我的公司。”美国人撂下一句话：“那你就等着瞧吧！”

20年后，梅洛尼公司还存在，品牌还是自己的，并且家电产品已在欧洲占有相当大的份额。梅洛尼老先生这20年的日子是怎么过来的呢？他说："这20年来，我就是拼命地跑，不敢喘气，只有这样，我的公司才避免了被别的大公司吞并。"

这是梅洛尼先生在博览会上亲自讲给张瑞敏的故事。海尔，正是将竞争机制导入企业内部的成功典型，无论是职位竞聘，还是绩效考核，日事日毕，日清日高，处处显示出竞争的压力，今天我是你的领导，明天可能你就直接领导我，大家都认可接受这样的游戏规则，也**激发大家以更高的激情和创新性提升自我，由此造就了海尔高效的执行力**。这在一般企业是无法做到的，而海尔做到了！

资料来源：李凯城：《向毛泽东学管理》，当代中国出版社，2010年版，第105页。

◎分析思考：梅洛尼老先生和张瑞敏先生作为管理者履行了哪些职责？

推荐阅读

"现代管理学之父"德鲁克的重大贡献

德鲁克在他的私人信笺《我认为我最重要的贡献》一文中说：

- 早在20世纪60年代，我就认识到管理已经成为组织社会的基本器官和功能。
- 管理不仅是"企业管理"，而且是所有现代社会机构的基本器官，尽管管理一开始将注意力放在企业。
- 我创造了管理这门学科。
- 我围绕着人与权力、价值观、结构和方式来研究管理学科，尤其是围绕着责任。管理学科是把管理当做一门真正的综合艺术。

德鲁克之所以把管理比喻成一种器官，是要赋予组织机构以生命、动力和动态。没有机构就不会有管理，但是一个机构如果没有管理也是一群乌合之众。

德鲁克对管理人员的责任、员工的责任以及企业和企业家的责任谈论得很多，而**责任的缺失正是社会分崩离析的主要根源。**

在当今管理学界，管理的新思想就像时装流行变化一样，每隔几年就有新思想闪亮登场，流行一段时间之后就黯然退场，但德鲁克管理思想的地位却不可动摇。在通用公司，德鲁克发现了"管理半径"论。他认为，管理一旦超出特定的半径就不再有效。大型公司的CEO如何实现有效的管理？实际上，CEO只管理很少的人和事。大公司是由一个管理半径有限的人通过层层分权和授权来进行管理的。是德鲁克发现了管理大型组织的秘密，使我们理解了管理中分权和授权的必要性。**大公司的千军万马不是由一个人在指挥，而是在一个特定的机制内传递责任并相互负责的流程。**

管理对企业来说，目的只有一个，那就是创造顾客，企业通过创造出新的产品来创造营销。任何人成立一家公司所碰到的第一个问题，就是谁是我们的顾客。德鲁克认为，通过创新为客户创造独特的可持续的价值是企业做了"正确的事"，即使你知道这正确的事是什么，也不一定真正为客户创造了价值，如果没有切实的执行，企业仍然无法做到使顾客的需求得到满足。德鲁克说："一个好的规划，如果没有切实有效的实施，它就只是一个梦而已。"按德鲁克的定义，领导者和管理者的区别在于

"领导者做正确事"，即决策；管理者是"正确地做事"，即实施。

德鲁克之所以伟大，还因为他一生都在思考一个问题："企业是什么？"在1992年《华尔街日报》的一次采访中，他再一次提醒说："企业界到现在还没有理解它。"他举了一个鞋匠的例子，**世界上之所以需要鞋匠，是因为人们需要鞋，而不是鞋匠需要钱。**

资料来源：王义高：《世间已无德鲁克》，《商界名家》2006年第2期。

◎思考题

1. 企业的定义是什么？
2. 企业管理的任务是什么？
3. 当代企业管理有哪些变革？
4. 管理人员的职责有哪些？

第三章 企业的创立与使命

第一节 企业的创立

一、企业创立的关键要素

一个国家的发展史是这个国家千百万人的创业史。当前，传统经济正向知识经济转化，我国正处在工业化的加速期，创业者正面临很好的创业机遇。然而，创业的道路上充满了艰辛和坎坷。创业绝不是仅仅涉及一个名义上的企业应该怎样产生，如何进行登记注册，与企业相关的有哪些政策、法规，如何签合同，如何建立内部组织，如何获得经营场地，如何办理保险手续，怎样招聘员工，怎样写创业计划书，怎样进行资产评估等问题。这些问题是创业的组成部分，但不是其核心的内容。创业属于企业管理，但不是一般意义上的企业管理。一般企业管理问题，是企业步入正常运转以后的事。什么是创业？创业是创业者利用环境提供的发展机会，来创建一个企业——孕育、出生、发育和成长，实现个人或组织的发展目标的实践过程。这个概念包括如下一些含义。

第一，创业的主体是创业者。他们是具有创业能力或相应资本并能协同进行创业活动的创业团队或个人，他们可以是企业创业活动的领导者、策划者、参与者和实践者，对于企业的成立起决定作用。可以说**没有企业的创立，就没有企业管理**。

第二，创业的客体是创业者在创业的过程中所把握、寻找和开拓的市场机会以及按照这一机会所进行的生产、经营、基建等活动。

创业的本质是一个利用环境提供的市场机会的过程，这个过程与诞生新企业有关。这里的环境可以是经济、政治、文化等外部环境，也可以是创业者的内部条件的优势。没有机会就没有创业的成功，但利用机会又与诞生新企业有关。

第三，创业具有较高的风险性。一般的企业管理与商业运作都有风险，创业与之相比，风险性质不同，一般而言风险更大。美国创业学教授沙恩指出："尽管我们的经济具有强烈的创业倾向，而且成功的创业者拥有偶像地位，但是在我们的经济中发生的**大多数创业行为实际上失败了**。就像很多普通的彩民梦想着成为头奖赢家而手握满把的没有中彩的票根一样，一般创业者的努力是以没有为企业创立者带来任何经济利益的企业关闭而告终的。在美国创立的所有新企业中有40%存活不到1年，2/3以上在其第五个生日之前死亡，只有25%的新企业生存了8年。另外，大多数创业者几乎没有赢利。一般来说，使企业存续10年的创业者只获得他们已往的受雇生涯中所获得真实收入价值的65%，这包括他们在新企业中的股权收益。"

第四，创业有自己的管理特点。如果说一般企业管理主要涉及企业的维持与发展，那么创业主要涉及企业的孕育、出生、发育和成长。创业阶段的企业管理与一般意义的企业管理一样有计划、组织、控制等职能，但职能涉及的内涵不同。在创业中涉及选择正确的行业、识别有价值的机会、识别市场需求、了解顾客的购买行为、选择正确的组织形式试运转并不断探索与调整、形成企业的赢利商业模式、企业生存而后发展等问题。一般企业管理涉及的是这些问题以后的事。成功的创业过程有内在的规则、程序和方法。

二、企业创立的一般过程

就一般情况而言，企业创立大体上经历以下四个阶段。

（一）发现和评估市场机会阶段

创业者初创企业的动力往往是发现了新的市场需求，或者发现了某种新产品能够开启新的市场需求，或者发现了某种新技术具有崭新的市场需求。但是这样的市场机会并非只有创业者自己认识到了，其他的竞争者也许也发现了同样的市场机会，也准备涉足，因此对这个市场机会的把握就成为一个至关重要的问题。要把握这个市场机会就必须认识和评估这个市场机会所能带来的回报和风险，评估这个市场机会所创造的服务及产品生命周期，评估这个市场机会能在多大的空间和时间支持下提供获利的可能，研究和把握将这个市场机会转变成现实商业的路径、模式、思路以及它们的现实可能性，还要研究在什么时机和什么商业环境下能够实施这一计划。

（二）准备和撰写创业计划书阶段

准备和撰写创业计划书的过程是把已有的思路条理化、系统化、理性化的过程；是把创业设想进一步发展、完善、锤炼、扩展的过程；是整合各种思维后提出的有创造性、说服力、可操作性的既具有明显风险特色又具有高赢利空间的创业行动纲领；是对前期创业设想进行认真的评估后，思想的进一步凝练和升华；是把看到和发现的市场机会向现实商业机会转化的一种契机和准备；是聚拢和获取创业资源的一种重要的途径和方法。风险投资理论将企业的成长分成四个阶段：种子期、创业期、成熟期和衰退期。创业计划是指企业在种子期及创业初期编写的商业计划，这个时期企业的风险较大，一般很难获得银行贷款或风险投资商的支持，因此企业在这一时期编写的商业计划具有很多不同于其他三个周期的特点。编制创业计划书能够使创业者在创业之前对整个创业过程进行有效的把握，对市场机会的开拓和变化有一个明确的认识和清晰的思路，从而降低进入新领域所面临的各种风险，提高创业成功的可能性。创业准备阶段的工作重点是资料准备、资源准备、思路准备和模式准备。

（三）获取并整合创业所需要的各种资源阶段

创业计划的实现必须有资金支持、人才支撑及资源保障。任何一个创业者都不可能具有充足的、完全的资源。成功的创业者的高明之处在于能够或者善于把各种分散的资源聚拢起来，把局部的资源整合起来，把创新思维凝聚起来，形成创业企业所需要的不断创新能力、市场进击能力、业务扩展能力和快速发展能力。对创业资源的聚拢、吸引、调度、运用能力和技巧的提升，是创业企业逐渐走向成熟的标志。综合运用各种资源（整体的和局部的）进行竞争，战胜和抵御各种风险是创业企业开始逐渐崛起的标志；品牌形象的确立和形成、品牌含金量的提升、品牌输出的启动和品牌投资回报的获得，则说明创业企业已经崛起，后续资源已经稳固，持续发展成为可能。

（四）运营和管理新创企业阶段

运营和管理新创企业是比初创一个企业还要繁重的任务。从企业发展的生命周期来说，新创企业需要经过初创期、早期成长期、快速发展期和成熟期四个不同的阶段。企业进入成长期以后，管理难度增大了，工作重心变化了，不仅会暴露出大量创业初期不易发现、不易暴露的问题，而且还需要在管理上登上新的台阶。因此，创业者不仅需要根据企业发展阶段的不同来确定不同的管理方式和营销思路，而且更要不断地充实、调整管理团队的人才结构和人力资源布局，建立富有特色的企业文化，尽快形成一个企业快速发展和崛起的技术支撑、人才支撑、文化支撑和资金支撑，确保创业企业健康、稳健地向前发展，不断提高创业企业的核心竞争力。

以目前我国啤酒企业的创立或市场开拓为例，当前啤酒市场主要在城市，而城市市场已处于相对饱和状态，啤酒企业寻找商机的重点放在挖掘农村及不发达地区市场。而开拓新市场的成本和风险很大，国内一些啤酒企业的“扩张”遇到了很大的困难。

面对瞬息万变的各种机遇和挑战，如何巧妙地回避风险、抓住机遇，迅速形成强大的竞争优势，成为企业创立成功的关键。为此，创业者必须根据对外部环境和内部条件的系统分析，确定企业发展的总体战略目标和方针，并制定一种或几种有效的战略方案，使企业获得最有利的竞争地位，并确保这种优势能够长期保持下去。

有效的人力资源管理将提高创业成功的可能性。任何战略在最初都只是一个美好的愿望，要想将它变为现实，就必须依靠一支高素质的员工队伍。只有企业的各个部门、各个岗位都配置了合适的人员，企业的各项工作才能按战略设计的要求正常运转。因此，创业者必须在最短的时间内，集合最优秀的人才，把企业的愿景化为众人的目标，团结一致，不懈奋斗，实现企业和员工的共同发展。

企业创立之初因尚未建立信誉，所遇到的最棘手的事就是资金短缺。许多有良好潜质的企业，只因资金不足而不幸夭折，因此企业在初创时期必须对资金的筹措制定详细周密的计划，做好充分准备，以应对随时可能发生的不可测事件。具体来讲就是：首先，应明确所筹资金包括员工工资报酬、生产费用、固定资产投资、市场营销费用及日常管理费用等几个方面，同时应该做好在一段时间如半年内只有支出而无收入的心理准备；其次，若感到资金缺口明显，则应设法收缩原创业计划的规模，以适应投资额，以免产生较大风险；最后，应在企业开创之初就树立严格的成本控制观念。在正常生产经营的情况下，应对主要开支进行剖析，确定能否以更低的费用取得同样的或更好的效果，尽最大努力做到低投入高收益。

第二节　企业的使命

一、企业的使命是什么

有一首歌谣如下：

不要给我衣服，我要的是迷人的外表；
不要给我鞋子，我要的是两脚舒服，走路轻松；
不要给我房子，我要的是安全、温暖、干净和快乐；
不要给我书籍，我要的是阅读的愉悦与知识的增益；
不要给我磁带，我要的是美妙动听的乐曲；
不要给我工具，我要的是用处和创造美好物品的快乐；
不要给我家具，我要的是舒适、美观和方便；
不要给我东西，我要的是想法、情绪、气氛、感觉和收益；
请，不要给我东西。

正如歌谣中所表达的，企业使命所要表达的核心思想，就是企业的产品或服务对顾客或社会的功用的承诺。

企业的使命就是“服务社会，发展自己”。

这里所说的企业的使命，不是企业选择什么服务方向和产业范围这样一些具体的范畴，而是企业的宗旨（主要的目的和意图）。作为一个寓个体于社会的双重存在的企业，它的经营目标从根本上说不是取决于服务方向、行业特点这些具体的因素，而是取决于企业所追求的宗旨、企业的价值观这些观念性因素。

（一）服务社会

德鲁克指出：“‘什么是企业’是由顾客决定的。顾客对一种商品或服务有付款意愿，才能使经济资源转化为财富，使物品转化成商品。**企业本身打算生产些什么东西，并不具有十分重要的意义**——特别是对企业的未来和企业的成功来讲，并不十分重要。……相对而言，**顾客想要购买什么，他认为有价值的是什么，这才是有决定意义的——它决定着什么是企业，它应该生产些什么，它是否会兴盛和发展壮大起来**。而且顾客所购买的并认为有价值的东西，绝不是一件产品，而始终是‘效用’，即一件产品或一项服务可以为该顾客做什么、带来什么影响。”①

这是告诉我们，有用的、顾客需要的产品“决定着什么是企业，它应该生产些什么，它是否会兴盛和发展壮大起来”——只有生产“有用的、顾客需要的产品”才能实现“服务社会”的使命，并继而发展自己。

郎咸平指出：“星巴克的成功，在于它提供了市场需要的东西，而往往这些需要是来自消费者的欲望和感觉。这就奠定了一个行业的基本要求，一个企业如果要成功，就必须在产品、服务和经营上达到或超越这个要求。但是，若要在众多对手的挤压中突围而出，则更是要在这一点上做到卓越。这就是所谓的行业本质。”②

他在此基础上结合LG公司和“谭木匠”公司的案例，总结出“**一个企业的成功与否很大程度要看企业能否提供一些市场需要的产品和服务。行业本质基本上是源于市场的需求和感觉而奠定的**”。他还提到“**产品，是一个品牌的灵魂**”。

郎咸平的行业本质论实际上也是强调“企业能否提供一些市场需求的产品和服务”，即能否“服务社会”。这与德鲁克强调的“有用的、顾客需要的产品”的思想是一致的。企业必须以“服务社会”为最高使命，才能在此基础上发展自己。

（二）发展自己

德鲁克强调把经济绩效放在首位，就是强调企业要发展自己，但绝不是强调经济绩效是企业的唯一追求。德鲁克认为，利润有三个目的：首先，利润衡量企业付出的努力有多少净效益，利润是企业绩效的最终检验；其次，利润是弥补继续维持事业的成本（包括更新、淘汰、市场风险和其他不确定因素）的“风险溢价”；最后，利润或是直接地以自我集资的手段从留成的积累中提取资金，或是间接地通过提供诱因以最适合公司目标的形式吸引新的外部资金，来保障未来用于创新和发展的资金供应。企业只有通过获取利润，才能“继续维持事业”，才能不断发展自己。

（三）“服务社会”与“发展自己”的关系

服务社会是企业的社会职能决定的，发展自己是企业的个体职能决定的。

由于企业的个体职能与社会职能是不可分割的有机整体，所以服务社会与发展自己这一双重目标也是密不可分的一个整体。只有服务社会是上位目标，而发展自己则是下位目标。只有服务社会才能发展自己，发展自己是为了更好地服务社会。

二、明确企业使命的重要性

明确企业的使命是非常重要的，因为企业的使命同企业的目标是紧密联系的。**企业目**

---

① 德鲁克：《管理：使命、责任、实务（使命篇）》，机械工业出版社，2006年版，第63页。
② 郎咸平：《蓝海大溃败——本质三：本质论 vs. 蓝海战略》，东方出版社，2008年版，第98页。

标是企业使命的具体体现，是"形"与"神"的关系。企业使命的实现必然涉及企业的具体服务方向和服务范围的选择。既然企业的使命是"服务社会，发展自己"，那么它在选择服务方向和服务范围时，就不能局限在企业能为顾客提供哪些服务和把现在已经在做的事情做好，而是要切实了解顾客需要我们做什么，以顾客的需要为导向，做企业应该做的事情。比如青岛啤酒公司的使命是"用我们的激情酿造出消费者喜好的啤酒，为生活创造快乐"，充分阐述了以顾客的需要为导向，企业应该做什么——用激情酿造啤酒，用啤酒给消费者带来快乐。

使命是核心价值观的载体与反映，是企业生存与发展的理由，是企业一种根本的、最有价值的、崇高的责任和任务，它回答的是"我们要做什么、为什么这样做"的现实问题。使命体现了企业全体员工的行为共识，是引导和激发全体员工持之以恒，为企业不断实现新的发展和超越而努力奋斗的动力之源。青岛啤酒公司认为，使命不仅是企业的责任，而且是可以量化的行动目标。这个目标要靠一个使命体系来支撑，要让每个岗位都有自己的使命。所以员工不是在做事，而是在做事业，哪怕是炊事员、清洁工，也都是为了青岛啤酒公司的伟大使命而工作。使命不是看不见、摸不着的，而是可以量化的。若没有使命，企业就没有存在的价值。具体来说，使命就是每个岗位的人都把本职工作做到行业内的第一。

三、企业使命的原则

（一）使命必须适用

使命不是一串辞藻华丽的花哨文字，而是为企业长期的努力设立范围、指导、激励甚至约束企业的经营实践。一家企业的使命不应落在"使股东财富最大化"这种范畴中，因为"使股东财富最大化"并不能激励企业中各个层级的人员，而且它也不具有指导作用。同样，使命也不应该仅仅描述公司当前的产品或顾客细分，企业的使命定位不应该从产品出发，而应该从顾客需求出发，因为产品是会变的，而顾客的需求尤其是本质的需求是不变的。

（二）使命必须体现企业深层次的目的

确定企业使命是一种发现的过程，即发现企业生存的根本理由是什么。比如青岛啤酒公司从最早的"为国争光"到20世纪90年代初的"弘扬民族工业"，再到今天的"为生活创造快乐"，不断发现青岛啤酒公司生存的根本理由。

（三）使命必须容易理解，便于记忆

有些公司把使命宣言变成一个智慧百宝箱，一个劲往里面塞东西，生怕漏掉了什么，结果是让人抓不住要点，而且冗长的陈述也造成语意不清。明智的做法是使用含义具体的字眼，表达明确的信息，言简意赅地陈述出企业的使命。

要深刻理解企业使命，首先必须明确什么是使命？《第五项修炼》的作者彼得·圣吉认为，对使命的最好表述是"意图，存在的原因"。他指出，"意图"即组织希望达到的

一个或一组根本目标，这些目标是组织及成员的共同出发点；“存在的原因”则回答了组织“为什么存在”这一问题。对于企业来讲，企业使命就是企业存在的原因、意义和价值，是企业肩负的最大责任，是企业存在的最根本目的。

四、企业使命的功能

企业使命是企业文化理念体系建设的根本出发点。企业使命从本质上回答了企业生存和发展的根本问题，在思维上要求企业弄清“企业因何存在”、“企业到底该做什么”，进而明确“企业的活动范围是什么”、“企业的发展方向怎样”、“企业的未来会发展成什么样”等。因此，企业愿景、行为准则等的确立都应当以企业使命为基础和根本出发点，围绕企业在社会进步、经济发展中所扮演的角色和承担的责任来确立企业在发展过程中应当坚持什么原则、朝哪个方向发展。

企业使命是企业一切行动的原动力。只有树立明确的使命，才能满足企业成员自我实现的需求，才能持续激发员工的创造热情，才能赢得公众更普遍、更持久的支持、理解和信赖。一个强有力的组织必须靠使命驱动。崇高、明确、富有感召力的使命不仅能为企业指明方向，而且能使企业的每一位成员明白工作的真正意义，激发出员工的积极性。

（一）企业使命具有战略导向功能

企业使命可使企业弄清自己目前是怎样的一个组织、将来希望成为怎样的一个组织、如何体现区别于其他组织的显著特征等问题。只有正确定位企业使命，才能实现企业战略的动态管理，企业才有生存的活力。

（二）企业使命具有凝聚人心的功能

企业使命解释了我们“为什么做”我们所从事的工作。如果一个组织没有使命，那么它有可能只知道自己在“做什么”、“怎样做”、“何时做”而不知道“为什么做”。只有弄清楚“为什么做”，有了统一的明确的使命要求，才能更好地促使组织成员进一步统一思想，凝心聚力，不断发挥出组织的最大潜力。

生产一线员工应该感恩于企业的接纳和培养，是企业承担了创业的艰辛和风险，是企业给了我们一个发挥才能的舞台。我们应珍惜工作机会，与企业共命运，要充分理解本企业的使命内涵，只有这样，公司全体员工才能为实现这个使命共同奋斗，才能使企业不断发展。

实践训练

1. 在合适的时机与企业的领导和老员工交谈，询问企业的创立和发展历史、企业使命与竞争风险等。

2. 结合你所在企业的工作岗位，谈谈你能为企业使命的实现作出哪些贡献。

案例分析

啤酒企业的使命到底是什么？

啤酒企业的使命应结合啤酒产品的特点及啤酒行业的本质来思考。

金志国先生在其《一杯沧海：我与青岛啤酒》中写道："啤酒是激情的催化剂，讲究的是畅饮时的快乐。人们在高兴的时候，心情舒畅的时候，甚至心情烦闷的时候，都会选择啤酒进行消遣。大杯畅饮，快意潇洒，这是啤酒文化带给人们的激情和欢乐。分析发现，消费啤酒的顾客年龄层在20~35岁，他们代表了这个时代的时尚。因此，即便青岛啤酒公司是百年老企业，也要顺应这个消费群体的特点，必须为自己赋予时尚和年轻的特质。青岛啤酒的品牌应该是一个充满激情与快乐的品牌，我们应该从传统的产品酿造商转变为现代的快乐供应商。因此我向全公司提出我们的使命——'用我们的激情酿造出消费者喜好的啤酒，为生活创造快乐'。"

正是因为深刻理解了啤酒产品的特点，金志国先生才在此基础上悟出了啤酒企业的使命，实际上也是悟出了啤酒行业的本质！郎咸平就指出，所谓"行业的本质"，是企业基础性的战略，是企业战略的战略。

啤酒企业的使命就是在"品质成就品牌"的基础上，紧紧抓住"营销热点"创造顾客，积攒品牌"势能"。

一些啤酒企业没有悟透使命的真谛，以为靠营销技巧就可在市场上立足，这些"小聪明"注定会败给悟透了啤酒企业使命的"大智慧"。

◎**分析思考**：企业的共同使命是什么？不同行业有它特有的使命吗？

推荐阅读

全国人大代表金志国谈民众幸福的企业担当（节选）

相继召开的地方"两会"，纷纷透露出"幸福"的信号。构建幸福城市、提高国民幸福指数被各地列为"十二五"重要目标。幸福武汉、幸福沈阳、幸福广东、幸福重庆……"幸福"成为炙手可热的话题。全国人大代表、青岛啤酒公司董事长金志国对"幸福"提出了自己的看法。他认为，幸福工程绝不仅仅是政府工程。**幸福工程的创建，民众可以期待政府，但企业却不能等待。**作为一个国家和民族最核心的民生载体，可以说，企业对社会与公益的责任担当，践行"真善美"的经营之道，决定着幸福指数的真正"落地"。

企业是国民幸福的"制造工厂"

……无论是做人还是做企业，从价值观来讲，无非是一个字——真。"真"的含义是真实、真诚。从做事的规则上来讲，也无非是一个字——善。"善"的含义就是做善事。做人真了，做事才善，当思维方式和行为方式匹配起来，这种和谐就是我们追求的"美"。"真善美"，这既是做人之道，也是经商之道。"真善美"是企业经营哲学的核心，也是构建新商业文明的核心。

在创建“幸福中国”的大道上，企业作为“制造幸福”的工厂，必须回归“真善美”的基本理念。有责任的企业图其义，无责任的企业图其利。作为负责任的企业公民，企业有责任有义务用“真善美”的价值观给百姓的幸福生活创造“快乐”体验。

四次食品安全的“良心提案”

……青岛啤酒公司董事长金志国始终认为，青啤人是用责任和良心让全球消费者在百年历史中入口放心。这种责任管理和制度管理相结合的模式，让青岛啤酒公司成为食品安全管理的样本。早在2005年，身为第十届全国人大代表的金志国就提出了加快食品安全立法的建议。以后的三年中，金志国又连续三次在全国人代会上呼吁加快食品安全立法，直到2009年这部关系民生的重大法律的出台，给食品安全一把“尚方宝剑”。

“环境福利”，青啤先行

……国家和地方政府越来越高度重视环境保护，倡导绿色GDP。很多企业也自觉走上了循环经济的道路，争当“绿色达人”。以青岛啤酒公司为例，持续为环境的改善做出贡献是青岛啤酒公司可持续发展战略的核心内容。**“管好一瓶啤酒的碳足迹和水足迹”**是青岛啤酒公司的长期坚持，与此同时，公司还在业内率先搭建了适合低碳时代发展的“低碳运营模式”，带动上下产业链齐行动，成为低碳经济的领跑者。

而身为青岛啤酒公司董事长的金志国，在连续两届人大代表的任职期间，多次提出《关于加快〈循环经济法〉立法的议案》，引起其他代表和立法机关的关注。全国人大常委会审议《中华人民共和国循环经济法（草案）》时，金志国作为议案领衔代表列席了全国人大常委会第29次会议，并在审议中作了重点发言，为《循环经济法》出台付出了大量心力。

让员工幸福的成长样本

国家一直在强调，发展的目的是增进国民的福祉，强调“让每一个中国人活得幸福而有尊严”。在这方面，国家和政府做出了很多的努力。**公司是员工安身立命的依托，是职业发展的基础，是事业成功和自我实现的舞台。**对员工负责是企业承担社会责任的第一要素。近年来，恶意裁员、拖欠工资、工伤事故等现象时有发生，也出现了骇人听闻的富士康“12连跳”的恶性事件。

面对日益激烈的竞争压力，如何提升员工的职场幸福感？对企业来说，这是一个社会大考题。通过做大“企业”把“人”做大，**通过做大“人”把“企业”做大，**是青岛啤酒公司100多年来的一贯追求。

在2009年经济危机的寒冬中，青岛啤酒公司不仅坚持“不减人、不减薪”，同时还出台新的政策，继续提高员工的薪酬福利。2009年职工薪酬较2008年增长13.64%；另外，青岛啤酒公司还推出了“金麦穗”特别分享计划，通过建立公司一体化的价值创造与分享机制，让员工充分参与公司的价值创造分享。

如何给员工幸福？金志国认为，“授人以鱼不如授人以渔”。真正有用的是把打开幸福之门的“金钥匙”交给员工，打开员工职业发展通道。孙丽红刚来青岛啤酒公司时只是一名普通员工，在一次青岛啤酒公司面向全体员工的公开竞聘中，她脱颖而出，凭借自身出色的能力和过硬的专业素养以及创新意识，在法律事务总部部长竞聘中胜出，成为当时企业最年轻的部长，那年她才27岁。广阔的职业发展空间能让员工在一个企业找到归属感，也能激发他们对事业成就的追求。青岛啤酒公司多次荣获“中国最佳雇主企业”称号。

让公众幸福的快乐故事

现代社会保障制度中，社会救助是政府的一种责任与义务，保障弱势群体的日常生活，保证社会的公平和稳定发展，是政府义不容辞的责任。

作为社会的一分子，青岛啤酒公司始终不忘回馈社会，关注社区和公众的需要，真诚奉献，做有责任感的企业公民。这几年，青岛啤酒公司不但晋升世界啤酒公司前六强，在践行社会责任比如抗震救灾、扶持教育、节能环保等方面也做出了突出的贡献，并七次荣获“中国最受尊敬企业”殊荣。

四川汶川地震，青岛啤酒公司捐款1 300多万元，全面启动了对地震灾区儿童的“心理援助”计划。青海玉树地震发生后，青岛啤酒公司第一时间捐款200万元，用实际行动表达对逝者的哀思、对灾区重建的支援。通过创建“青岛啤酒公司QSL青少年体育发展基金”，青岛啤酒公司在上海、吉林、湖南、湖北、广西、广东、四川等地进行了募捐和捐赠，目前，基金已募集到近4 200多万元的善款，为200所希望小学提供了体育器材和设施。青岛啤酒公司用“快乐篮球支教”等新的方式对“希望工程”进行支持。另外，青岛啤酒公司还为百姓“安居工程”和残疾人“托养工程”捐助资金、设立了奖学基金帮助莘莘学子，把爱心触角延伸到社会各个层面。

近年来，青岛啤酒公司一直着力构建**“和谐价值链”**，带动供应商和经销商共成长。比如青岛啤酒公司帮助酒花供货商改善烘焙技术，与供应酒瓶的企业共同技术攻关，与易拉罐生产企业联合试验，同时，还手把手地指导经销商如何经营管理。以和谐共生为感情纽带，实现双赢多赢。

仁心厚爱不因成功而泯，反而更加炽盛执著，青岛啤酒公司这种将社会责任融入企业心髓的坚定信念，正是身为“企业公民”最可贵的品质。

翻开青岛啤酒公司的《可持续发展报告》，一张张笑脸映入眼帘，有公司高管、有基层员工、有供应商、有经销商、有啤酒爱好者、有灾区的孩子、有受捐助的学生、有公司赠送奥运门票的普通人家……快乐——公司为社会奉献的这一核心产品，在一张张笑脸上传递。

金志国认为，“为生活创造快乐”是青岛啤酒公司的使命，全体青岛啤酒公司员工要以阳光的心态，用创造性的方法使企业发展壮大，对利益相关方和生活的世界产生积极的影响。

从企业基层尽责，让幸福真正可见可摸可感

2008年，作为极少数披露《社会责任报告》的企业，青岛啤酒公司董事长金志国曾写下这样的卷首语：“**一个负责任的社会公民，不能立足于索取，而是要负责任地推动商业生态环境的持续优化，更有责任在全球经济一体化的今天，成为建设一个可持续发展社会的关键参与方和贡献者。**”

正如管理大师德鲁克所言，企业是社会稳定的基础，不是单纯的经济单位；企业是员工赖以生存和发展的组织，不是雇主借以挣钱的机器。**企业的目的不是利润，企业的目的存在于外部，存在于社会责任之中**。

如何让幸福落地，让看不见的幸福看得见、摸得着、感受得到？以金志国为代表的中国企业家们用自己的行动和态度给出了让幸福落地的最给力注脚。那就是——**提升民众幸福感，不单单是政府的一项考核指标，而是全社会的一项大工程，企业绝不能袖手旁观。提升幸福指数，企业不能只当看客**！

资料来源：http：//news. qq. com/a/20110305/000376. htm

◎思考题

1. 企业的创立应考虑哪些要素？
2. 企业的使命是什么？
3. 企业使命为什么很重要？
4. 企业使命的功能有哪些？

第二编
管理的基本职能

"凡事预则立，不预则废"，没有事先的计划和准备，就不能获得战争的胜利。

——毛泽东

第四章 计划职能

第一节 计划的任务、要求和程序

一、计划的任务、作用和地位

（一）计划的任务

计划就是确定行动的目标和实现目标的策略。要确定行动目标，就必须对组织环境及行动后果进行预测。实现目标一般有多种方式，计划者必须选择其中一种，这就是决策。计划者还要把行动方式具体化为可操作的“5W1H”指令，告诉组织成员做什么（what）、为什么做（why）、何时做（when）、何地做（where）、何人做或哪个部门做（who）、怎么做（how），这可以称为部署。计划的任务就是预测、决策和部署。

比如企业每年制定的生产计划，就是在结合既有生产能力、市场占有率、市场竞争等综合因素的情况下，通过科学合理的预测和决策而制定的。在此计划的指导下，企业要部署生产原料和包装物的采购、机器及零配件的采购、新市场的开拓、员工招聘与培训等。

（二）计划的作用

计划可以发挥以下作用：

（1）为组织未来可能面临的机遇和困难早作准备，以深思熟虑的决策代替仓促草率的反应。

（2）形成系统累积的努力，达成较高的组织目标。通过事先安排好的前后衔接的行动，企业可以积小胜为大胜。

（3）提供协作依据，形成集体生产力。

（4）注入人类智慧，提高工作效率。

（5）为其他管理活动提供依据。

比如一些存在生产淡季和旺季的企业，必须在生产旺季来临前招聘“季节工”或临时工，必须提前准备，并对新员工进行必要的安全和生产技术培训，否则可能会在生产旺季到来时，要么招不到足够的员工，要么来不及对新员工进行较全面的安全和生产技术培训。

（三）计划的地位

计划是管理的首要职能。“凡事预则立，不预则废”，“未雨绸缪”，“三军未动，粮草先行”，“不打无准备之仗”，“运筹帷幄，决胜千里”等都充分说明了计划的重要性。

许多企业或组织都制定了10年以上的长期规划、3~5年的中期规划、年度计划、季度计划、月计划、周计划、日计划等，这既说明计划对企业或组织有很强的指导作用，也充分说明了计划是管理的首要职能。

二、计划的要求

（一）计划要坚持明确的目的性

计划是指导未来行动的，是人类主观能动性的表现，而人类主观能动性首先就表现为行为具有明确的目的。

（二）计划要反映人的预见性

为使计划具有预见性，计划期应当与人们的预见能力相适应，预见能力强，计划期可以长一些。若超过预见能力制定计划，容易造成失误。

（三）计划要有明确的指导性

计划是人们行动的依据，它必须告诉人们做什么、怎样做、何时做，成为人们行动的“锦囊妙计”。

（四）计划的质量成本要令人满意

制订计划需要做一系列工作，如预测、拟订方案等，要投入一定人力、物力和财力。增加计划的投入虽然可以提高计划质量，但其边际收益是变化的。盲目追求计划质量，要求决策最优，不但会使计划费用大幅度上升，还会使组织丧失机遇。

（五）计划要切实可行

计划必须切实可行，否则就必须修改。一项可行计划至少应满足以下要求：

（1）不与国家法律抵触，不严重损害公共利益。

（2）有实施计划的资源保证。

（3）有足够的实施时间。

（4）获得执行计划的有关方面的理解和支持。

（5）有备用方案和应变措施。

为保证计划切实可行，制订计划时要注意专家、领导与群众相结合，注意将定量分析与定性判断相结合。

企业的生产计划就是根据以上要求制订的。在制订生产计划时，企业的决策者要结合许多因素综合考虑，因此生产计划有很强的指导性，决不能或多或少随意生产。

三、计划的程序

计划由预测、决策和部署等三个环节构成。

（一）预测

预测就是通过调查分析，对未来的形势进行判断，为决策提供依据。

在清朝著名商人胡雪岩的家乡，有位老农凿渠开荒，开垦出一片水田种水稻，种植第一年就遭遇水涝，稻田排水不畅，歉收。他请教胡雪岩，胡雪岩说："再种三年水稻，你可有发财之机。"老农采纳了胡雪岩的建议。第二年，他继续种水稻，又逢大水，又歉收。第三年同样如此。有人劝他改种旱地作物，他不为所动。第四年大旱，旱地颗粒无收，水稻获得了大丰收。紧接着又是两年旱灾，水稻连续三年大获丰收，稻谷卖了个好价钱。老农一算账，三年的收获弥补了涝灾的损失还有不少盈余。究其原因，在于胡雪岩把握了气候的变化规律：连年涝灾意味着机遇的丧失，更意味着潜在机遇的临近。

（二）决策

决策就是在有所选择的情况下，根据未来形势决定组织的预期目标和实现目标的策略。决策的前提是有所选择。决策的实质是作决定。方案尽管可以有多个，行动却只能按一个方案进行，因此，要行动就必须作决定。

决策是计划的核心环节，也是管理的核心环节，美国管理学家西蒙甚至认为决策就是管理的同义词。**决策正确与否往往会决定一个组织（或一个人）一段时期内的基本走势，是走向繁荣还是趋向衰落，是顺境还是逆境。**

决策常常面临信息不充分、知识经验不足、意见分歧、目标矛盾等问题，因此，**决策需要智慧和勇气**。为使决策提高其成功率，应当掌握决策的基本规律。

（三）部署

部署就是将决策变成可操作的方案，规定进度、平衡资源、衔接活动、落实责任。例如将各项业务计划衔接起来，实行目标管理。

图 4-1 为计划的程序图，图中第 1、2 步是预测，第 3、4、5、6 步是决策，第 7、8 步是部署，计划的实施反馈可认为是计划和控制职能共有的内容。

四、SWOT 分析

SWOT 分析方法，即优势（strength）、劣势（weakness）、机会（opportunity）和威胁

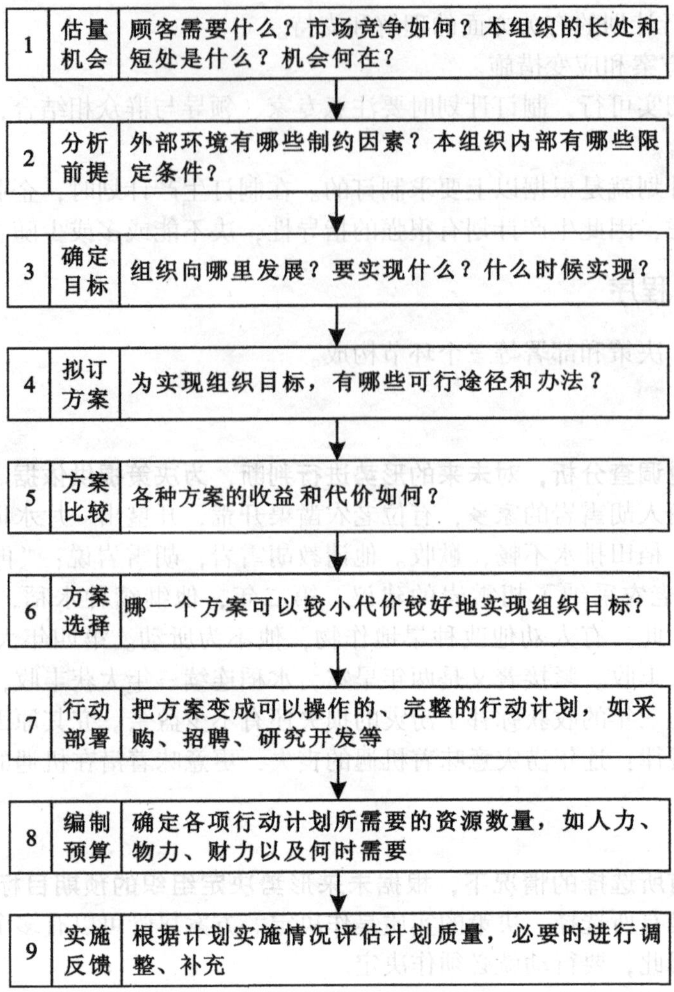

图 4-1

资料来源：中国企业管理研究会《企业管理》编写组：《企业管理导论》，经济科学出版社，2002年版，第88页。

(threat) 分析，该方法在管理工作中受到广泛重视和采用。企业内部的优势和劣势是相对于竞争对手而言的，一般表现在企业的资金、技术设备、职工素质、产品、市场、管理技能等方面。判断企业内部的优势和劣势，既要看单项的，又要看综合的。企业外部的机会是指环境中对企业有利的因素，企业外部的威胁是指环境中对企业不利的因素。

企业进行 SWOT 分析的主要内容如下：

（一）企业外部环境的机会和风险分析

企业外部环境的有利因素，即机会，如国家产业政策的鼓励与支持、市场需求的扩大、银行信贷的支持等，需要分析这些因素为企业的发展提供了多大的机遇。

企业外部环境的不利因素，即风险，如国家紧缩银根、限制投资规模、强制实行某项标准、提高银行贷款利率、提高税率、市场竞争剧烈、企业所需资源逐渐枯竭等，需要分析这些不利因素给企业的生存将带来多大的风险。

（二）企业内部的优势和劣势分析

1. 企业的优势

企业的优势体现在哪些方面，在资源占有、技术和产品上有何优势，在管理上有哪些特色，这些优势发挥的程度有多大，所有这些都需要进行分析。

2. 企业的劣势

企业的劣势表现在哪些方面，是管理水平低，还是技术开发能力差；是产品质量不好，还是产品品种不对路，或销售服务不到位等。企业应分析产生劣势的原因，寻找解决问题的办法。

SWOT分析也叫战略综合分析，就是将企业外部环境和企业内部条件的各种因素结合起来进行的分析。企业外部环境反映企业可利用的发展机会和存在的对企业的威胁。而企业能否把握机会，避开威胁，还需要通过对企业内部条件进行综合分析才能做出准确判断。

第二节 计划的执行与修正

计划是一个组织的行动纲领，必须严肃对待，不能朝令夕改，或视为儿戏，一个由领导确定的计划必须坚决执行。然而，“计划没有变化快”，计划毕竟是人们的主观产物，它不可能完全符合变化着的实际情况，因此，计划又必须具有一定的灵活性。特别是当今时代，环境变幻莫测，技术进步日新月异，机遇和风险并存，更应该将计划的灵活性与严肃性结合起来。

为灵活适应市场变化，企业计划要在坚持大方向的同时让目标具有灵活性。机遇的实质是“目标—资源—环境”的最佳组合，三者之一的变动，就可能形成机遇，当资源状况或环境发生变化时，适当调整目标和策略，就可以规避风险、提高效益。

相关链接

随机应变才能求得管理实效

燕京啤酒集团（以下简称燕京）1993年在李福成的指挥下，确立了事关企业前途和命运的3个命题：第一，调查国内和国际啤酒市场的生产和消费量，确定本企业的发展规模；第二，调查国内啤酒企业的招商引资情况，确定本企业是否走合资的发展道路；第三，广泛接触想到中国合资的国外啤酒厂商，摸清其来意，确定本企业的引资规模和出让比例。

在合资的问题上，调查的结果是：一部分企业合资后，改变了原来生产经营比较被动的局面，而资金、技术和管理的引进也确实为企业发展注入了活力，但有的企业合资后被外方拖着走。燕京怎么办？

李福成认为："与外商合资的目的无非是引进资金、技术和管理，但这些燕京都是不着急的。燕京不关死合资的门，但要保证合资不失去市场、不失去控股权。因此，外商要51%以上股权坚决不谈，但入股30%以下燕京欢迎。"

本着这样的原则，燕京开始接触国外啤酒企业和投资商，每每遇到"狮子大张口"，李福成不得不与他们只握手而不言"合"，为了扩大规模迅速占领市场，燕京走上了收购扩张之路。

1996年1月6日燕京首次收购的华斯啤酒公司开始了新的生产。谈及首次收购的原因，李福成这样说："华斯啤酒是北京顺义的一家啤酒厂，如果我们不主动兼并，外商就有可能购买这个企业，这样就又多了一个竞争对手。"兼并华斯，燕京的考虑是，华斯能够解决燕京啤酒供不应求的局面，因为燕京啤酒1995年的销售量达到35.6万吨，而在1996年元旦那天，库存不到1 000箱，扩大产能成为急需解决的问题。如果再增加10万吨的生产能力，预计要投入2亿元，建设周期要2年，燕京也等不起。

伴随着华斯啤酒灌装线上玻璃瓶之间相互撞击的悦耳声音，收购兼并成为燕京的外扩方式之一。之后，燕京先后在江西、湖南、湖北、山东、内蒙古、河北、广西等12个省区市收购、兼并、控股了28家外埠企业，全国一盘棋的大市场战略就此开启。

资料来源：http：//www.foods1.com/content/222629/

有的企业严格执行企业的发展计划不一定会被淘汰，有的企业根据市场和竞争态势适时变更计划，也有利于企业更好发展，选择哪条路要看实际情况。

第三节 危机管理

"天有不测风云，人有旦夕祸福"，在市场经济条件下，处于动态环境之中的企业，危机是不可避免的，任何企业都蕴藏着爆发危机的可能性。然而，实际情况是，危机管理并没有引起广大企业的足够重视。

企业危机管理是针对企业自身情况和外部环境，分析预测可能发生的危机，然后采取有针对性的措施，防患于未然，将危机爆发的可能性降到最低限度，将危机消灭在萌芽状态；一旦危机爆发，能胸有成竹、有条不紊地将危机化解，把损失控制在最小范围。

一、企业危机的类型

企业危机按性质分类可分为形象危机、经营决策危机、信誉危机、媒介危机、突发性危机等。

不同性质的危机，处理方法有所差异。在处理危机前，企业首先应认清到底发生了什么性质的危机。对于形象危机，企业需要花大力气，从源头抓起，加强员工教育，领导以身作则，制定完整的规章和制度规范员工和领导的行为；对于经营决策危机，需要企业加强决策管理，提高决策的科学性，建立决策体系，企业领导要注意吸收广大员工的意见和建议，对新上马的项目建立完整的评价体系；为了预防和减少信誉危机，企业不要作不愿履行或无法履行的承诺；对于媒介危机，企业应该有正确的认识和充分的准备，面对不公正的报道，要冷静克制，应善于体谅媒介的错误，及时澄清真相，请求予以更正，尤其不可与媒介发生正面冲突，因为当企业与媒介发生冲突的时候，**公众倾向于相信媒介而不是企业**；对于突发性危机，对企业的形象不会带来太大的影响，关键是当事件发生后，企业要迅速组织内部公众共同度过“非常时期”，并与外界公众及时沟通，求得帮助、支持和理解，迅速排除危机。

二、树立正确的危机意识

企业的全体员工，上到高层管理者，下到一般的员工，都应“居安思危”，将危机的预防作为日常工作的组成部分。要教育员工每个部门、每个环节和每个人的行为都与企业形象密切相关，危机的预防有赖于全体员工的共同努力。全员的危机意识能提高企业抵御危机的能力，有效地防止危机产生。即使产生了危机，也会把损失降到最低程度。

早在1985年，海尔集团总裁张瑞敏当着全体员工的面，将76台带有轻微质量问题的电冰箱砸毁，使员工产生了一种危机感与责任感，由此创造出了一套独具特色的海尔式产品质量和服务，譬如“用户永远是对的”，“海尔卖的不是产品，而是信誉”，“真诚到永远”，等等。海尔的生存理念“**永远战战兢兢，永远如履薄冰**”，更是给人一种强烈的忧患意识和危机意识，成为海尔集团打开成功之门的钥匙。

预防危机要从企业创办之日起就着手进行，伴随着企业的经营和发展长期坚持不懈。那种出现危机才想到危机管理，把危机管理当做一种临时性措施和权宜之计的做法是不可取的。在企业生产经营中，要时刻把与公众沟通放在首位，与社会各界经常联系，保持良好关系，企业内部双向沟通顺畅，以此来消除危机隐患。

三、危机的处理

（一）危机处理的原则

（1）主动性原则。组织内部的人员要勇于承担责任，寻找解决问题的契机，变被动为主动，使不利因素变为有利因素。

（2）诚意性原则。要用高度负责的、积极的态度去调查、分析危机发生的原因，要站在受害者的立场上表示同情和安慰，防止产生不信任感，要寻求最佳的解决方案，争取专家的帮助和公众的支持与谅解。

（3）真实性原则。危机发生后，会产生种种猜疑误解，甚至会传出许多谣言。应本着实事求是的态度，及时公布事实真相，让事实说话，才能防止流言蔓延，影响组织的形象。

（4）快速反应原则（也叫“24小时法则”）。美国作家马克·吐温说：**“真理在穿鞋时，谎言已跑了大半个世界。”** 因此，当危机发生后，要在24小时内快速处理。要尽最大可能控制事态的恶化和蔓延，把因危机造成的损失减少到最低程度。

（5）公众利益至上原则。危机处理人员要以公众利益代言人的身份出现，要勇于承担责任，做到不推卸、不埋怨、不找客观理由，做好危机事件的善后工作，包括对公众损失的补偿，对社会的歉意，对自身问题的检讨，等等，这样才能赢得社会的谅解和好感。

（6）专项管理原则。危机发生后，企业要将掌握处理危机的科学程序和方法、了解有关情况的部门和人员组成危机处理小组，专门负责对危机事件的处理工作，不得随意指派和中途换人，以防产生不信任感和影响危机处理的效率。

（二）处理危机事件的对策

1. 针对企业内部员工的对策

在危机发生后，企业应尽快制定针对内部员工的对策：

（1）在稳定情绪、稳定秩序的基础上向职工告知事故真相和企业采取的措施，使员工同心协力，共渡难关；

（2）收集和了解职工的建议和意见，做好说明解释工作；

（3）如有伤亡损失，做好抢救治疗和抚恤工作，通知家属或亲属，做好慰问及善后处理工作；

（4）制定挽回影响和完善企业形象的工作方案与措施。

2. 针对受害者的对策

受害者是危机处理的第一公众对象，企业应认真制定针对受害者的切实可行的应对措施：

（1）设专人与受害者接触；

（2）确定关于责任方面的承诺内容与方式；

（3）制定损失赔偿方案，包括补偿方法与标准；

（4）制定善后工作方案，不合格产品引起的恶性事故，要立即收回不合格产品，组织检修或检查，停止销售，追查原因，改进工作；

（5）确定向公众致歉、安慰公众心理的方式、方法。

3. 针对新闻界的对策

媒介对危机事件反应敏感，传播速度快、范围广，影响力大，处理不好容易误传，形成不利于事件处理的舆论。因此，要特别注意处理好与新闻媒介的关系，具体对策包括：

（1）确定配合新闻媒介工作的方式；

（2）向新闻媒介及时通报危机事件的调查情况和处理方面的动态信息，企业应通过新闻媒介不断提供公众所关心的消息，如善后处理、补偿办法等；

（3）确定与新闻媒介保持联系、沟通的方式，何时何地召开新闻发布会应事先通报新闻媒介；

（4）确定对待不利于企业的新闻报道和记者的基本态度。

除新闻报道外，企业可在有关报刊发表歉意公告、谢罪书，向公众说明事实真相，向有关公众表示道歉及承担责任，使社会感到企业的诚意。谢罪书的内容包括：说明谢罪是针对哪些公众，介绍公众希望了解的事项，明确而鲜明地表示企业敢于承担事故的社会责任，表明知错必改的态度和决心。当记者发表不符合事实的报道时，要尽快提出更正要求，指出不实之处，并提供真实材料表明立场，但要注意避免产生对立情绪。

4. 针对上级有关部门的对策

危机发生后，企业要与上级有关部门保持密切联系以求得指导和帮助。企业要及时地、实事求是地汇报情况，不隐瞒、不歪曲事实真相，随时汇报事态发展情况，事件处理后详细报告事件经过、处理措施、解决办法和防范措施。

5. 针对其他公众的对策

企业应根据具体情况，向兄弟单位、社区公众、社会机构、政府部门通报危机事件和处理措施等情况，并制定相应的方案，全面消除危机事件的影响。

四、危机的善后

危机的善后工作主要是消除危机处理后遗留下的问题和影响。危机发生后，经过分清责任、经济赔偿等善后工作后，还会有心理上的影响和企业形象的影响，这些危机滞后影响绝不是一朝一夕可肃清的，要靠一系列危机善后工作来挽回影响，如果危机善后工作处理得好，可以广泛建立企业与社会各界的良好关系，增进彼此的了解和沟通，获得相关公众的理解、谅解和支持，借助危机提高知名度，同时扩大企业的美誉度。

实践训练

1. 了解和分析本企业的生产计划或员工培训计划。

2. 有的企业在生产销售旺季经常加班，且加班时间较长，导致工人不满，如何根据实际情况调整计划？如何安定工人的不满情绪？请你通过调查和走访后，起草一个解决问题的方案。

3. 如果你是某饮料厂灌装车间的一名班长，你当班时，工人不慎滑倒，手被玻璃碴划破而大量流血。之后厂区内外议论纷纷，你认为如何处理此危机？

案例分析

三峡人工景观的拆除

三峡工程兴建时，某公司预测“三峡美景将不复存在”，因而投资 4 000 万元在宜昌建成号称世界最大的人造微缩景观群“三峡集锦”。但三峡截流后，美景更添，游人对人工景观毫无兴趣，最后，人工景观无奈地被拆除。

资料来源：http：//news. sina. com. cn/c/2006-08-24/15469838821s. shtml

◎分析思考：该投资失败的原因是什么？

推荐阅读

2006 年海尔冰箱售后服务危机

2006 年 5 月 22 日，发生了一起“海尔博客门”事件：一名顾客购买的海尔冰箱出现质量问题，由于种种原因海尔三天后才予以调换，该顾客气愤之下在其“和讯博客”上撰文宣泄其对海尔售后服务的不满。海尔售后部门在见到该博客的抱怨后，迅速采取紧急措施，立即派遣服务人员以两个大西瓜作为礼物登门道歉，与这位客户认真地沟通了他们晚到的原因，以及为什么三天后才把冰箱送到的客观原因。

在海尔做出迅速反馈之后，那位发表博客的用户在事后的反馈里是这样写的：“我很感动……因为我的一篇帖子，海尔派人上门沟通，让我有点自我感觉良好，感到作为用户受到重视。”从博客的回帖可看出，人们对此事的看法有了很大的转变，从开始对海尔的负面质疑转变为客观中肯甚至是理解包容的态度。很多博客留言表示海尔售后服务的周到是闻名遐迩的，呼吁人们支持民族品牌，对民族品牌应该多一些理解和包容心。这场沸沸扬扬的“海尔博客门”事件因为海尔的及时反应，得到了圆满的结局，并没有给海尔的企业声誉带来太大的影响。从此事件可以看出，海尔对危机的反应速度非常快，并且对企业危机的处理驾轻就熟。

资料来源：http：//www. hztbc. com/news/news_4271. html

◎思考题

1. 计划必须符合哪些要求？
2. 计划制订的程序是怎样的？
3. 企业进行 SWOT 分析的主要内容有哪些？
4. 危机处理的原则有哪些？
5. 企业在处理危机事件时应采取哪些对策？

第五章 组织职能

第一节 管理组织的概念和内容

一、组织和管理组织的概念

组织是为了实现企业经营目标，把构成企业生产经营活动的基本因素、生产经营过程的主要环节，以有秩序、有成效的方式组合起来的工作。它包含两个方面的内容：一是通过组织手段，使企业职工在生产经营过程中紧密配合，使物力、财力和技术等得到合理利用，使企业生产经营活动按既定的目标协调地发展。我们将这部分称为劳动作业组织和生产经营组织（组织职能的动态表现）。二是根据企业管理对象、任务和目标的复杂程度，将管理系统按分工协作关系划分为若干个单位和层次，每个单位都相应地配置一定数量和质量的人员，并明确规定单位和人员的分工、权利和责任以及他们之间的信息沟通方式。我们称这部分为管理组织（组织职能的静态表现）。管理组织通过其积极活动，一可调动广大职工的积极性，约束他们的消极行为，使大家都为实现企业经营目标努力；二可使企业生产经营过程中每个环节协调发展。

管理大师德鲁克认为，公司的本质是社会性的组织，现代生产是基于社会组织的。他指出："人类组织是任何行业都不可或缺的，它是工业区别于手工业作坊的重要特征，同时也是现代工业，尤其是大规模生产工业的本质和意义所在。**大规模生产不是基于流水线、传送带，也不是基于机械装置或技术等其他东西，而是人与人之间、人与机械生产之间自觉的、有意识的、有计划的关系。因此，现代工业不**

能仓促进行，必须事先仔细规划公司的社会结构。”①

二、管理组织的构成要素

（一）人员

人际关系专家们有一句俗语：**“你要雇用一个人的手，就得雇用他整个人。”**一个人不可能只有长处，所以组织在挑选人员时，要尽量优中选优。

比尔·盖茨说：“大成功靠团队，小成功靠个人。”管理大师德鲁克则指出：**“雇用合适的员工是任何公司所能做的最重要的决定。”**他把管理工作概括为**“让合适的人去做合适的事”**。

德鲁克在《卓有成效的管理者》中对组织中人员这一要素作了许多重要的阐述，他指出要用人所长，要科学管理自己的上司，要充分发挥自己的长处。他认为人员的品格极其重要：**“正直的品格本身不一定能成就什么，但是一个人如果缺乏正直和诚实，则足以败事。”**

人员是组织的主体，是管理组织的第一要素，包括管理组织中对人的职位划分、人员的选择、人员优化结合和人员工作能力提高等内容。

许多企业管理者在人才招聘时再忙也要亲自把关，尽量做到人员优化。如美国的微软公司自成立之初就对招聘非常重视，公司的招聘宗旨是**“招聘不是针对某个职位或群体，而是着眼于整个企业”**，即要确保招聘到长远来看适合企业、适合整个组织的人选，而不是考虑让他们从事某个具体的职位。

相关链接

用老实人，还不如用个贼

在工地，大家都知道，刘跃进是个贼。贼一般在街上偷东西，或入别人家盗窃，刘跃进不上街，也不去别人家，偷东西就在工地。在工地也不偷盘条、电缆和架子管，就偷工地的食堂。刘跃进是个厨子。偷食堂也不在食堂，在菜市场。刘跃进每天早起，要到菜市场买菜。在菜市场也不偷，韭菜、萝卜、白菜、土豆、洋葱、肉等，明码标价；但一个工地几百号人，一回洋葱土豆买得多，就能讨价还价；一斤便宜五分钱，几十斤下来，就能省出几块钱；固定一个摊买，不朝三暮四，又有讲究；还有肉，瘦肉，五花，或只买脖子肉，价钱又不一样。大家说，整个工地的人脖子都粗，和整天吃刘跃进的脖子肉大有关系。但贼被捉住才叫贼，刘跃进这贼无法捉，就不能叫贼。这时大家生气的不是有贼，而是这贼无法捉。工地包工头任保良说：

“原以为，贼被捉住才叫贼，谁知没被捉住的，才叫贼呢。”……

任保良看他懂事，加上有十几年前一只烧鸡顶着（任保良坐牢时，吃了刘跃进

① 德鲁克：《公司的概念》，机械工业出版社，2009年版，第25页。

送的一只烧鸡)，虽然知道刘跃进在食堂捣鬼，但也睁一只眼闭一只眼。……

任保良本想把刘跃进打发走，只是担心弯拐得太陡，显得自己心量小；便不动声色，还让刘跃进当厨子，但不让他买菜；等刘跃进自个儿觉着没了油水，提出走人。恰好任保良有一个外甥女，高中毕业，没考上大学，也从沧州来北京发展，投奔任保良，任保良便把她安排到工地食堂，专管买菜。……

叶靓颖兴冲冲地上了任，每天早起，骑一辆三轮车，屁股一扭一扭，到集贸市场买菜。买一道菜，记一道账。一把葱，一头蒜，都记在算术本上。一个月下来，密密麻麻，积了两大本。但她哪里知道菜市场的门道？一个月下来，叶靓颖买菜花出的钱，比上个月多出两千多块；食堂吃的，却没有上个月好。月底结账的时候，叶靓颖把两本账递给任保良，任保良把算术本"嘶啦""嘶啦"撕了，扔到地上："不能不说，你是个老实人。"又感叹："用老实人，还不如用个贼。"

任保良又撤下叶靓颖，让她在厨房馏馒头、蒸大米，重新把买菜的事，还政刘跃进。刘跃进这时倒端上了架子，嘬着牙花子说："任经理，岁数大了，说起这买菜，我也转不过那些菜贩子。"还替叶靓颖说话："真不能怪咱外甥女。"

直到任保良急了："刘跃进，你操过我的娘，我也操过你的娘，别再装孙子了。再拉硬弓，我真让你滚蛋！"

刘跃进这才骑上三轮车，笑眯眯地去了菜市场。

(**编者注**：该故事节选自刘震云所著小说《我叫刘跃进》。在一些企业的人员管理中还存在着"用老实人，还不如用个贼"的情况，请大家思考：如果你是包工头任保良，你会怎么用人?)

(二) 规章制度

组织中每个成员的活动都会对与其相关的成员产生影响，在组织的各个成员之间都存在着复杂的联系。为避免组织成员各行其是带来的混乱和工作脱节，组织必须有一定的章法来规定和统一成员的行动。因此，规章制度是组织成员间的"黏合剂"、行动的准则，是组织有秩序的、有成效的活动来实现既定目标的必不可少的因素。

相关链接

联想集团的罚站制度

联想集团有个规矩，凡开会迟到者都要罚站。在媒体的一次采访中，柳传志表示他也被罚过三次。公司规定，如果不请假而迟到就一定要罚站。但是这三次，都是他在无法请假的情况下发生的，比如被关在电梯里面。罚站是挺严肃也很尴尬的一件事情，柳传志说："他不是随便站，是开会的时候，这个人进来了以后，停下会，静默看他站一分钟，有点儿像默哀一样，其实是挺难受的一件事情。定了这个制度之后，被罚的第一个人是我的一个老领导，所以叫他罚站的时候，你想他站了一身汗，我在这儿坐着一身汗，当时真的是很尴尬，但是也就这么硬做下来了。”

资料来源：http：//www. chinavalue. net/Blog/456289. aspx

只有“一切行动听指挥”，军队才能“军令如山”；企业只有通过厂纪厂规，才能使生产经营有序运行。

（三）信息

企业的管理组织要进行活动，实施管理，就要通过某种媒介进行纵向和横向的联系，内部的和外部的联系，这种媒介就是信息。信息在管理组织中的作用，就像人体中的神经系统一样，能将组织成员的活动有机地协调起来，将企业内部活动与外部环境协调起来，实现组织的目标。因此，现代企业的管理组织要有效地进行活动，必须有与其相适应的信息和信息系统。信息是组织的一个基本要素。

企业在计算机技术和多种通信手段的帮助下，能及时传达和处理信息。比如现在许多公司运用网络办公信息平台，将内部许多部门的有关信息发布到网上，供企业员工和领导及时参阅。

美国空军大学的一项长期研究报告认为，未来“信息的威力将胜于炸弹”。现代战争越来越依赖信息化，依赖基于高科技的有效沟通，以提高整体部署、现场指挥和协调、现场反应和应对能力。因此，安全、功能强大，融合视频会议、远程培训、系统办公以及网上军事模拟对抗演练系统的一体化沟通平台，就成为军队信息化中重要而必备的一个环节。

三、管理组织的作用

（一）内外协调的作用

企业是处在不断变化的外部环境之中的。在这种情况下，企业要使自己适应外部环境变化，能够充分利用外部环境提供的机会，就必须通过组织搜集各种信息，及时作出相应的反应和正确的决策，才能生存和发展。因此，管理组织在协调企业与外部环境的关系并与其相适应方面，起着重要作用。

（二）组织企业内部生产力的作用

企业是复杂的系统。在这一系统中，很多职工操作着各式各样的机器设备，在不同岗位上从事着生产活动。要使人、财、物得到充分利用，供、产、销活动能够协调进行，也必须有强有力的管理组织，通过它来对企业生产过程进行计划、组织、指挥和控制，生产活动才能有秩序、高效率地按既定目标进行。

（三）统一职工行动的作用

企业里的每个职工都生活在一定的组织环境中，受到环境的影响，因而他们都有自己的愿望、要求和选择。企业本身也是如此，也处在一定的环境中，也有其生存和发展的目标。这样一来，企业与其成员之间就可能在长远与眼前、个人与集体利益等问题上出现一定的矛盾；在企业成员之间，特别是在领导者与被领导者之间也会出现不一致的地方。这也要通过管理组织措施把职工引导到企业要达到的目标上来。

管理学家西蒙认为，生命的法则是“均衡”，是保持生命体的内在均衡。**维持一个组织的生命，关键是保持“价值和贡献”的均衡，包括组织向员工提供“价值”，提供地位、权力、资源、信息、机会、名誉和报酬收入；员工为组织做出“贡献”，贡献绩效、知识、经验、技术、方法、热情、信念、智慧和思想观念。**“价值”来源于组织目标的实现，“贡献”来源于员工目标的实现，来源于员工的利益动机和情感动机的满足。保持“价值和贡献”的均衡，就能维持组织的存在。后来，人们把这个思想概括为“价值创造、价值评价和价值分配”，并认为这是企业组织中的核心命题。

生产一线员工只有正确把握“价值和贡献”的均衡，才能认识到自己在企业这个组织中的角色、地位、价值及未来发展等。

第二节　建立管理组织的原则

管理组织的建立和完善应遵循下述原则。

一、有效性原则

这是指组织结构和每项组织活动都必须是有效的。

在此我们以赛马的故事为例。齐国的大将田忌很喜欢赛马，他和齐威王的比赛规则是把各自的马分成上、中、下三等。比赛的时候，要用上马对上马，中马对中马，下马对下马。由于齐威王每个等级的马都比田忌的马强得多，所以比赛了几次，田忌都失败了。孙膑建议田忌先以下等马对齐威王的上等马，第一局输了。第二局比赛，孙膑建议拿上等马对齐威王的中等马，胜了一局。第三局比赛，孙膑建议拿中等马对齐威王的下等马，又胜了一局。比赛的结果是田忌三局两胜赢了齐威王。同样的马匹，由于调换了比赛的出场顺序，就得到转败为胜的结果。

田忌赛马的故事告诉我们，一个组织要实现既定目标，就要使管理组织的组织结构和每项组织活动有效。企业设立或撤销某个机构，都必须围绕“有效性”进行，使管理组织更加完善。

二、专业化、适应性原则

组织结构的建立要从企业整体出发，既要考虑企业是个开放系统，又要反映企业内部管理活动的专业化分工的要求。企业组织结构的模式既不是固定的，也不能“一刀切”、单一化，而要有多样性，要能适应环境变化的要求。

三、统一指挥原则

要按照管理层次建立统一命令、统一指挥的系统。下级只接受一个上级的直接指挥，不能多头领导，上级不能越级指挥。各级职能参谋部门由各级领导直接指挥，没有对下级的指挥权，但有对下级的业务指导权。

四、合理管理幅度和管理层次原则

管理幅度越大，管理层次就越少；而管理幅度越小，管理层次就越多。管理幅度过大，领导管不过来；幅度过小，则机构层次多，指挥不及时，效率低，所以要遵循适当的管理幅度和管理层次的原则。国外研究表明，一般来说，上层管理幅度5~8人，中层管理幅度8~15人，基层15人以上。随着各级领导能力的提高和分权与授权的扩大，管理幅度将扩大，层次将减少，结构形态将趋向扁平。

相关链接

解放军的管理层次

为保证"一切行动听指挥"，解放军把管理者分为三个层次：

第一，高层管理者。这主要是指集团军以上的将领们（从少将到上将）。他们在解放军中主要从事决策、引导、协调工作；战区以上的将领主要负责制定法规制度，并对实施起监督作用。

第二，中层管理者。这主要是指师、旅、团的校官们（从中校到大校）。他们在解放军中主要从事计划、组织、沟通、治理等工作，在决策、监督等方面也起一定的作用。

第三，基层管理人员。这主要是指营以下领导，包括连排长和班长（从少尉到中校，主体是士官）。他们主要执行、贯彻上级的指令，带领部属实现既定的管理目标。

在组织建设上纵向看，解放军的组织有决策层、执行层和操作层，但每层的角色又是相对的：他们相对于下级，是监督层、决策层；相对于上级，又是操作层、执行层。

在组织建设上横向看，有参谋部、政治部、联勤部和装备部，它们保证和监督决策的执行。从上面的叙述中，我们可以看出，组织要提升执行力，做到有效执行，就必须建立一支步调一致、遵循游戏规则、精而强、高水平的组织队伍。

资料来源：李万升：《向解放军学执行》，吉林大学出版社，2010年版。

五、授权和权责对等原则

授权的目的是为了减轻上级的工作量，使下级执行职务有保证，也是培养下级、调动下级积极性和责任心的前提条件。授权的同时，下级必须承担责任，即有职有权有责，权责要对等，所以授权与责任都要明确化，不能职责不清。

在工作中有时会出现"一个和尚挑水吃，两个和尚担水吃，三个和尚没水吃"的情况。因为互相推诿、扯皮、攀比，人多了工作效率反倒降低了。解决这种问题的最好方法是推行责任制，并建立竞争机制，使部属有明确的任务，部属之间又有优胜劣汰的竞争。

日本古时候，青州城的城墙曾经有一次倒塌了大约600米，工人们花了20多天还没有修好。首领信长对工程的缓慢进度非常生气，就说："现在正处于战乱时期，不知道敌人什么时候就会进攻，一道城墙修了这么长时间还没竣工，太危险了！"于是就派部属秀吉去做负责修理城墙的工程官。秀吉接受任务以后，首先把杂乱无章的工程步骤重新规划，然后把600米的城墙分成10段，每段60米，又将全部工人也分成十组，每组派遣一个工头带领，采用竞赛的方式，分别干自己的工程，结果不到3天，城墙就修复竣工了。他用的就是分层负责的责任制，并建立内部竞争机制，所以大大提高了工作的效率。

六、协调原则

管理组织必须使企业组织各个部分形成整体，统一行动，互相协调，才能保证实现企业目标。组织协调包括纵向和横向的两个方面，既要注重纵向协调，又要重视企业不同组织系统之间、职能部门与生产单位之间的横向协调。

管理大师明茨伯格非常崇尚自然管理。他在《明茨伯格管理进行时》中说："难道我们人类还不该从梦中醒来，摆脱对领导力的幼稚迷恋吗？难道我们不能像蜂房里的蜜蜂一样明白事理吗？**不把我们的组织看成神秘的权威层次，而是人人参与、互相尊敬的团体，**还有什么比这更自然的呢？"由此可见，协调原则对自然管理、对组织的和谐非常重要。

七、按能级原理选配人员的原则

战国时期，赵国大将赵奢曾以少胜多大败入侵的秦军。他有一个儿子叫赵括，从小熟读兵书，别人往往说不过他。然而赵奢却很替他担忧，认为他不过是纸上谈兵。公元前259年，秦军又来犯。赵军在长平坚持抗敌，那时赵奢已经去世，廉颇负责指挥全军，他年纪虽高，打仗仍然很有办法，使得秦军无法取胜。秦国知道拖下去于己不利，就施行了反间计，派人到赵国散布"秦军最害怕赵奢的儿子赵括将军"的话。赵王上当受骗，派赵括替代了廉颇。赵括自认为很会打仗，死搬兵书上的条文，到长平后完全改变了廉颇的作战方案，结果40多万赵军全被歼灭，他自己也被秦军箭射身亡。

这个故事告诉我们，把能力低下的人安排在需要高能力的位置上，无异于"捧杀"。廉颇虽然老了，但他"打仗仍然很有办法，使得秦军无法取胜"。这说明按能级原理选配廉颇是对的。在人员、干部的安排和任免上"瞎折腾"是要付出代价的。

各管理层次的每个管理职务都有它要履行的管理功能，这种按管理层次和岗位划分的管理功能等级就叫"管理能级"。能级原理就是要按每个管理层次和岗位的能级要求，配置具有相应能级的人去担任某种职务，即100斤的担子需选配具有挑100斤担子能力的人，既不能小材大用，也不能大材小用，要按需选才，合适的人干合适的事。当前，由于高校扩招，许多有本科和专科学历的大学毕业生都在生产一线工作，他们面临着传统观念与现实的巨大差异和无奈（传统观念一般认为，大学毕业生应该是坐办公室的"白领"），而且由于企业高层领导普遍认为企业内部的人才流动原则应该是"**高层稳定，中层相对稳定，基层流动**"，所以，在生产一线工作的大学毕业生，只有经过多年磨练，不断学习和进步，才能积累才干，最终脱颖而出，青岛啤酒集团金志国先生就是从锅炉工干起、历经多年锤炼而成长为集团总裁的。

"知识就是力量"的前提是：知识要经过转化、要通过理论联系实际、要通过活学活用才能变成力量。世界上没有哪个军事家是靠纸上谈兵、足不出户而成就英名的，许多军事家都亲临战争前线，历经战事，积累了丰富的作战经验和军事才能，那些从士兵成长为军事家的统帅似乎更能赢得人民的信任。大学毕业生只有在生产一线工作，从基层干起，才能将知识转变为力量。我国目前规定，到2012年，中央机关和省级机关录用公务员，除部分特殊职位外，均从具有两年以上基层工作经历的人员中考录，这个规定就是考虑到人员的实践能力和综合素质。据说，现在有的企业招聘生产一线员工开始要求第一学历为本科，不论新聘的员工学历多高，企业一般都会要求他们从生产一线干起。比如麦当劳等服务型企业招聘的大学生，不论学历，首先要在餐厅从事拖地、抹桌子等工作。

《基业长青》一书指出，**研究发现世界许多百年知名企业，都是从内部培养接班人，因为这样可以保持核心的一贯性。**我国许多企业家也开始认识到从企业内部培养忠诚接班人的重要意义，所以生产一线员工要不急不躁，认真对待企业的换岗、轮岗、培训等，要不断增强自己的能力，要感恩于企业对自己的培养，正确对待组织的安排。

企业只有坚持按能级原理选配人员的原则，才能不至于拔苗助长或埋没人才，才能真正发挥人才的能力。

第三节 人力资源管理与执行力建设

一、人力资源管理概述

杰克·韦尔奇在担任GE董事长兼CEO时，花了大约75%的时间寻找合适的人和评估人的能力。他说："**组织中最重要的工作就是挑选人，一定要把时间花在找人上，只有找到最好的人，你才有可能成功。**"

美国的四星上将巴顿将军说："油料和机器不会赢得战争的胜利，**最终的胜利取决于人而不是机器。**"

人是一切社会活动的主体，是众多资源中最重要、最宝贵的资源，对人力资源的管理始终是管理的重要组成部分，学习和掌握人力资源管理理论，应该成为一切管理者的必修课。

（一）人力资源管理的内涵与特点

资源是为了创造物质财富而投入生产活动中的一切要素，它一般包括自然资源、资本资源、信息资源和人力资源四大类，而**人力资源是生产活动中最活跃的因素，也是一切资源中最重要的资源，被称为组织中的第一资源。**

人力资源一般是指组织中拥有的成员的体质、智力、知识、技能以及他们的潜能和协作力的总和。人力资源是任何一个组织必需的资源。

人力资源管理是指在组织内部设计有关的规范制度，使之有利于充分发挥员工的才干，对人力资源的获取、开发、保持和利用等方面进行管理，从而圆满地实现组织的各种目标。

（二）人力资源管理的基本内容

人力资源管理的内容相当丰富，它由若干个相互关联的部分组成，概括地说，主要由以下几个方面组成：

1. 人力资源的规划与分析

人力资源规划主要是组织系统评价人力资源的需求与供给，确保必要时可以获得所需数量且具备相应技能的员工的过程。其目的是使组织内部与外部人力资源的供应能满足特定时期组织内部预计欠缺职位的需要。

人力资源分析，就是确定组织中完成各项工作所需技能、责任和知识的系统过程。

2. 人力资源的招聘与更新

当人力资源供求对比显示供小于求或根据人力资源规划组织急需某方面人力资源时，就应进行招聘。因此，招聘就是组织本着计划性、公开性、科学性、全面性原则，及时地、足够多地吸引组织内外具备资格的人并鼓励他们申请到组织中工作的过程。

美国福特公司的老板福特曾经在大学毕业后到一家汽车公司应聘，一同应聘的几个人学历都比他高，在其他人面试时，福特感到几乎没有希望了。当他敲门走进董事长办公室时，发现门口的地上有一张纸，很自然地弯腰把它捡了起来，看了看，原来是一张废纸，就顺手把它扔进了垃圾桶。董事长把这看在眼里。福特刚说了一句：“我是来应聘的福特。”董事长就发出了邀请：“很好，很好，福特先生，你已经被我们录用了。”这个让福特惊讶的决定，实际上源于董事长对他品德的信任。事实上，福特也确实没有让董事长失望，以自己的品行和能力一次次使公司转危为安。①

对人力资源供给与需求进行预测分析后，若供求对比表明供大于求，即员工过剩时，就需要采取一定的处理措施。措施一般包括：

（1）限制雇用。即不再补充新员工以逐渐减少组织员工，除非组织的运行可能遭受影响时才录用新员工。

（2）减少工作时间。即将原来每位员工的工作时间削减，以适应需求的下降。当然，这种方法通常只适用于按工时付薪员工。

（3）提前退休。即让现有员工提前退休以减少员工数量。

（4）暂时解雇。比如，下岗就是一种暂时解雇形式。

（5）解雇。即一次性裁减所雇用的员工数量。

各种员工过剩处理方法各有优缺点，解雇是最彻底的方法，但有许多消极影响。

3. 人力资源的开发与培训

广义的人力资源开发是指组织通过各种方式和手段开发员工潜能的过程。

培训就是组织通过培训与开发项目改进员工能力、水平和工作业绩的一种有计划、连续性的工作。人力资源的培训主要包括以下三个方面：一是新员工的培训；二是管理人员的培训；三是在岗操作工的培训。

---

① http：//suihua. dbw. cn/system/2010/12/31/052910793. shtml

4. 人力资源的评价与考核

为了提高员工的工作绩效，人力资源部门要对员工的工作表现进行必要的评价与考核，以确定员工的本职工作究竟做得怎样。

人力资源的评价包括岗位评价、人员素质评价、员工绩效评价、人力资源开发利用评价等。

人力资源的奖惩主要是指以考核与评估为依据，对员工进行动态管理，包括晋升、调动、给予奖酬、辞退、解雇等。

相关链接

博士生找工作

某博士生到许多知名企业求职，发现这些企业都只招聘本科生。因为企业不需要那么多博士，多聘请一个博士也要多发一些工资。

于是他拿出本科毕业证书去应聘，很快被一家知名企业聘用。工作一段时间后，人事主管对他说，你的能力比一般本科生强多了，我们决定提拔你到只有硕士生才能胜任的岗位。于是他被调任到那个要求更高的岗位。

这位博士生在新岗位工作一段时间后，人事主管对他说，你的能力比一般硕士生强多了，我们决定提拔你到只有博士生才能胜任的岗位。

这位博士生说："其实我本来就是博士！"

"啊？你怎么会如此委屈自己？"人事主管问道。

"因为当时博士就业难，我必须迂回，请原谅我的隐瞒，另外我始终相信杰出的公司是不会埋没人才的。"博士生很自信地答道。

二、执行力建设

何谓执行力？套用邓小平同志的话，就是**"把嘴上说的、纸上写的、会上定的，变成具体的行动、实际的效果、人民的利益"**这样一种能力，简言之，即贯彻落实能力。企业的执行力建设就是将人员流程、战略流程、运营流程进行合理运用，以实现和改进战略规划。要提升竞争力，就必须加强执行力。可以说，一个企业生存和发展的关键在于执行力是否到位。

有关调查表明：**成功的企业，20%靠战略，60%靠企业的执行力，其余20%是一些环境等因素**。在大多数情况下，企业与竞争对手的差别就在于双方的执行力！从这个意义上讲，执行力就是一种竞争力。

有一句管理格言是：**"我不要你把它做得尽善尽美，我要你星期二（按时）把它交给我。"**这句话就是提醒执行者要按时完成任务，至于完成的质量当然尽善尽美更好，它主要是防范执行者以尽善尽美为借口而拖拉，导致执行不力。

巴顿将军在他的战争回忆录《我所知道的战争》中曾写到这样一个细节："我在提拔人时常常把所有的候选人聚到一起，给他们提一个我想要他们解决的问题。我说：'伙计们，我要在仓库后面挖一条战壕，8英尺长，3英尺宽，6英寸深。'我就告诉他们那么多。候选人正在检查工具时，我走进仓库，通过窗户观察他们。我看到他们把锹和镐都放到仓库后面的地上，休息几分钟后开始议论我为什么要他们挖这么浅的战壕。他们有的说6英寸深还不够当火炮掩体，其他人争论说这样的战壕太热或太冷。如果是军官，他们会抱怨自己不该干挖战壕这么普通的体力活。最后，有个人对别人下命令：'让我们把战壕挖好后离开这里吧！那个老畜生想用战壕干什么都没关系。'"最后，巴顿写道：**"这个人得到了提拔。我必须挑选不找任何借口地完成任务的人。"**

企业也需要高度有效的执行力。有这样一个故事：

美国联合利华公司引进了一条香皂包装生产线，结果发现这条生产线有个缺陷：常常会有盒子里没装入香皂。总不能把空盒子卖给顾客吧，于是他们只得请一个自动化的博士后设计一个方案来分拣空的香皂盒。博士后组成一个十几人的科研攻关小组，综合采用了机械、微电子、自动化、X射线探测等技术，花了几十万元成功解决了问题。每当生产线上有空香皂盒通过，两旁的探测器会检测到，并且驱动一只机械手把空香皂盒推走。中国南方有个乡镇企业也买了同样的生产线，老板发现这个问题后大为光火，找了个小工来说："你把这个问题搞定，不然你给我爬走。"小工很快想出了办法：他花了90块钱在生产线旁边放了台风扇猛吹，于是空香皂盒都被吹走了。①

上述企业不论是用高科技还是用土办法，最后都解决了生产问题。无论什么工作，都需要这种不找任何借口去执行的人。对生产一线员工而言，无论做什么事情，都要记住自己的责任，无论在什么样的工作岗位上，都要对自己的工作负责。不要用任何借口来为自己开脱或搪塞，完美的执行是不需要任何借口的。

怎样才能提高执行力呢？

（一）使命感和责任心是执行力建设的保证

德鲁克指出，一个平静无波的工厂，必是管理上了轨道。如果一个工厂常是高潮迭现，在参观者看来大家忙得不可开交，则必是管理不善。**管理得好的工厂，总是单调无味，没有任何刺激动人的事件。那是因为凡是可能发生的危机都早已预见，且已将解决办法变成例行工作了**。同理，一个管理上了轨道的组织，常是一个令人觉得兴味索然的组织。在这样的组织里，所谓"引人注目"的事情大概就是为未来做决策，而不是轰轰烈烈地处理过去的问题。企业员工只有具有强烈的使命感和责任心，才可能将企业当作自己的家，将企业的发展当作自己的事业。为此，德鲁克强调：**"现代企业为了生存，必须招募最能干、教育水准最高、最能全力以赴的年轻人来为公司服务。为了吸引和留住优秀人才，企业只许诺他们前途、生活和经济上的成功还不够，必须给年轻人愿景和使命感，满**

---

① http：//www.avicone.com/Article_Show.asp？ArticleID=5950

足他们希望能对社会有所贡献的愿望。换句话说，企业管理者必须具备高度的社会责任感，才能达到未来管理者的自我要求。”一个有强大执行力的企业，它的员工都具有强烈的使命感和责任心。

（二）人力资源培训对执行力建设的作用

当今社会，知识经济初露端倪，知识更新不断加快，21世纪是学习的世纪，终生教育、终生学习成为时尚，真正体现“活到老、学到老”，同时，智力资本已成为组织最重要的资本，人力资源是组织的第一资源，而人力资源培训作为开发与发展人力资源的基本手段，已突破其原本的纯教育意义，成为现代组织管理的重要方式和手段，以及组织竞争力的重要组成部分。我们认为，人力资源培训主要有以下几方面的意义：

第一，培训是一种投资。据美国教育机构统计，组织对培训投入1美元，产出达3美元。长期以来，我国一些组织视培训为消耗、负担，因此只注重对物的投入，这是导致部分组织观念陈旧、素质下降的主要原因。培训其实是一种“双赢”投资，即培训不仅通过员工自觉性、积极性、创造性的提高而增加组织效率使组织受益，而且也会增强员工本人的素质和能力，使员工受益。因此有人说，**培训是组织送给员工的最佳礼物和福利**。培训作为投资，其回报也是可以计量的，培训效果评估为度量培训的价值提供依据。

第二，培训是管理的前提。作为管理主体，管理者首先要通过培训具备实施管理的素质、知识、技能和信息；作为管理客体，被管理者要通过培训掌握自身的职能、义务及相应的专长、技能，以适应管理的要求。更为重要的是，培训可唤起员工的主体意识和自主意识，使“要我做”内化为“我要做”，为自主管理这一管理的最高境界提供了坚实的基础。

第三，培训是一种学习。学习能力已成为现代组织的核心能力之一，学习是现代组织面临的紧迫任务。学习为了什么？一是为了学会应变，国际营销大师科特勒最近提出：“今后任何企业都不能长久保持它的竞争优势，因为今天的企业几乎都在同一技术水平上，同一环境中，都能做到在别人智慧的基础上‘复制优势’，**而唯一可永远保持的优势就是学习和应变的能力。**”二是为了观念更新，因为要实现组织强大，首先要做到领导观念更新，只有这样，才能站得高，看得远，具有战略意识和现代观念。管理大师德鲁克提出，当前社会不是一场技术革命，也不是软件、速度的革命，而是一场观念的革命。

因此，只有通过学习，使自己认识的变化比市场需求的变化更快，我们才能成为主宰未来市场的英雄，才能增强组织的核心竞争力。竞争，使世界充满生机和活力；竞争，使组织不断向前发展；竞争，使个人不断完善提高。知识经济时代给竞争注入了全新的概念。企业的竞争，就是产品的竞争、科技的竞争，但最终是人才的竞争，提高企业核心竞争力的实质是一个企业是否具备一定的学习能力，企业在市场中比较优势的形成是来自比竞争对手学习得更快、更好，并使知识迅速地转化为生产力。因此，打造学习型组织，鼓励员工不断学习、更新知识结构、最大限度地发挥自己的潜能，是组织参与知识经济时代竞争的必然选择，也是在激烈的市场竞争中立足并取胜的重要保证，是未来组织发展的必然趋势。

（三）监督检查

生产一线员工在使命感和责任心、对任务的理解、工作能力、对工作质量的认知等方面的不同，决定了他们的执行力不同，监督检查能及时纠偏，提高他们的执行力。“走动式管理”就是监督检查的一种方式，管理者能在现场发现和纠正问题。

相关链接

解放军“只有令行禁止，没有三令五申”

许多企业家都羡慕军队的执行力。其实，军队执行力强的主要原因，就是建立起了严格的问责制。概括起来无非是，一要严格检查，二要奖惩分明。

有人将ISO9000管理体系概括为四句话：**“凡是要做的就必须写出规定，凡是规定的就必须去做，凡是做了的就要留下记录，凡是有记录的就有人检查。”**强调的也是检查。六西格玛管理就是引入统计学方法，使检查进一步细化。

部队有一种说法，叫做“只有令行禁止，没有三令五申”。意思是说，军队必须令出即行，重要的命令、指示根本无需重申。如果一个命令或指示发下去，下面可听可不听，需要领导三番五次地加以强调，这本身就不正常，说明有些人拿着令箭当鸡毛，把领导的话当耳旁风，这是军队纪律绝对不能允许的。

杰克·韦尔奇在通用电气公司的前十年，一直被称为企业界的“魔王”，因为他对员工很严厉，甚至达到残酷的地步。他曾提出要把每年员工中考核评价最差的10%清除出去，因而被许多人斥为“野蛮行径”。

韦尔奇的理由是：**“让一个人待在他不能成长和进步的环境里，才是真正的野蛮行径或者假慈悲**。先让一个人等着，什么也不说，直到最后出事，实在不行了，不得不说了，这时候才告诉人家：你走吧，这地方不适合你。而此时他选择工作的机会已经很有限了，还要供养孩子上学，支付大额的住房贷款，这才是真正的残酷。”

韦尔奇的做法，表面上看确实很残酷，可其中的道理是比较深刻的：企业要发展，如果不严明纪律，不动真格的，执行力从何谈起？

资料来源：李万升：《向解放军学执行》，吉林大学出版社，2010年版。

生产一线员工应正确认识自己在企业生存与发展中的重要作用，要正确理解企业的人力资源管理制度，积极参加企业的有关培训，认真对待企业及上级的监督检查，用自己卓有成效的行动来增强企业各项决策的执行力。

实践训练

1. 访问某企业车间主任或人事主管，了解他是如何防范车间员工跳槽危机的。

你实习或工作过的企业，其员工跳槽的原因有哪些？企业是如何解决跳槽问题的？

2. 访问某企业车间主任或部门领导，了解他们是如何抓执行力建设的。

案例分析

教授的建议

H市宇宙冰箱厂的厂长周冰是个思路敏捷、有战略眼光的人。该厂新研制生产出的小型冰柜投入市场后，立即受到广大消费者的欢迎。但是最近该厂产品销售出现了一些问题。究其原因，问题主要出在生产上，主管生产的副厂长李英是半年前从H市二轻局调来的。她今年42岁，是个工作勤恳、兢兢业业的女同志，工作认真负责，口才好，有一定的社交能力，但对冰箱生产技术不太了解，组织生产能力欠缺，该厂生产常因所需零部件供应不上而停产，加之质量检验没有严格把关，尤其是外协件的质量常常不能保证，故产品接连出现问题，影响了宇宙冰箱厂的销售收入，原来较好的产品形象也有一定程度的破坏，这种状况如不及时改变，该厂几年来的努力也许会付诸东流。周厂长为此很伤脑筋，有心要把李英撤换下去，但又为难，因为李英是市二轻局派来的干部，和上面联系密切，并且她也没犯什么错误，如硬要撤，搞得不好，也许会弄僵上下级之间的关系（因为该厂隶属于市二轻局主管）。不撤换吧，厂里的生产又抓不上去，长此以往，企业很可能会出现亏损局面。周厂长想来想去不知如何是好，于是就去找该厂的咨询顾问某大学王教授商量，王教授听罢周厂长的诉说，对周厂长说："你何不如此如此呢？"周厂长听完，连声说："好办法、好办法"，于是便按王教授的意图回去组织实施。

果然，不出两个月，宇宙冰箱厂又恢复了生机。王教授到底如何给周厂长出谋划策的呢？原来他建议该厂再设一生产指挥部，把李英升为副指挥长，另任命一名既懂生产又有能力的赵翔为指挥长主管生产，而让李英负责抓零部件、外协件的生产和供应，这样既没有得罪二轻局，又强化了企业的生产指挥，同时充分利用了李英、赵翔两位同志的特长，调动了两人的积极性，解决了一个两难的难题。

小刘是该厂新分来的大学生，他看到厂里近来一系列的变化，很是不解，于是就去问周厂长："厂长，咱们厂已经有了生产科和技术科，为什么还要设置一个生产指挥部呢？这不是机构重复设置吗？我在学校里学过有关组织机构设置方面的知识，从理论上讲组织机构设置应该是因事设人，咱们厂怎么是因人设事，这是违背组织机构设置原则的呀！"周厂长听完小刘一连串的提问，拍拍他的肩膀说："小伙子，这你就不懂了，理论是理论，实践中并不见得都有效。"小刘听了，仍不明白，难道是书上讲错了吗？

资料来源：http：//www.100guanli.com/HP/20100501/DetaiD1001537.shtml

◎分析思考：

1. 在企业中如何设置组织机构？到底应该"因事设人"还是应该"因人设事"？

2. 你认为王教授的建议是否合适？

推荐阅读

人力资源危机的预防

最近一项调查表明，我国超过半数以上的企业处于中高度危机状态。困扰我国企业的首要因素是人力资源危机。高达53.8%的被调查企业曾经经历过或正在面临着这种危机的困扰。人力资源危机不仅是企业最经常面临的危机，也是给企业造成严重影响的危机之一，人力资源危机主要表现为核心员工的频繁跳槽和中高层管理人员的非正常离职。有33.7%的被调查企业表示人力资源危机对其企业产生了严重影响。因此，在人力资源管理中及时识别、正确处理、恰当预防危机，成为管理者面临的重要课题。

1. 人力资源危机的原因

从企业文化上讲，越来越多的学者认为，**危机的根本原因可能是由组织缺乏集体共同愿景及相关执行机制引起的**。

从激励机制上讲，薪资系统的明显漏洞是产生危机的重要原因。

从员工管理上看，产生危机的重要原因是一些企业只关心企业的盈亏，不关心员工的成长。

从领导能力上看，产生危机的重要原因是企业主要领导者的领导力有缺陷。

从社会因素来看，企业竞争的加剧，导致人才争夺激烈，各企业的技术骨干或部门经理等极易受到竞争对手的青睐，后者为吸引这些优秀人才，往往开出优厚的条件加以猎取，这也是造成大批核心员工离职的一个重要原因。

2. 建立长效预防机制

(1) 构建适应知识经济发展的企业文化。进入知识经济时代，企业的一个重要特点就是，大批知识员工涌入，知识员工的价值在企业发展中的重要性大幅度提高，因此在企业文化变革中，要充分体现对知识和知识员工的尊重，从而为员工发展提供更为适宜的发展空间。

工作是由人来完成的，而文化会极大地影响人的行为。一个糟糕的工作场所会令高绩效的员工避之唯恐不及。毕竟他们可以择良木而栖。一个好的工作场所能够吸引并且留住出色的员工。文化形成的方式有很多种，但是其基调是由CEO来确定的。他的每一次作为或者不作为，都在传递着企业文化的信息。他的着装体现出公司的工作环境有多正式；他和谁说话显示出谁重要、谁不重要；他对待错误的方式，反映出他对待冒险的态度；他解雇谁，容忍什么，奖励什么，所有这些都会极大地影响企业的文化。

优秀的企业文化应体现对员工的尊重。在企业文化建设中应以“尊重”作为第一块基石。员工之所以愿意在企业工作，看重的并非只是收入，更重要的是工作氛围，特别是对于高素质人才，更需要创造一种相互理解、轻松和谐的气氛，而管理者就是这个气氛的缔造者。只有这样，员工才会尽力，才愿与上级、平级、下级达成良好的合作关系，从而形成有效的工作团队。摩托罗拉公司的创始人高尔文有一句名言：**对每一个人都要保持不变的尊重**。在这一信念的指导下，高尔文从公司创办之初就形成了一整套以尊重人为宗旨的企业制度和工作作风，进而将这一思想渗透到企业文化的各个层面。这个信念有几层含义：尊重每一位员工的价值和个人自由；给予员工最大的信赖；尽量满足员工的要求；创造团结、和谐、乐观、向上的整体氛围。在这种氛围下，很难生长出危机的种子。

(2) 改进领导方式，加强上下沟通。美国的一份研究表明，领导者的管理风格对整个组织气氛起着70%的贡献。领导应多与下属进行交流，获取同事和下属的友谊和合作，了解被领导者的反应、感受和困难，了解下属的特长、性格特点等，针对个人的特性，采取权变的管理方式，同时应建立一个独立于一般领导层的抱怨调停机构，调解雇员之间及雇员与上级之间的矛盾与不满，促进整个企业和谐氛围的建立。这也是企业了解雇员的一种途径，通过处理不同类型的抱怨，往往也能从中找到改革企业旧有体制、旧有缺陷的有效办法。

(3) 改进激励机制。在改进和完善激励机制中，首先要完善薪酬系统。一是提高薪酬系统的内部竞争性。薪酬的内部公平是确定战略薪酬的第一个原则，即薪酬结构要支持工作流程，要对所有员工公平，要有利于员工行为与企业目标的一致性。二是提高薪酬的外部竞争性，强调薪酬支付与外部组织的薪酬之间的联系。对于每一个职位，社会都有一个平均薪酬，如果低于这个水平，可能会造成人才的大量流失，进而引发危机。企业应尽可能采取领先型薪酬策略，**要让员工过上体面的生活**，这样才能保持企业的稳定发展。此外，在强化物质激励的同时，要注意精神激励作用的发挥。

(4) 实行员工职业生涯管理。据调查，在造成人力资源危机的因素中，“缺乏职业发展规划，职业成长空间有限”占了相当的比例，**员工在企业中不仅追求丰厚的薪酬回报，而且更希望获得良好的职业发展，提高自身的竞争力**。因此，企业要想保证人才队伍的稳定性，做好职业生涯规划至关重要。对不同年龄阶段、不同技能水平、不同个性特征的员工，企业的人力资源管理人员必须在充分沟通的基础上，有的放矢地为其规划职业通道，拟订适宜的职业发展策略。对于那些本身就有较强流动性倾向的核心人才，可以提供内部岗位流动的方式满足其个性化需求，实现自身价值。此外，企业还可以考虑扩大工作内容、工作岗位重新设计等方式，为内部员工提供富有挑战性的工作，使他们在一种既积极向上又轻松自由的工作环境中成长。

资料来源：http：//www.yuloo.com/news/54532.html

◎思考题

1. 简述组织的要素和作用。
2. 管理组织的建立和完善应遵循哪些原则？
3. 培训的意义有哪些？
4. 人力资源管理有哪些基本内容？
5. 怎样才能提高企业的执行力？

第六章　控制职能

第一节　控制概述

一、控制的作用

控制是通过调节、干预使动态系统保持在设定状态或指向目标的过程。离开控制，一切计划都只能成为空想，没有控制就难以保证一切活动按照正常计划进行，就不能使各项活动达到预期效果。因此，在组织各个层次的管理中，控制都起着重要的作用。

制定和改进制度的一切努力都在于控制人际关系中存在的不确定性，在于人为地制造确定性、促进可预见性、减少远期无知。当制度科学、执行制度合理时，企业就能达到既定目标。

（一）控制是保证组织目标、计划顺利实现的重要手段

有一位诗人写道：**"我们已走得太远，以至于忘记了为什么而出发。"**一些企业在发展中"为竞争而竞争"、"为扩张而扩张"，结果发现事与愿违，忘记了企业的宗旨和目标。

组织的目标和计划，是对组织未来一定时期内的努力方向和行动步骤的描述，而现代组织面临的环境大多复杂多变，为了使目标、计划适应变化了的环境，保证组织目标、计划更好地实现，组织就必须通过控制来及时了解环境变化的程度和原因，从而对原定计划和目标进行有效的调整和修正。

（二）控制是协调关系、保证每一项工作顺利进行的重要工具

随着组织规模的日益庞大，活动内容日益复杂，每一个组织要实

现自身目标，都要从事一系列艰巨、复杂的工作，涉及各个部门，因此，组织不仅要制定明确的目标并进行总目标分解，而且在实施过程中还要进行大量的组织协调工作。为了避免本位主义，使各部门活动紧密围绕组织目标，保证每一项具体活动或工作的顺利进行，组织就必须对各部门及其活动进行大量的控制工作。

“麻烦不可怕，就怕麻木”。一些部门的有关人员可能由于对某些人很信任，忘记了使用必要的控制手段。比如2007年邯郸市农业银行金库被盗案，两名犯罪嫌疑人从邯郸农业银行金库盗走5 100万元现金，先后花了4 300万元巨资购买彩票。邯郸市丛台区人民检察院指控：“被告人张××身为主管现金管理中心的副行长、被告人安××身为现金管理中心副主任，均未能严格按规定履行对金库的查库职责。其中，被告人张××自2004年12月23日至2007年4月17日未查过库，被告人安××在2007年3月未查库。被告人李××虽然不是现金管理中心的会计主管，但受现金管理中心领导的指派，担任着会计主管的查库责任，也未能严格按规定履行对金库的查库职责。”① 可见，组织制定的控制制度必须不折不扣地执行，否则就会被有些人蓄意利用。

（三）控制是组织发现错误、纠正错误的重要保证

据报道，百威啤酒集团为保证在全球30多家酒厂都能酿造出统一的完美品质的啤酒，每年都要启动“全球品质之旅”，邀请旗下最权威的国际酿酒大师远赴全球各地，对分布在世界各地的百威啤酒进行“飞行检查”。2009年7月参加这一活动的Michael大师透露，他在美国每周要品鉴4批来自世界各地的百威啤酒，每次1 000毫升。仅品尝送往总部的酒样是远远不够的，酿酒大师们必须深入百威分布在全球各国的酿酒厂现场，进行每年例行的“飞行检查”，亲自考察当地的自然环境和操作管理情况。多变的自然环境使各酒厂使用的各批次原料都会有各种各样细小的差异，而任何一种差异，都有可能影响啤酒最终的风味。为了找出这些分布在世界各地的细小差异，酿酒大师每年要飞行9万公里，走遍分布在10多个国家的30多座酒厂。

任何组织在其发展过程中，都不可避免地会犯一些错误，控制是对实际活动的反馈。通过控制，管理者可以及时发现失误；通过对产生偏差的原因进行分析，可以使管理者明确问题之所在，从而采取纠偏措施纠正偏差。因此，控制是改进工作、推动工作不断前进的有效工具。

控制贯穿于管理的各个方面，与其他管理职能之间存在着密切的关系。一方面，计划、组织、领导职能是控制的基础，控制要以计划为依据，有组织、有领导地进行；另一方面，控制是计划、组织、领导有效进行的必要保证，离开了适当的控制，计划、组织、领导可能流于形式，得不到实效。

二、有效控制的前提

控制的目的是保证组织的活动符合计划的要求，以有效地实现预定目标。尽管不同组织的目标和计划各不相同，所采用的控制系统也有差别，但是，一般认为，有效的控制系

① http://news.qq.com/a/20070928/000924.htm

统应当具备下列前提。

（一）控制要有计划

如前所述，控制与计划是一体两面的关系。第一，计划是控制的标准，没有计划就谈不上控制，实现计划是控制的最终目的。计划制订得越详细、越明确、越可行，控制就越容易。所以，要做好控制工作，首先要做好计划工作。第二，控制本身也需要计划。对于主管人员来说，不仅要建立控制标准，还需要明确控制工作的步骤、重点、方法和目标。防止眉毛胡子一把抓，头痛医头，脚痛医脚，控制工作混乱无序。

许多食品生产企业都设置了理化检验室、微生物检验室，这些质检部门根据质量控制计划开展检验工作，它们是验证产品合格与否的关键控制部门。

（二）控制要依据准确适用的信息

控制本质上是个信息反馈的过程。信息是组织活动的要素，也是控制的基础和前提。控制必须依据准确的信息。所谓准确的信息是指信息必须真实、准确、及时、全面、完整和适量。为保证获得准确的信息，控制系统必须建立完善的信息传递网络和机制，保证信息畅通；必须建立必要的信息处理机构，运用电脑等先进的工具存储、加工和处理信息；必须建立科学的报告制度，及时传递信息。只有确保信息的准确性，控制才能产生积极的效果。

（三）控制要有组织

这里包含两层含义：其一，为保证组织管理的控制职能，应建立专门的控制机构，配备专职的控制人员，授予权力，明确其职责。其二，控制应注意协调。在一个组织中，控制是多方面的，各方面的内容和目的都不一样，为了保证组织的根本目标得以实现，各个部门的步调必须一致。所以，控制中必须充分注意协调。

（四）控制必须建立起明确的责任制

要使控制的标准得到落实，控制必须建立起明确的责任制。通过责任制，**组织中的每个人都明白自己的职责和要达到的标准**，并自觉遵守，从而使系统控制转变为自我控制，使控制活动更加有效。

海尔集团为强化组织内部监控管理，于 1991 年创立并推行了“日清”管理控制法（又称 OEC 管理法，其中“O”代表 overall（全方位），“E”代表 everyone（每人）、everything（每件事）、everyday（每天），“C”代表 control（控制）、clear（清理））。OEC 管理法也可以表述为：**日事日毕，日清日高**。也就是说，当天的工作要当天完成，天天清理并且天天都有所提高。这一管理方法概括为六句话：**总账不漏项，事事有人管，人人都管事，管事重效果，管人凭考核，考核为激励**。这种以人为中心、从整体上管人用人的方法有很好的控制效果。

根据《彭德怀元帅》一书记载，在百团大战中受到沉重打击的日军独立混成第四旅团的五六千人，在旅团长片山的带领下充当“扫荡”的先锋，向八路军总部和 129 师活动的中心地区武乡、辽县进攻，被129师阻袭。片山恼怒地实行“毁灭扫荡”，见人就杀，见屋就烧，见粮就抢，到处都是悲惨景象。接着，第四旅团的冈崎大队600余人进犯总部的水腰兵工厂……彭德怀得到这个情报后大怒。这个兵工厂的前身是八路军总部军械所。朱德、左权和他亲自察看地形后，把厂址定在了这个四面险峰环抱、只有一条裂缝可以出入的山谷中。兵工厂可以月产400多支步枪和大量枪弹。在蒋介石、阎锡山以少发武器限制八路军发展的敌后，它的存在是相当重要的。反“扫荡”前，彭德怀命令总部特务团的一个营守卫南面的门户瓮屹廓。只要死守这个关口，敌人是进不来的。为什么敌人毫不费劲地进到了这里？

“给我查！”彭德怀命令道。原来是一个连长未经抵抗便擅自撤守造成的。

彭德怀愤怒地命令：“枪毙这个连长，监视冈崎大队的行动，拣其弱处打击，一定要保住兵工厂！”①

军事管理上严格执行“军令如山”和“违令者斩”的有关规定，企业管理同样要建立明确的责任制，对因玩忽职守造成重大损失的人员要追究经济、行政甚至法律责任。

三、控制的内容和类型

（一）控制的内容

1. 对人员的控制

组织目标的实现是通过人来完成的，管理者需要通过下属的工作实现目标，因此管理者要使下属按照期望的方式工作是非常重要的，为做到这一点，就必须对人员进行控制。常用的人员控制方法有直接巡视和评估员工的表现等。直接巡视就是在日常工作中，管理者通过观察员工的工作，纠正出现的问题。评估员工的表现就是对员工的工作偏差进行鉴定。对绩效好的予以奖励，使其维持或加强良好表现；对绩效达不到标准的，管理者应采取措施纠正偏差，并根据偏差的程度予以不同的处分。

现在有的企业为防止业务员拉走客户，往往与客户实行多层面交往，即从营销、公关、财务、技术等方面进行多部门、多人员交往，那么一个人“跳槽”后就不至于中断业务，这样可有效地加强对人员变动带来的风险的控制。

2. 对财务的控制

为了保证企业获得利润，维持企业的正常运营，必须进行财务控制。主要包括审核各期的财务报表，以保证合理的现金流，保证债务负担恰当，保证各项资产都得到有效利用等。财务控制的最常见方法是预算，它能为管理者提供一个衡量支出的定量标准，并据此指出标准与实际开支之间的偏差。

3. 对作业的控制

作业是指从劳动力、原材料等资源到最终产品和服务的转换过程，作业控制就是通过对作业过程进行控制，来评价并提高作业的效率和效果，从而提高组织提供的产品和服务的质量。其常见的方法有采购控制、生产控制、质量控制和库存控制等。

---

① 纪学、曾凡华：《彭德怀元帅》，解放军文艺出版社，2007年版，第106页。

4. 对信息的控制

随着人类步入信息社会，信息在企业组织中的地位越来越高。对信息的控制就是要建立一个管理信息系统，及时地搜集并处理信息。

5. 对组织绩效的控制

杰克·韦尔奇认为，**管理就是把复杂的事情简单化，混乱的事情规范化。**

组织绩效是组织高层管理者的控制对象，管理手段必须确保尽量简单和规范。要有效实施对组织绩效的控制，关键在于科学地评价、衡量组织的绩效。组织绩效并不能用一个或几个指标就反映出来，关键要根据组织完成目标的实际情况并按照目标所设置的标准来衡量。

（二）控制的类型

按控制时点的不同，控制可分为事前控制、事中控制和事后控制。

1. 事前控制

事前控制也称“前馈控制”，是指在执行计划之前预先规定计划执行过程中应遵守的规则和规范等，规定每一项工作的标准，并建立偏差显示系统，使人们在工作之前就知道如何做。事前控制的重点是预先对组织的人、财、物、信息等合理地配置，使它们符合预期标准，从而保证计划的实现，如管理部门制定的规章制度、政策和程序等。

2. 事中控制

事中控制也称“现场控制”或“实时控制”，是指计划执行过程中所实施的控制，即通过对计划执行过程的直接检查和监督，随时检查和纠正实际与计划的偏差，其目的就是要保证活动尽可能地少出或不出偏差，借此改进活动的质量。

3. 事后控制

事后控制也称“反馈控制”，是指从已经执行的计划或已经发生的事件获得信息，运用这些信息来纠正今后的活动。反馈控制是一种最主要也最传统的控制方式。它的控制作用发生在行动作用之后，其特点是把注意力集中在行动的结构上，并以此作为改进下次行动的依据。

四、控制的基本程序

（一）确定标准

控制是依据一定的标准去衡量工作绩效，以确保企业目标和为达到目标制订的计划得以实现。因此在进行管理控制时，首先要按照计划的要求，制定衡量各种工作绩效的标准。标准是考核业绩的尺度，它是从整个计划方案中选出来的对工作成效进行评价的关键指标。

一个较好的控制标准体系通常包括数量标准（实物数量和货币数量）、质量标准（实物质量和工作质量）、综合标准和时间标准等。这些标准有些是可以量化的，如资产负债率、工时定额等；有些是定性的，如企业的规章制度等。

（二）衡量绩效

确定标准之后，就可以将各种成果与标准相比较，衡量管理绩效。在对实际或预期的执行情况进行评价时，可着重考虑以下两方面内容：

（1）必须凭借切实可行的测定手段，确切评定下属工作的实际情况，如设置检查机构，落实进行衡量和检查的人员等，同时还要考虑准确度和检查频率。

（2）通过衡量工作，主管人员需了解计划的执行进程和实际成效，发现那些已经发生或预期将要发生的偏差。

（三）采取措施，纠正偏差

纠正偏差是在衡量工作成效的基础上，针对被控制对象实际状态相对于计划标准的偏离程度，及时采取措施予以纠正，使其恢复正常状态。在对实际情况与计划进行比较的过程中一般会出现三种偏差：第一，实际的结果优于计划或控制标准，这是正偏差；第二，实际情况与计划或控制标准基本相符，这被称为零偏差；第三，实际结果没有达到计划或控制的要求，称为负偏差。

显而易见，零偏差是最理想的状态，但这只是一种理论上的假定，在实际工作中很少出现。也就是说，指标经常定得太高或太低，或者是原有的标准随着时间的推移已不适应新的情况，在这种情形下，需要调整的是标准，而不是工作绩效。在工作中如认为标准是现实的就应该坚持，否则就应当做出适当的调整。

上述控制工作的三个基本过程，实际上形成了一个理想的反馈控制系统。对每一工作环节进行控制调整，使与目标的差距不断缩小，保证管理活动按计划执行。

五、有效控制的要求

（一）适时控制

所谓适时控制是指一个控制系统实施有效控制，一旦发生偏差，系统能够迅速、及时检测并作出反应。

（二）适度控制

适度控制是指控制系统在控制的范围、程度和频度等方面要做到恰到好处，也就是要适度。

（三）客观控制

所谓客观控制是指控制工作应该切合组织的实际情况，即要求控制标准合理，检测技术和手段符合实际，纠偏措施切实可行，避免主观臆断。控制的标准至关重要，它既不应该过高，也不应该过低，否则会失去激励作用。客观的标准应该是一套富有挑战性、能激励员工努力工作的标准，而且是合理的、能够达到的标准。此外，为避免过多的主观因素对管理者实施控制的影响，控制标准还应该明确，尽可能予以量化，以便把握。

（四）弹性控制

弹性控制是指有效的控制系统应具有灵活性，以适应各种不利的变化。尤其是当组织遇到突发的、无力抗拒的变化时，控制系统仍能发挥作用，以维持组织的正常运营。要使控制系统在突变的情况下仍能发挥作用，必须实行弹性的计划和弹性的标准。因为弹性控制与控制标准有关。

相关链接

对酒驾的严格控制

为有效控制酒后驾驶和醉酒驾驶，按照《道路交通安全法》等法律规定，酒后驾车和醉酒驾车都要受到行政处罚，那么两者是如何区分的呢？国家质量监督检验检疫总局2004年5月31日发布的《车辆驾驶人员血液、呼气酒精含量阈值与检验》国家标准（GB19522-2004），为交管部门依法认定酒后驾车这一交通违法行为提供了依据。车辆驾驶人员血液中的酒精含量大于或者等于20mg/100ml，小于80mg/100ml属于饮酒后驾车；醉酒驾车是指车辆驾驶人员血液中的酒精含量大于或者等于80mg/100ml的驾驶行为。

酒量的好坏和血液酒精浓度没有必然关系，有的人虽然自己觉得很清醒，根本没醉，但血液酒精浓度却已经达到80mg/100ml以上了。一般来讲，如果喝得极少，血液酒精浓度不到20mg/100ml，但啤酒喝三瓶左右，红酒喝半瓶左右，或者白酒喝3两左右，人的血液酒精浓度就可能已经超过80mg/100ml了。

对有酒后驾车嫌疑的驾驶人，交警可使用呼气式酒精测敏仪对其进行检验，被检人在检验结果上签字，拒绝签字的，由两名值勤交警记录注明即为有效；驾驶人拒绝进行呼气酒精含量检验或否认检验结果，或测试结果超过临界值的，以及酒后驾车发生交通事故的，由交管部门或就近县级以上医疗机构抽取当事人静脉血液检验酒精含量。

资料来源：http：//news.xinhuanet.com/auto/2009-08/18/content_11903287.htm

第二节　规章制度建设

规章制度是一个组织指导其成员活动和处理相互关系的规则，通常以文字的形式作正规的表述和公布。

一、企业规章制度的内容

（一）企业的基本制度

企业的基本制度是指规定企业的性质、处理企业内基本经济关系、规定企业全体成员行为准则、指导企业全局的规范性文件，如公司章程、企业领导制度、职工守则等。

（二）专业管理制度

专业管理制度是指导企业某项专业性活动的制度。企业的基本业务包括人、财、物、信息等资源的筹集，研究开发，生产，销售，投资，行政管理，为保证每一项业务有条不紊、高效地进行，都要制定一系列制度，如人力资源管理必须制定招聘录用制度、培训制度、劳动力调配制度、干部选拔任用制度、人事考核制度、工资制度、奖惩制度、退休制度、职工福利制度等。销售管理要制定合同管理制度、价格管理制度、售后服务制度、货款回收制度、广告宣传管理制度等。另外，各项基本业务之间的衔接也需要制度保证，如综合计划工作流程、调度工作制度、信息管理制度等，因此这一类制度的内容最丰富，种类最多。

（三）责任制度

责任制度是指对部门及岗位任务、责任及权限的规定。部门责任制度，如车间、科室、班组的责任制，与专业管理制度是条条块块的对应关系，是将各项专业管理责任落实到各部门的制度。如车间责任制，应包括生产、设备管理、安全、职工教育、经济核算及成本控制等责任内容。岗位责任制度，如总经理责任制、部门经理责任制、质量检验员责任制、操作工责任制等，是落实专业管理与部门管理责任的保证。它通常包括基本职责、报告及协作关系、权限，有的还包括工作标准和考核办法。

规章制度建设是企业管理基础工作中的关键，它是建立企业正常秩序、协调各方面经济关系、保证人们按技术经济规律办事的基本手段，也是落实其他管理基础工作的保证，因此，应当由最高领导层亲自负责。人们有一种思维定式：**第一次犯错是不知道，第二次是不小心，第三次一定是故意的**！因此生产一线员工应认真学习企业的规章制度，知错必改，要有高度的责任心，不要让领导和同事产生不好的看法。

相关链接

《燕京啤酒集团劳动纪律》（节选）

一、严格遵守党和国家的法律、法规、各项方针政策及公司的各项规章制度，增强法制观念。任何人都要服从组织调动，凡不服从组织调动者，各级管理部门都有权停止其工作，停工期间按旷工处理。

二、加强生产指挥系统工作职能。生产计划部代行总经理生产指挥、现场管理、经济责任制考核权，各部、各处室、各车间必须服从统一指挥。当班调度员行使生产计划部部长职权，凡不听从指挥者，有权停止其工作，并提出处理意见。停职（停工）期间不发工资，停职（停工）检查一次者，扣除当月全部奖金。

三、遵守8小时工作制、遵守公司的请假制度，不迟到、不早退，出现一次迟到、早退者扣除15%当月奖金。凡不遵守请假制度，私自不上班者，均按旷工处理。

旷工期间不发工资，旷工1天停发当月奖金；凡合同制、协议工、临时工旷工15天者属于自动离职，由劳资部门解除其工作关系。

……

十、上班必须精心操作，不允许离岗、串岗。禁止在操作岗位上看与本岗位无关的书报，更不准睡觉。凡是上班离岗、串岗、看与本岗位无关的书报者，发现一次扣除20%当月奖金；上班睡觉者发现一次扣除50%当月奖金。对违反劳动纪律造成生产事故的，从严处理。

……

十六、除工艺需要技术质量部在品酒室组织品酒外，上班前和工作中一律不准喝酒，更不允许酗酒闹事；严禁司机酒后驾车。私自喝酒者，一律不准上岗并按旷工考核。凡是由于喝酒造成的生产及交通事故，个人经济损失一律由自己承担，公司财产损失要酌情赔偿。

……

二十五、全公司干部职工都要注意严守公司秘密、维护公司形象，不断提高自身素质，讲文明、讲礼貌。尤其是窗口单位，更要注意自己的言行举止。工作当中既要坚持制度又要讲清道理，任何人不能影响公司声誉。凡是有损坏公司形象和声誉或泄露公司秘密者，给予批评教育；情节严重的，要给予经济处罚和纪律处分。

资料来源：《燕京啤酒集团员工手册》。

二、规章制度的制定过程

规章制度的制定过程一般分为以下步骤：

第一步：发现企业经营管理中的问题，主要是与人们行为有关的问题，如秩序混乱、矛盾频发、效率低下等问题。

第二步：总结正反两方面的实践经验，归纳出合理的行为方式和不合理的行为类型。

第三步：制定行为规范，明确正确的工作方式和禁止事项，形成制度方案。

第四步：通过试点考察制度方案。

第五步：修订补充形成正式制度，正式颁布实行。

三、制定和贯彻规章制度应遵循的原则

一般应遵循以下原则：

(1) 必须与国家有关法律、政策相衔接，不得违背。

(2) 企业内各项规章制度要相互配套协调。

(3) 广泛听取各方面意见，从本企业实际出发，保证制度的科学性与可行性。

(4) 坚持思想教育优先，推动人们自觉执行制度。

(5) 有章必循，有违必究，保证制度的严肃性。

(6) 保持制度的相对稳定，既不能朝令夕改，又不能僵硬不变，一旦客观情况发生较大变化，原有制度已不适应时就要及时组织修订，但应坚持先“立”后“破”，防止出

现“制度空白”。

1984年12月，35岁的张瑞敏成为青岛电冰箱总厂当年第四任厂长。当时工厂只有600多人，是一家亏损147万元的集体所有制小厂。工人都觉得没有什么指望，生产的产品卖不出去，没什么人干活。当时正好是冬天，厂房里连窗户都没了，工人们把木质的窗框全部拆下来烤火用。

张瑞敏进厂后，先从抓劳动纪律开始。他制定了13条劳动纪律，包括不准在车间大小便、不准偷抢厂里物资等最基础的条例。对于违反规章制度的员工，就抓出来严肃处理。通过整顿纪律，很多人开始收敛，也逐渐对工厂恢复信心。在严格管理下，青岛电冰箱总厂终于逐步发展成为世界知名企业。①

生产一线员工应该自觉遵守和维护企业的规章制度，只有这样才能保证企业有好的执行力，才能保证企业有强大的竞争力，才能保证企业长久发展。

实践训练

1. 调查你实习或工作过的企业，看企业某方面的一些控制措施是否得力，并提出建议。

2. 调查你实习或工作过的企业，看企业的规章制度有无不合理的地方，并提出建议。

案例分析

和尚分粥的故事

有七个和尚住在一起，每餐共喝一桶粥。由于僧多粥少，难以满足每个人都吃饱的要求，怎么分配这桶粥就成了一个头疼的问题。

一开始，他们商量确定轮流分粥，每人轮流一天。结果每周下来，他们只有一天是饱的，就是自己分粥的那一天。负责分粥的和尚有权为自己多分一些粥。

大家对这种办法不满意，于是决定推选出一个公认的道德高尚的和尚负责分粥，但权力导致腐败，大家开始挖空心思去讨好他、贿赂他，最终搞得整个小团体乌烟瘴气。

大家对这种办法也不满意，经商量后，决定用另外一种办法，即组成“三人分粥委员会”和“四人评选委员会”，结果和尚们互相攻击扯皮，吃到嘴里的粥全是凉的。

最后大家又确定了一个方法：轮流分粥，但分粥的人要等其他人都挑完后才能吃剩下的最后一碗。结果为了不让自己吃得最少，负责分粥的和尚都尽量分得平均，就算不平均，也只能认了。这种办法最终被坚持采用。

资料来源：http：//www.795.com.cn/wz/17833.html

① http：//money.163.com/09/0907/23/5IL7PAF400253JPM.html

◎**分析思考**：为什么最后一种办法最终被坚持采用？

推荐阅读

民航机场指挥塔的保护屏障

民航机场指挥塔是在空中航行的飞机的“最高指挥官”。这种指挥绝对不能出任何差错。为了保证发出的任何一道命令不出差错，管理者设计了好几道保护的屏障。

第一，每个人发布的命令要写在速写纸上，并且保存6个月。对每个飞机发布的任何一个指令都要同时速记下来，用专用的卡片保存起来。

第二，任何一道命令的发布是由两个人互相作证的，一个人发布一道命令，另外的一个人会在图表上标出来，一个说，一个核对，通知哪道的飞机跑到哪里，或者是飞到多高速度多快，同时在计算机上会表现出来，如果说错了及时纠正，保证说的和想的一致。

第三，设一个监督员，站在两个人的背后，负责监督两个人的对证关系。一系列的录音和书面记录都要保留6个月，严格执行点对点的对接，出了问题可以随时检查。

资料来源：汪中求等：《精细化管理》，新华出版社，2005年版，第111页。

◎思考题

1. 控制的作用有哪些？
2. 有效控制的前提有哪些？
3. 控制的内容有哪些？
4. 控制的类型有哪些？
5. 有效控制的要求有哪些？

第七章 领导职能

第一节 领导职能与企业家素质

管理大师明茨伯格发现，管理工作的特点是"短暂、多样、零碎"，管理者若想固定做一件事，这样的努力注定会失败，因为他会不断被打断，或者需要去处理其他事。他主张不应从管理者的各种功能看待管理，而应把管理者看成各种角色的结合体，包括领导者、联络者、信息传播者、资源分配者，等等。

"领导"是一个相对的概念，有的学者甚至将"领导"与"管理者"区别开来，本书所述的"领导"特指具有目标规划职能、组织设计职能、激励职能的高层管理者及其行为过程，即领导者带领和引导个人或组织在一定环境条件下实现目标的行为过程。

一、领导的职能

为了对整个企业实施有效的领导从而实现企业目标，企业领导者必须履行多种职能，这些职能主要是：

（一）目标规划职能

企业领导的首要任务就是制定企业经营目标、战略和计划，也就是科学地决策企业发展的目标方向。如果目标方向正确，则工作效率越高，领导效能也就越高；反之，目标方向决策失误，就会事倍功半，则工作效率再高也无法提高领导效能。

曾经有记者采访香港著名企业家李嘉诚，问为什么有些企业家会轻易断送一家企业，而李嘉诚却从没有出现过类似的局面。李嘉诚轻描淡写地回答："其实很简单。**我每天 90%以上的时间不是用来想今**

天的事情，而是想明年、五年、十年后的事情。”

比别人看得长远，做事情便有了章法，不会因眼前的蝇头小利蒙蔽了双眼，不会迷失发展方向，也不会因为一时的不得志而意志消沉，更不会因为一时的挫折而一蹶不振。

（二）组织设计职能

为了保证企业经营目标的实现，企业领导必须建立和不断完善企业组织结构，制定组织有效运行的规范制度。企业组织结构的设计必须合理、有效，应符合现代化管理的系统原理、反馈原理、弹性原理、动力原理等。制度规范的设计必须能有效地保障企业组织有序运行。

在烹饪时，水为帅，盐等调料为将，水起到调和咸淡等味道的作用，味重则加水稀释，明白此理的厨师往往会在灶台上把水盆与盐罐等放在一起，初学厨艺的人若把握此道，也不至于把菜炒得很难吃。**领导就像水，在组织结构的设计中起到调和完善的作用。**

高级领导在组织内一般少有私人朋友。德鲁克认为：“不能根据个人的好恶来选拔人才，而应当看他们能干些什么，看他们的工作表现，绝不能看他们是否顺从自己。因此，**为了确保能够选用适当的人才，管理者应该与直接的同事或下属保持适当的距离……‘公事以外’才是朋友，他们知道不能受感情的影响。保持一定的距离，他们才能建立起人人各有所长的团队。”**

（三）激励职能

激励是领导职能的重要方面，也是提高领导效能的重要方法。企业经营目标能否实现，最终取决于职工的工作效率，而职工工作效率的高低在较大程度上取决于工作动力，激励就是基于这一原理而产生的。

美国的巴顿将军在《我所知道的战争》中说：**“忠诚：许多人都曾谈论过下级要对上级忠诚，然而，上级对下级的忠诚，是至为重要的，却不为人所重视。”**

金志国先生就做到了“对下级的忠诚”，在2009年经济危机的寒冬中，青岛啤酒公司不仅坚持“不减人、不减薪”，同时还出台新的政策，继续提高员工的薪酬福利。2009年职工薪酬较2008年增长13.64%。而同时期许多企业不断减薪裁员，抛弃员工。

现在一些领导见荣誉就捞，想以此作为晋升的阶梯，根本不顾及下级，不重视激励下级和对下级忠诚，殊不知，**领导职务本身就是荣誉，本身就是能力与德行的证明，再要一些“与民争利”的荣誉就是画蛇添足、让人生疑。**

二、企业家素质

（一）企业家的品德要求

品德是企业家素质中的最基本要求，即所谓“先做人，后做事”。企业家的品德要求主要包括企业家事业心、企业家道德和工作作风三个方面。

德鲁克认为，管理层决不应该委任那种重才不重德的人。这种人常常会给组织带来无法挽救的灾难。一个人可能所知不多，绩效不大，能力不强，作为一个经理人，不一定会造成太大的损失。但是，**如果他缺乏正直的品格，那么，无论他是多么有知识、有才华、有绩效，也会造成重大损失**。因为**他破坏了企业中最宝贵的资源——人，破坏组织的精神**，破坏工作绩效。对于一个企业的领导来讲，尤其是这样，因为一个组织的精神是从顶层创造出来的。如果一个组织精神高昂，那是由于组织高层的人们精神高昂。如果它失败了，那是由于上层腐败了。正如俗话所讲，“上梁不正下梁歪”。如果一个人的品格不足以成为下属的表率，那么，他就不适合担任高级职务。

企业家的崇高品德能有效地呼唤志同道合者，能有力地影响和教育自己的同事或下级，能使组织成为朝气蓬勃、情趣高尚的集体。

企业家的崇高品德本身就是一种跟企业长期生存与发展息息相关的素质和能力。

正因为如此，我国的许多百年企业非常注重从小就观察和培养接班人，把品德作为首要考核指标。

让我们来看看青春宝集团董事长冯根生老先生的一段往事。在冯老先生的记忆中，14岁刚进胡庆余堂打杂的那段日子，应该是最难忘的。因为正是这段时间改变了他的一生，也让他深刻领悟到做事先做人的人生道理、创业理念。

当时，14岁的冯根生经常在扫地的时候捡到钱，每次数量还不少，相当于现在的二三十元。然而每次捡到钱冯根生并没有放进自己的口袋，而是把它放在抽屉里，第二天一早就交给师傅。如此反复大概3年多以后，他就再也没在地上捡到过钱。十几年以后，也就是1960年，冯根生的师傅80岁，在弥留之际把冯根生叫到床边，告诉了他那些钱的“用意”。

师傅说：“根生啊，你还记得吗？今天我该告诉你了。”

冯根生问：“什么事？”

师傅说：“你在当学徒的时候，扫地时捡到钱，你都交给了我，今天我告诉你，这是老板要考你，一共试了你15次，你每次都交了。15次以后，老板就说了，这个小孩很诚实，他捡来的钱都不要，还会去偷吗？”

直到这个时候，冯根生才知道老板原来是这么在考他。①

相关链接

两种价值观之争：为顾客服务还是为金钱服务？

当企业家的财富积累到一定阶段，甚至手下人也富起来以后，促使他们继续办企业的动力不再是钱，而是使命和价值观。一些著名企业家都经历了这样一个思想转变的过程。

松下幸之助就是一个典型代表。他1918年开始创业，把一个只有几名员工的小厂，慢慢发展成有相当规模的松下电器公司。随着个人及其家庭的物质生活条件不断改善，松下幸之助感到失去了前进的动力。他想，有了几辈子都花不完的钱，为什么

① http://bbs.icxo.com/thread-201391-1-1.html

还要这么辛苦去经营企业？

1932年的某一天，年仅37岁的松下幸之助参加了一次宗教活动，被信徒的奉献精神所感动。晚上回家后，他浮想联翩。

他想到，信仰是丰富人心灵的神圣追求，人类生活要求精神上的心安，也要求物质上的丰富，两者互相配合。如果精神安定，但物质缺乏，维持生命就会发生困难；如果仅仅物质丰富，却缺少充实的精神生活，那就毫无生存的幸福与价值可言了。因此看来，信仰与企业经营是同等重要也同样神圣的。

想到这里，松下幸之助感到热血沸腾，他懂得了真正的使命，心情无比激动，这同以前曾有过的无数次创新时所感觉到的喜悦心情一样，是无法形容的。由此，他确立了松下电器的终极目标：生产无限多的物质，使得人类能安居乐业。

当年松下幸之助的困惑，今天中国许多企业家也同样遇到过。巨人集团的创立人史玉柱在凭借脑白金东山再起后，造就了一大批富翁，公司的一些高层人士春风得意，青春年少便获得巨大的财富，在公司内部一言九鼎、呼风唤雨，于是，骄傲、追求享受的思想自然滋生。此时，别墅、高尔夫、跑车是某些高层聚会的重要话题，甚至一些基层员工，也不把主要精力集中在工作上，而是格外关注待遇问题。

当一家公司的中层以至高层经理人更多地考虑个人的利益、考虑如何享受，不再为公司的生存发展而尽心尽力之时，也正是危机出现之日。

几年前，张瑞敏在与记者的一次交谈中，谈到现在不少民营企业家，特别是南方一些企业家，已感觉不到办企业有什么乐趣了。他认为，这可不是好现象：国企管理者因为钱少而不干，民营企业家因为钱多也不想干了，中国的经济怎么发展？**张瑞敏由此得出结论说，在中国真正成大事的人，要有一种觉悟，一种境界，有一种为国家、为民族、为企业员工甘愿奉献牺牲的精神。**

资料来源：李凯城：《向毛泽东学管理》，当代中国出版社，2010年版。

（**编者注**：根据《马斯洛人本哲学》一书分析，马斯洛的需要层次论可以依次排列为由低到高的六个层次，即生理需要—安全需要—社交需要（归属与爱的需要）—尊重的需要—健康型自我实现的需要—**超越型自我实现的需要**。过去人们往往只涉及其早期的五层次论。超越型自我实现者受超越性需要，也就是受超人类的价值、存在性价值或宇宙价值的激励。他们的心理发展处于超自我、超个人的水准，因而在管理上就是非个人的，包括自愿放权等。马斯洛已将超越性需要与一般自我实现的需要区分开来了，五层次论发展为六层次论。编者认为，上文中张瑞敏所提出的一种觉悟、一种境界，一种甘愿奉献牺牲的精神就是超越性需要的表现。）

（二）企业家的知识素质

企业家的知识素质是企业家决策能力、创新能力和指挥领导能力的基础。市场经济条件下，现代企业的发展对企业家提出了很高的知识素质要求，包括基础知识、专业知识、管理学知识、经济学知识和法律知识等。

（三）企业家的实践能力

企业家的实践能力指企业家经营企业、驾驭企业的能力，主要包括决策能力、组织能力、控制能力等实践方面是否能取得成效的能力。

MBA 教育热衷于研习国外案例，这样的研究多半停留在技术层面。据报道，现在许多企业已不看重 MBA 毕业生，主要原因就是**他们缺乏实践能力**。

明茨伯格曾感慨地说："**因为我们的管理，社会变得越来越难以管理**。"为什么会出现这样的悖论和不理想的结果呢？我们分析这除了跟别有用心的、以加强管理为名实为捞取个人私利的管理者的品德有关外，还跟管理者自身的实践能力素质有关。

一些企业家看到别的企业在用什么管理方法，自己就东施效颦，结果事与愿违。管理知识必须结合企业实际，科学地运用和转化才能获得实践上的成就。

TCL 董事长李东生曾说过："20 年前不看西方经营管理书籍，那是无知；20 年后只看西方经营管理书籍，那是无能。"

商业活动是一种社会化活动，商业文化必须根植于传统积淀。回首千年，我们发现中华民族是一个传统商业文化非常浓厚的国度，历史上不乏富可敌国称霸百年的商海巨子。他们从商、经商的智慧与谋略博大精深，是今人取之不竭的商智源泉。

中国的企业管理必须结合中国特色，必须从中华民族传统文化中汲取管理智慧，并有机地借鉴国际管理经验，这样才能既不无知也不无能。

（四）企业家的身体、心理素质

企业家要具备良好的身体素质和心理素质。最近几年，有的企业家或因企业发展受挫而自尽，或因过于劳累而猝死，这对企业的发展会带来一定的震荡，尤其对一些组织结构不合理的企业甚至会带来巨大的灾难。

孙中山先生说："古今成大事者，不惟有盖世之才，亦必有坚韧不拔之志。"他在推翻帝制的革命运动中用"吾志所向，一往无前，愈挫愈奋，再接再厉"来勉励自己。所有企业家都应具备革命家的这种愈挫愈奋的心理素质。

同时，俗话说"身体是革命的本钱"，企业家一定要注意劳逸结合，讲究养生之道，以确保能以充沛的精力经营企业。

第二节　企业家的现代经营观念

电视剧《新安家族》中的浙商商训，好比给当代企业管理者喝了一碗"心灵鸡汤"，让人返璞归真。浙商商训如下：

"**斯商，不以见利为利，以诚为利**；斯业，不以富贵为贵，以和为贵；斯买，不以压价为价，以衡为价；斯卖，不以赚赢为赢，以信为赢；斯货，不以奇货为货，以需为货；斯财，不以敛财为财，以均为财；斯诺，不以应答为答，以真为答；斯贷，不以牟取为贷，以义为贷；斯典，不以情念为念，以正为念。"

当代企业家不断要继承中华民族的经商美德和智慧，还要与时俱进，具备如下现代经营观念。

一、市场观念

企业是市场经济的微观基础，是整个经济的细胞，细胞的存活与生长在很大程度上取决于它是否能适应其生存的环境，所谓“适者生存”讲的就是这个道理。市场经济体制下的现代企业家首先应该牢固树立市场观念，即“以市场为导向、为市场提供服务、向市场要效益”的观念。市场观念是企业家应该具有的最根本的观念。

二、竞争观念

拿破仑曾经说过，一头狮子领导的一群羊可以打败一头羊领导的一群狮子。这句话的意思是：领导对一个组织来说地位非常重要，他能把一群羊变成狮子，也能把一群狮子变成羊。

优胜劣汰是市场经济的法则，而竞争则是市场经济贯彻这一法则的主要手段。成功的企业和优秀的企业家本身就是竞争的产物，是市场优胜劣汰的结果。企业家要能够制定出一整套应对市场竞争的策略，包括生产策略、营销策略、资本经营策略、技术策略等；同时，也只有树立了竞争观念，企业家才能在企业内部构建起一个有效的竞争机制，以充分发挥企业员工的积极性和创造性。

三、质量观念

一个企业能否经得住市场的竞争考验，在很大程度上取决于其产品质量。企业家应该具备高度的质量意识，这是增强企业市场竞争力的关键。

树立质量观念就是要求企业家能把质量管理贯穿于生产经营活动的全过程，建立全面质量管理体系，进行全员、全过程的质量管理。与此相适应，还应该采用现代化的质量控制手段和方法。

四、风险观念

在现代市场经济中，任何企业的生产经营活动的前景都是不确定的，任何一种投资决策都是风险决策。从这个意义上说，市场经济就是一种风险经济，而利润则是承担风险的报酬。企业家对企业的经营过程事实上表现为对各种风险因素的预测和排除，也就是表现为风险管理的过程。企业在日常生产经营过程中主要受到市场风险、社会风险、自然风险的干扰。市场风险包括供应风险、成本风险、销售风险、利率风险和汇率风险；社会风险主要是指政局不稳定、政府政策和管理制度改变等带来的风险；自然风险主要是指自然资源和气候变化的风险；所有这些来自市场、社会和自然方面的风险因素都会对企业的经营活动造成很大的影响。所以，管理者的一项重要职能就是分析风险可能的干扰程度，确定获取风险收益的可行性方案，采取积极的避险措施，去追求风险收益。市场竞争处处充满风险，树立风险观念就是要求企业家具有危机意识，能够正确认识风险、合理回避风险、在必要的时候勇冒风险和承担风险责任。

五、人才观念

一流的企业必须有一流的产品、一流的技术，而要运用一流的技术制造出一流的产品，就必须依靠一流的人才。现代市场竞争归根结底是人才的竞争。真正的企业家应该具有强烈的人才观念，能够充分重视人才、网罗人才和科学地使用人才。同时，还应注重智力投资，加强人才培养，完善人才结构，提高人才使用效率。另外，还应该建立一套科学的考核机制和激励机制，以充分发挥各类人才的工作积极性和创造性。

德鲁克指出：**"卓有成效的管理者在聘用和提升有关人选时，考虑的是这个人能干些什么。他在做这种人事决策时，考虑的是如何充分发挥他们的长处，而不是他们的短处。"**①

在为自己的班子配备人员时，卓有成效的管理者寻求的是在某一方面特别出色的人，而不是各个方面都过得去的人。**寻找自己的长处，并设法发挥这些长处，这可说是人的一种本能**。人本能地会将其一切资源都用于某项活动或某个领域，以期取得某个方面的成功。而关于"完人"的说法，实际上是蔑视了卓越和优秀。因为，卓越和优秀只能表现在某一个方面，或者充其量只能表现在个别的几个方面。

正副职的关系曾被一些崇尚"办公室兵法"的人歪曲，他们认为比自己低半级的人最危险，因此处心积虑地或防范或打压。其实，组织与个体的关系是"一损俱损，一荣俱荣"的，一个组织如果对人才进行打压，其后果是可悲的。企业只有培养接班人，以情做人，以情留人，让能力超群者领导企业，才能使企业基业长青。

六、信息观念

在市场经济中，信息就是效益，信息就是金钱。现代企业要想在瞬息万变的市场中站稳脚跟，就必须密切关注市场信息的变化。只有紧盯市场信息，不放过任何一个可供利用的市场机会，才能在市场竞争中立于不败之地。为此，企业家必须牢固树立信息观念，将信息管理放在企业经营管理的重要位置。信息管理的最重要特征是时效性强，所以一定要强调信息的及时性、充分性和有效性。

第三节 员工获得信任的意义

有的管理学家认为，**领导者应该有三个基本职能：目标规划、时间管理及培养接班人**。培养接班人对组织的继续发展尤其重要。

信任是维持组织效能、维系组织生存的重要影响因素，它能决定组织的接班人及管理团队的工作效率。

所谓信任是指"相信而敢于托付"，包含从观念到行为两方面的含义。从社会学的角度看，是行动者在社会互动中"彼此寄予的期望——期望另一方履行其信用义务和责任"，信任有助于行动者减少社会关系中的不确定性和易变性。

---

① 德鲁克：《卓有成效的管理者》，机械工业出版社，2008 年版，第 72 页。

一、获得信任是走上重要领导岗位的决定性因素

青岛啤酒集团总裁金志国先生从最艰苦的洗瓶工、锅炉工开始做起，洗瓶工干了将近两年，锅炉工干了五六年，他一步步干到总裁助理的职位。前任总经理突然去世，董事会立即召开选拔新总经理的会议，当时要求的标准是：懂市场，能整合，有全局意识。

金志国先生感觉到他有这个责任，也有这个能力当好集团总经理，同时大家也基于青岛啤酒集团的发展，把70%的票投在他身上。而金志国先生那时是青岛啤酒集团的总裁助理，是一个中层管理人员，在他的前面有八九位副总，而且都是他多年的领导。

70%的票充分说明**从生产一线干起的领导有稳固的群众基础，往往有敏锐的行业和管理直觉，因此往往能获得信任**。

东汉时有一少年名叫陈蕃，自命不凡，一心只想干大事业。一天，其父之友薛勤来访，见他独居的院内龌龊不堪，便对他说："孺子何不洒扫以待宾客？"他答道："大丈夫处世，当扫天下，安事一屋？"薛勤当即反问道："一屋不扫，何以扫天下？"陈蕃无言以对。此后陈蕃改掉此缺点，得以成就大事。

为什么改掉小毛病后能成就大事？因为人们往往根据一个人平常的小事，来推测这个人能否成就大事，即一个人平常的小事能获得人们的信任或怀疑。

为什么有的能人不能走上领导岗位？因为他不被信任。我们认为，**获得信任是走上重要领导岗位的决定性因素，能力只是获得信任的一个要素之一，在决定领导人选时，"被信任"比能力重要得多**。

二、获得信任就能发挥自己的优势和才干，并服务于组织

如果一个人有能力却未被重用，常感叹自己怀才不遇或未遇伯乐，那肯定是因为上级还不了解和信任他，就算他进入了领导层，如果未获得其他多数领导的信任，他也会**"进了班子进不了圈子"**（即名义上是进了领导层，但实际上进不了决策权力层，他的建议就不会被采纳，他就无法施展自己的才能），未获得信任的人当然不会被授予权力（或分权），当然就会影响到发挥他的优势和才干。

姜子牙是一位很有才能、很有抱负的人，但在商纣王的残暴统治下，他怀才不遇，曾经在朝歌城里宰牛卖肉，在孟津街头开店卖酒。光阴似箭，一晃他就成了七十多岁的老人，而抱负仍然不能实现。后来他听说周文王思贤若渴，便来到陕西岐山脚下渭水河边。他假装在磻溪钓鱼，期待着文王来临。某天，文王打猎路过磻溪，见到正在垂钓的姜子牙，两人搭上话，越谈越投机。姜子牙滔滔不绝地谈论着自己安邦治国的见解，文王无比钦佩，高兴地说："您正是我祖上太公亶父所盼望的圣人呀！"

好人得到信任并当领导（掌握权力资源）能更好地服务于组织。明朝时冯梦龙编著的《智谋大全》记录了一个故事：某清官不满时政腐败，欲罢官回家。他的老师说："你作为清官为官一任造福一方，百姓满意；若你辞官而去，换了个贪官，则百姓必遭殃；若因你的赌气辞官换来百姓的遭殃，你就太愚蠢了！"好官应当仁不让，不能给贪官机会。

三、君子获得信任就能防范小人得志

信任是一种宝贵的情感资源。小人都知道"不怕领导讲原则，就怕领导没爱好"，小人投领导所好，蒙蔽了领导，得到了信任，并继而得到了权力和利益。而君子就被冷落，被冷落的人怎么能奢望得到权力并发挥自己的优势和才干呢？所以一个组织的领导讲原则、任人唯贤是极其重要的，而君子在赢得领导信任这个方面也有必要排斥小人。

四、"被信任"是一种责任担当

有些人自以为"天生我材必有用"，工作不主动，沟通不主动，晋升不主动，其实君子被信任是一种责任担当。

从经济学的角度看，交易是建立在一定的信息、信任基础上的。当信息比较充分时，交易的一方对另一方产生信任，交易就能完成，并促成下一次交易的交易成本（至少是谈判的时间成本）降低。中国的百年企业往往留"老人"(老员工)、用"老人"、善待"老人"，就是因为久经考验的老员工是"被信任"的，是可堪重用的。

因此**每个人必须加强自律，自觉把诚信、把被社会和公众信任视做一种压力，作为一种责任担当。**

哈佛商学院教授科特在《权力与影响力》一书中提到，**跳槽通常不利于权力基础的建立，因为你很难带走它。**他列举 IBM 董事会主席约翰·奥佩尔的例子，约翰·奥佩尔在公司从事过多种工作，这些工作使他了解了公司的许多重要业务，并使他有机会接触很多重要人物，使他不断胜任越来越困难、越来越具有战略性的工作。约翰·奥佩尔的职业路径帮助他获得了必要的权力基础，从而使他能够有效地完成各项工作，1981 年他终于成为 IBM 的首席执行官。

如果企业的员工不主动表现自己的特长和优势，不善于跟领导沟通，不能被领导和上级赏识，甚至经常发牢骚要跳槽，他当然就不能获得领导的信任。

生产一线员工应不断学习，不断进步，主动表现自己的特长和优势，不要随意跳槽，要用能力证明自己，让领导和上级发现自己并获得信任。

第四节　领导者的注意力是宝贵的资源

德鲁克认为，一个组织如果要建立起一种高度的绩效精神，就必须把有关"人"的各项决定（如岗位安排、工资报酬、提升、降级和解雇）看成是一个组织真正的"控制手段"。因为有关人的各项决定将向组织中的每一个成员表明，管理层真正需要的、重视的、奖励的是什么。

领导者作为组织的高层决策者，要考虑组织的未来（风险、机遇、发展方向等），因此，**领导者要花大量的、一大段连续的时间去考虑决策问题。**如果把时间和注意力花在处理日常琐事上，这既违反领导分工，也可能影响到整个组织的决策质量，甚至会发生战术绑架战略、手段绑架目的的现象。

德鲁克强调："**每一位知识工作者，尤其是每一位管理者，要想有效就必须将时间做**

整块的运用。如果将时间分割开来零星使用，纵然总时间相同，时间也肯定不够。”① 他接着强调：“知识工作者要想取得成果和绩效，就必须着眼于整个组织的成果和绩效。换句话说，他还得匀出时间来，将目光由自己的工作转到成果上；由他的专业转到外部世界，因为只有外部世界才有绩效可言。”②

明茨伯格认为：**“管理不仅仅是走一条钢丝，而是在各种钢丝上的多维空间中移动。”** 由此可见，领导者的注意力是宝贵的资源，不应该轻易去影响它。

相关链接

金志国：总裁不是专家门诊

曾经有人问我，在青岛啤酒集团当7年总裁的经历中，最深的体会是什么？我说，那就是我的“权力”越来越小了。

很多来青岛啤酒集团的朋友也都奇怪地问我：为什么我能够在外面出差，半天却连一个请示汇报的电话也没有，作为3万人的大企业总裁，我是怎么做到举重若轻的？

其实这正是我检验自己系统管理水平的机会，如果事事都离不了你，那么说明你的企业系统建设有问题。可是几年前，他们的困惑和问题也曾经是我的苦恼。

刚上任前两年的时间里，我在总部主要是充当了一个牧师的角色，给大家洗脑；在基层我是充当了一个教练的角色，教大家方法。按常理来说，一个总裁到基层充当教练有点越权，但是当时青岛啤酒需要的不仅仅是洗脑，提高认识，更要有理论和管理实践的结合，通过实际操作方法让基层的人看到现实的进步。所以说，那时候我其实70%的时间是在干别人的活，30%是干总裁的活。但是，青岛啤酒集团的文化、组织、使命、方法都得到调整之后，现在我可以说真正回归到了总裁的位置，终于有70%的时间是做自己的工作了。这得益于管理方法和管理风格的改变以及系统的建设。

我在这些方面，其实也有一个认识的过程。

自从我担任总裁后，就一直感觉管理上存在一些疑难问题——以前什么事情都要找公司管理的一把手，任何事情都要向你请示。我上任后很长时间觉得自己工作很忙、很累，副手排着长队等着解决问题，离开公司之后，电话也会随时随地追着你。一把手忙死，而副职闲着。

于是有人说，你这些副职能力不行，帮不上忙，看把你累的。但我不这样看。我说共产党和我们的组织选拔干部的标准还不至于这么低吧？没有头脑、无能的人会选上来吗？他们为什么没有活干或者不积极地干，是因为一把手越位了，一把手干了他们的活，那他们还干什么？所以从我的角度出发，必须解决一个管理的问题。

---

① 德鲁克：《卓有成效的管理者》，机械工业出版社，2008年版，第29页。
② 德鲁克：《卓有成效的管理者》，机械工业出版社，2008年版，第30页。

第二个困扰就是不断地有人来找我，把我这个一把手当成了综合的专家门诊，外面排着队来看病，每一个病号都要快速地诊断，而且什么病都得看。因为你不会是各方面的专家，不可能什么都懂，这种诊断的失误率就会很高。实际上，这些人来请示工作是把题目扔给了上级，逼着上级现场做作业，同时也把责任上交给了领导。

这就是人治。企业的流程混乱，企业的职能不清。所以我首先要把企业职责界定清楚：谁管什么？管到什么程度？谁可以到我这儿来请示工作？我规定副职和部门的一把手可以来请示工作，但是部门的一把手必须经过分管领导来汇报，不能说来就来，这是第一；第二，必须带着作业来。我是批作业的，不是做作业的，下级来请示，我可以给予建议或帮你整合资源去研究它，但是你不能把题目给我，叫我做作业；第三，如果是你职能范围内的事却来请示我，我告诉他们，我绝对不认这个账，我会把文件都给你摔出去，让你拿走，并且不会做任何解释。**我认为，一个管理者在这个岗位上，那么职责范围内的事务，你应该有能力处理好，如果没有处理好说明不称职。**

现在，我的中层干部都被我的这种风格训练出来，牢记了这个规则，不做好自己满意的作业，不敢拿到会上讨论，不敢找我请示，中层干部发现问题、解决问题、预防问题的能力都大大提升，专业水准也很高，减轻了我很多的事务性工作。

我把自己解放了，我成了公司里管理权力最大却在做事上权力最小的人。我不在公司，公司照样可以运转，因为管理系统建立好了，权力分配到位了，我可以用更多的时间研究战略、调研市场，做我应该做的事情。

资料来源：金志国：《一杯沧海：我与青岛啤酒》，中信出版社，2008年版，第234~236页。

当前，一些企业的生产一线员工为待遇问题采取罢工、游行、自尽等过激行为，这一方面说明了企业内部管理肯定存在缺陷，急需改进企业的内部管理，如果处理不及时、不得当，肯定会在一定程度上影响高层领导者对战略问题的注意力，这不利于企业的发展；另一方面也说明了基层管理者没有对普通员工的问题进行上下沟通，致使问题从量变发展到质变。

生产一线员工应该善于采用合理的方法、方式和管理者进行沟通，比如可通过公司内部网络平台反映自己的合理诉求，使公司高层能听到员工们的共同呼声，使问题得以圆满解决。当然，**生产一线员工和领导者也要注意换位思考，都应该站在对方的角度来思考问题，尤其应站在整个企业的利益上思考问题**，今天你是生产一线员工，明天你可能就是领导者！

实践训练

1. 如果你想成为一名合格的企业干部或企业家，应强化哪些素质？结合所学知识，有针对性地开始训练。

2. 向你的上级请教，他是如何获得信任走上领导岗位的？他的能力是如何发挥出来的？

案例分析

调查显示中国企业家压力增大　幸福感逐年下降

中国企业家在促进企业发展的同时，亦承受各方压力，其当前的心理健康状况如何？来自中国企业家调查系统的分析报告指出，2005—2009 年，超过八成的中国企业家认为自己承受很大或较大压力，而其幸福感呈逐年下降趋势。

2010 年 8 月 7 日，在首届中国国际积极心理学大会“企业高层论坛：缔造幸福企业”上，中国企业家调查系统发布了当前中国企业家压力与幸福状况分析报告。调查系统自 1993 年起，每年向中国不同地区各行业的 3 000~5 000家法人代表发放关于企业家心理调查的问卷。

中国企业家调查系统秘书长李兰说，2009 年的调查显示，89.5%的企业家认为自己“压力很大”或“压力较大”，只有 9.6%认为“压力较小”，0.9%认为“没有压力”。企业家认为“压力很大”或“压力较大”的比重自 2005 年起均超过 80%，且呈逐年上升趋势。其中，中型企业的企业家压力较大，医药、化纤、钢铁和汽车等行业的企业家压力较大，而塑料、电气机械、仪器仪表等行业的企业家压力较小。

在压力增大的同时，企业家的幸福感呈现下降趋势。李兰说，对比近 5 年的调查结果，以 5 分为满分，企业家对自身幸福感的评价值在 3.6~3.78，分值从 2005 年的 3.76 跌至 2009 年的 3.64。

调查发现，尤其在金融危机爆发后的 2008 年，企业家对幸福的评价值出现较大幅度下降，为 3.6，是近 5 年来的最低值。

李兰称，从不同群体企业家的幸福感来看，女性企业家的幸福感要高于男性；企业规模越大，企业家的幸福感越高。

调查还发现，企业家的经济地位、社会地位和政治地位与压力呈显著负相关关系，与幸福感呈显著正相关关系。

资料来源：http://news.sina.com.cn/c/2010-08-081010120848692.shtml

◎**分析思考**：请结合第一章的推荐阅读《哈佛的“幸福课”》，谈谈企业领导如何保持心理健康，生产一线员工如何为领导分忧。

推荐阅读

关于管理角色的几个观点（节选）

1. 管理活动和管理角色可以分为三类：人际关系、信息传递和决策制定。

2. 管理者的各类工作可以归结为如下 10 种角色：

人际关系角色：名义领袖、联络官、领导者；

信息传递角色：监控者、传播者、发言人；

决策制定角色：创业者、故障排除者、资源调配者、谈判者。

3. 这10种角色组成了一个完整的统一体。3种人际关系角色来源于管理者的正式权力和地位，这引出了3种信息传递角色；反过来，这6种角色又使得管理者具备了4种决策制定角色。

……

5. “领导者角色”指的是管理者与下属的关系。他决定下属的工作环境，激励下属，研究下属的活动，使下属保持警觉，还负有雇用、培训和提升下属的责任。管理者努力使下属和组织的需求达成一致，以推进高效运营。“领导者”角色涉及几乎与所有下属有关的管理者活动，即使有些活动不是出于人际关系目的。管理者的权力在“领导者”角色中得到最充分的证明。

……

26. 作为“谈判者”，当组织与其他组织进行重要谈判时，管理者必须负责压阵。他可以扮演“名义领袖”、“发言人”和“资源调配者”等多重角色。

27. 这10种角色说明，**管理者在组织内部被认为是多面手，实际上是扮演多种角色的专家**。

28. 组织需要管理者的参与，不仅因为系统的不完善和环境不可预见的变化，还因为**组织需要一个正式的权威人物来完成一些基本的、常规性的义务**。这10种角色说明了管理者的6个基本目标：保证组织高效地生产商品和提供服务，设计并保持组织运营的稳定，以可控的方式调整组织使其适应变化的环境，保证组织服务于组织控制者的目标，作为组织和环境之间重要的信息枢纽，维护组织的地位体系。

资料来源：明茨伯格：《管理工作的本质》，中国人民大学出版社，2007年版，第117~122页。

◎思考题

1. 领导的主要职能有哪些？
2. 企业家应具备哪些现代经营观念？
3. 员工获得信任的意义有哪些？
4. 为什么说领导者的注意力是宝贵的资源？

第八章　激励职能

第一节　激励的概念、作用和要求

一、激励的概念、作用

（一）激励的概念

激励就是调动人们的积极性，即创造满足员工各种需要的条件，激发员工的动机，使之产生实现组织目标的特定行为的过程。激励的目的在于充分发挥人的能动作用，提高企业的经济效益和社会效益。

企业的经济效益和社会效益取决于企业生产力要素的构成及其发挥程度的高低，企业生产力要素中最重要的因素是劳动者，而劳动者的生产力能发挥出多大程度则取决于他们的积极性。

（二）激励的作用

1. 激励是调动员工积极性的主要手段

美国哈佛大学教授威廉·詹姆士研究发现，在缺乏激励的环境中，人员只发挥出20%~30%的能力；在良好的激励环境中，同样的人员却可发挥出80%~90%的能力。可以看出，**激发员工的积极性是企业发展的源泉**。

2. 激励是提高企业员工素质的有力杠杆

提高企业员工的素质主要是采取培训和奖励方式。任何值得奖励的行为一般都是员工良好素质的表现，奖励这种行为实际上就是鼓励员工自觉地增加这种行为，久而久之就可以提高员工各方面的素质。

3. 激励是形成良好的企业文化的有效途径

良好的企业文化是企业生存和发展的基础，它的培育是通过正反两方面的激励强化的。例如，树立“服务制胜”的意识，已经成为许多公司开展企业文化建设的目标。我们奖励优异服务行为，也就是激励和强化了服务意识；批评和惩罚恶劣服务行为，也就是对服务意识的负强化。正负强化的交替使用可以有力地促进企业文化建设。

二、激励的要求

（一）激励应使员工积极性和组织目标相吻合

激励所调动的员工积极性应当有助于而不是有碍于组织目标的实现。为了调动员工积极性，很重要的一个问题就是照顾员工个人利益，但必须自始至终把实现组织目标作为首要任务，在这个大前提下去努力寻找各层次利益和目标的结合点。

重庆力帆集团董事长尹明善强调：“八分人才，九分使用，十分待遇。”我们认为，几分人才几分使用，不同企业有不同的做法，但大多数企业对适当多给员工待遇是没有争议的。浙江某企业为解决员工春节回家难的问题，曾包机送员工回家，深深地感动了员工。

（二）激励应全面调动员工积极性

企业是一个有机整体，其生产经营目标要依靠全体人员共同努力才能实现。没有生产一线操作工人的积极性，企业日常生产就难以维持；没有工程技术人员的积极性，产品开发与技术进步就会步履艰难；没有管理人员的积极性，浪费与损失就难以避免。因此，应把企业各层次、各方面的积极性都调动起来，制定适当的激励策略以达到全面调动员工积极性的目的。

（三）激励应使员工保持较高、较稳定的积极性

如何去衡量员工工作积极性的高低和稳定性呢？研究表明，人的积极性一般按“参与”、“负责”、“主动和创新”三个阶段来发展。

参与：这是积极性的形成阶段。员工此时愿意介入某项工作或活动，承诺某些规定的责任，遵守组织纪律，但比较被动。

负责：这是积极性处于上升阶段和稳固阶段的主要特征。员工此时产生了明确的工作责任感，能自觉地履行职责，很少依赖纪律和监督。

主动和创新：这是积极性的高涨阶段。此时员工已不满足于做好规定的工作，而是主动“向生产的深度和广度进军”，这时员工的潜在能力得到充分发挥，达到管理的理想阶段。

员工积极性的高低和稳定性对提高企业管理的水平是极其重要的，我们不能仅停留在“参与”和“负责”阶段，应向“主动和创新”发展，激励就是“主动和创新”的推动力。

（四）激励要求高效益低成本

激励的目的是调动积极性，提高企业效益，但激励活动必然要付出一定代价，奖金就是直接的支出。即使是思想政治工作，也要付出代价。专业管理人员的工资、宣传费用、经理人员的宝贵时间等都是代价。成功的激励应当是低成本的，要达到这个要求就必须使管理人员提高自身素质，掌握各种科学方法，不失时机地选择最有利的策略达到激励的目的。开展劳动竞赛、提倡重荣誉轻物质、提倡奉献精神等都是高效益低成本的激励手段。

相关链接

重视对士兵的精神激励

激励员工的积极性，是管理人员责无旁贷的职责。能够激发人奉献牺牲的因素很多，毛泽东选择的是精神信仰，就是将自己有限的生命与某种具有绝对价值的、超越性的东西联系起来，并从中获得人生的意义。如果没有超越个体生命的东西作为精神支撑，如果没有奉献精神，很难做到“不论在任何艰难困苦的场合，只要还有一个人，这个人就要继续战斗下去”。

因为真实的战争往往是异常残酷的，远不像影视作品所表现的那么浪漫。军人每一次走上战场，都有再也回不来的可能。在生死考验面前，金钱的激励作用都会减效直至失效。试想，性命都难保，要钱还有什么用？要让军人甘愿出生入死、奉献牺牲，就要为其找到一个充分的价值理由。

全心全意为人民服务，是毛泽东为我军官兵指出的一种价值追求。在这方面，毛泽东有许多精辟的阐述。1928 年 11 月，他在给中央的报告中写道，“红军废除了雇佣制，使士兵感觉不是为他人打仗，而是为自己为人民打仗”，这是红军作战勇敢、战斗力强的根本原因。

正因为较好地解决了“为谁当兵，为谁打仗”的问题，所以解放军广大官兵才能战时英勇奋战、前仆后继，平时无私奉献、自觉牺牲。

资料来源：李凯城：《向毛泽东学管理》，当代中国出版社，2010 年版，第 13~14 页。

第二节　激励的原则、方法

一、激励的原则

根据国内外管理实践的经验教训，对员工的激励一般应遵循下列原则：

（一）组织目标的设置与满足员工的需要尽量相一致

目标本身就是一种刺激，要激励员工，首先要明确目标，使员工了解他们要做的是什么，有什么意义，与个人的目前利益及长远利益有什么关系，同时规定一定的工作标准及奖赏方式，以使每个员工均能按组织目标努力工作。

在市场经济体制和人才合理流动机制的作用下，“跳槽”将会是一个长期现象，而“跳槽”的根本原因在于员工的需要与企业的付出不相一致。所以企业在设置和寻求更多激励手段时，要考虑保持“价值和贡献”的均衡。

（二）兼顾国家、企业和个人利益

总的来说，国家、企业、个人的根本利益是一致的，但是在满足需要的时间、范围、数量等方面还存在着一定的矛盾，这就要求管理者在满足员工个人需要的同时，必须兼顾国家和企业的利益。

（三）用工作激励工作

让员工在工作中满足自尊、发挥专长和成长的需要，激发工作热情，这是行之有效的激励法则。

目前国外流行五种工作激励制度：

（1）工作轮换制，主要是为了解除工作单调乏味对员工的不良影响。具体做法各有不同，有的工作要1~2小时轮换一次，有的是1~2个月轮换一项新工作。

（2）工作扩大制，即训练员工对各方面的工作有所了解，以增加执行任务的范围，这样使员工有机会运用更多的知识与技能，来适应工作的需要，既可增加产量，也可对工作更满意。例如一件产品分为6道程序，原来需6个人负责，而现在只需让一个人负责全部程序，并使员工按照自己的节奏来完成任务，早完成早休息。

（3）工作充实制，即把整个工作交给一个人或一个小组去干，其工作方法和步调可以自由改进，只提出最终要求。

（4）工作自治制，即让员工自己管理自己，让“作业组”自己负责工作日程安排和工作分配，管理人员一般只作为教练或顾问。

（5）参与管理制，实行此种制度的目的是发挥员工的主观能动作用，增加责任感，在具体实施中由工会选举工作人员参加董事会、管委会，员工可随时提出意见并参与决策。

（四）坚持政策的一贯性及制度的稳定性

政策和制度都是体现组织目标要求的行为规范，不能朝令夕改，使员工失去努力方向。例如有一家企业为了降低成本，年初制定了一项奖励政策，可按节约额的30%奖励有功人员，但到年底一结算，管理部门觉得工人奖金水平太高了，就修改奖励标准为按节约额的10%提成，结果使员工非常不满，积极性下降，成本又迅速反弹。

（五）利益序列原则

在激励员工时，必须坚持顾客利益优先，集体利益高于个人利益的原则。

二、激励的方法

为使激励取得良好的效果，可采取以下一些方法：

（一）奖励组织期望的行为

美国著名管理学者拉伯夫经过多年的调查和大量的实践研究，总结出一条规律：“人们会去做受到奖励的事情。”因而把奖惩组织所期望的行为称为“现代行为管理的基本原则”。拉伯夫提出应当特别注意奖励以下10种行为而避免相反的情况出现：

（1）奖励彻底解决问题而不是只图眼前见效的行为，确保企业的长期利益；

（2）奖励承担风险而不是回避风险的行为；

（3）奖励善用创造力而不是愚蠢的盲从行为；

（4）奖励果断的行动而不是光说不练的行为；

（5）奖励多动脑筋而不是一味苦干；

（6）奖励使事情简单化而不是使事情不必要的复杂化；

（7）奖励沉默而有效率的人而不是喋喋不休者；

（8）奖励有质量的工作而不是匆忙草率的工作；

（9）奖励忠诚者而不是跳槽者；

（10）奖励团结合作而不是互相对抗。

相关链接

物质刺激的有限性

通过提高待遇来调动员工积极性这招比较好用，也容易立竿见影。但必须看到，物质刺激的作用是逐渐弱化的。用经济学的语言来说，就是物质刺激作为管理手段，其边际效用会递减。

首先来看收入和待遇的作用。例如，当一个员工月收入只有1 000元时，给他发200元奖金，他会兴高采烈，干劲倍增。当员工月收入为10 000元时，发个2 000元红包，估计不会有太多兴奋。如果月收入达10万元，该发多大的红包才能让员工兴奋起来呢？恐怕不用心理学家研究，凭常识也能做出推断。所以，要想保持激励效果，就必须不断增加刺激强度。可不断增加奖励，给多少才是头呢？企业又怎能承受得了？现实中一些管理者感到奖金没少发，可似乎不起作用，原因就在这里。

这一点可从美国“安然事件”中得到验证。为了鼓励高管层努力工作，获得好的经营业绩，安然公司董事会曾制定了重奖政策。没想到一些高管觉得依靠正当努力很难实现董事会规定的经营目标，可又不想失去重奖，于是便做假账，伪造经营业绩，最终把公司搞垮了。可见如果企业采取强刺激手段，又缺乏强有力的监控手段，就会出问题。

中国古代也有类似的例子，那时激励士气的一个手段是战后用斩获敌人的首级来记功，后来有些官兵为了领赏，不去英勇杀敌，砍敌人的脑袋，而是靠砍老百姓的脑袋来冒功，以至于如何区分敌方武装人员和非武装人员成了一个管理难题。

可见，强刺激有副作用，必须靠强控制来平衡。可如果监控措施过于严格，又容易影响基层员工主观能动性的发挥，影响企业对市场变化的反应速度。而这两点恰恰又是知识经济条件下决定企业成败的关键性因素。也就是说，强刺激需要强控制，强控制又影响经营绩效，这是一个解不开的死结。

事实证明，**激励员工不给钱是不行的，光给钱是不够的。还是德鲁克说得好："我们无法用金钱买到责任感。金钱上的奖赏和诱因当然很重要，但大半只会带来反效果。对奖金不满会变成负面的工作诱因，削弱员工对绩效的责任感。"**

所以，在激励员工时，必须充分考虑员工个人的价值追求。不强调共同价值，组织就无法存在。一个基于个人利益增进而缺乏合作价值观的企业，在文化意义上是没有吸引力的，在经济上也缺乏效率。管理者所要做的，就是明确组织的宗旨，然后将员工个人的价值与组织的宗旨挂起钩来，引导员工在履行组织宗旨的同时，实现个人的价值，获取人生的意义。

资料来源：李凯城：《向毛泽东学管理》，当代中国出版社，2010年版。

（二）发现和利用差别

利用利益的差别向组织成员传递组织期望的行为信息。心理学的大量研究表明：利益的差别可以推动竞争，**竞争可以增加50%甚至更多的心理创造力**。利益差别也体现了公平原理的基本要求。因此，管理者必须通过考核发现员工在行为及绩效方面的差别，奖优罚劣，不搞平均主义。需注意的是，在利用利益差别激励员工时，必须明确指出下属的贡献和不足，使激励恰到好处。同时，应科学合理地预先规定工作标准、定额等指标体系来衡量员工的实际表现，这样可避免员工之间的矛盾和冲突。

（三）掌握好激励的时机和力度

一方面，激励要掌握好时机。如好人好事应及时表扬，下属做了错事应及时制止以防扩大损失，对于反复出现的积极行为，不能反复表扬，而应当选择时机，使人们有所期待和有所争取。另一方面，激励要注意力度。奖励、惩罚、表扬、批评都有一个最低限度，心理学上称为"阈值"，低于这个阈值的激励，如轻描淡写的批评、漫不经心的表扬，不但不起作用，反而浪费时间和效率。但过度的奖励和惩罚，也会产生不良后果，如有些企业奖金水平定得过高，导致员工积极性不高及劳务成本上升等。

《史记》记载，吴起在魏国做大将时，与下层的士卒同甘共苦，穿一样的军装，吃一样的饭菜，行军睡觉时不铺垫褥，行军也不骑马乘车，同士卒一样。背着多余的粮食，分担士卒的劳苦。一次，他率军进攻中山（今河北定县），军中有一个士卒身上长了毒疮，疼痛难忍。吴起看在眼里，急在心里，他知道毒疮里的脓血排不出来，这个士卒的病就好不了，为了解除士卒的痛苦，吴起身为大将，不顾毒疮脏臭，亲自为士卒用口吮脓血，使士卒生命得以挽救。这位士卒的母亲听到此事后伤心地大哭了起来。别人问她："你儿子是普通士卒，将军亲自为他吸毒疮，你为什么还要痛哭呢？”这个士卒的母亲说：“你们是不知道呀！从前，孩子的父亲是吴将军的部下，曾生了毒疮，也是吴将军用嘴代他吸出脓血给治好的。他父亲作战时毫不后退，就战死了。现在吴将军又亲自为我儿子吸毒疮，我不知道我儿子又将死在什么地方，所以痛哭起来。”吴起为一家两代吸脓血的事，生动地说明了吴起是一位爱兵胜爱子、爱兵一而贯之的名将。吴起治军有方，他带兵、亲兵、爱兵，深得广大官兵的拥戴。他带领的部队，官兵关系十分融洽，内部团结紧密，部队斗志旺盛，战斗力大增，取得了与诸侯大战76次、全胜64次的赫赫战功。而他体恤士卒，爱兵吮毒的事迹，几千年来一直传为佳话。

（四）激励要因人而异

人们有不同的需要、不同的思想觉悟、不同的价值观与奋斗目标，因此激励手段不可千篇一律而应有选择地因人而异。美国明尼苏达大学对汽车工人与医生的需要进行调查对比，发现汽车工人在安全感、独立自主、上级关系及才能、符合愿望的公司政策、报酬等方面的需要明显高于医生；医生在发挥才能、成就感、道德价值、为社会服务等方面的需要明显高于汽车工人。根据这一规律，组织行为学要求企业定期对员工进行需要调查，分析不同年龄、性别、职务、地位、受教育程度的员工最迫切的需要，实行所谓“弹性报酬制度”。如对有突出贡献及表现优良的员工分别奖励休假、公司股票、提薪、提职、低价住房、优惠商品等，在总额奖励费用不变的前提下，获得更好的激励效果。

以下故事可以帮助我们更好地理解“激励要因人而异”：

三个年轻人甲、乙、丙来到一条较宽的壕沟前，老者对他们说：“谁跳过去谁就是英雄！”

崇尚荣誉的甲毫不犹豫使劲地跳过去了。他很瞧不起乙和丙，高兴地走了。

老者对剩下的两个人说：“你们不喜欢荣誉，那谁跳过去就给谁一块金币！”

话音一落，乙毫不犹豫使劲地跳过去了。他拿着金币也高兴地走了。

老者对剩下的丙说：“你不喜欢荣誉，连金币也不喜欢？!”

丙说：“那些都是身外之物，沟又深又宽，我又胆小，要是不小心摔伤或摔死多不划算。”

老者突然说：“老虎来了！快跑！”

丙也毫不犹豫使劲地跳过去了！

第三节　激励的技巧：主人翁精神的培养

管理者面对众多具有不同期望和心态的员工，要解决其激励问题，除了要牢记激励的原则，熟知激励的方法，还要掌握激励的技巧，灵活地解决实际激励问题。只有进行有效的激励，才能培养员工的主人翁精神。

一、了解员工真实需要的技巧

激励机制告诉我们，管理者只有通过各种途径帮助员工满足其合理需要，并使其与工作联系起来，才能有效调动他们的工作积极性。问题是如何才能了解到员工真实的需要和愿望。经验表明，应尽可能利用非正式场合与轻松的谈话来达到目的。因为在正式场合或正规谈话中，由于人们戒备心理较强，不容易掌握真实情况。下列一些方式有助于沟通管理者与员工的感情，让员工讲心里话。

（1）真诚地对员工的各项问题表示兴趣；

（2）耐心地倾听员工所说和想说的话；

（3）提问、启发、鼓励员工说出心里话；

（4）通过谈论他人的情况，从中发现员工本人对某事的兴趣；

（5）诚恳地帮助员工树立自信心；

（6）帮助员工解决实际的困难。

管理大师明茨伯格认为：“**管理工作切忌不情不愿：这项工作需要的就是一个人全身心的付出。**”因此，管理者必须通过沟通了解员工的真实需要。

二、满足员工需要，激发工作热情的技巧

怎样才能更好地满足人们的需要和愿望呢？一方面，人们的需要和愿望是多种多样的；另一方面，人们多种多样的需要和愿望又处于不断变化更替之中，这就需要运用各种技巧满足员工需要，以激发其工作热情。在这方面国内外优秀企业创造了许多成功的经验，下面列举一些实例：

（1）满足员工创新的愿望。例如，IBM 公司贯彻开放政策，即董事长、总经理及一些部门的管理人员敞开门办公，允许任何员工向上级直接反映各种想法和建议，并给予及时处理和答复，从而使该公司走在行业的前列。

（2）满足员工创造价值的愿望。例如，海尔集团以其“真诚到永远”的服务和过硬的产品质量赢得了国人的信赖，在国际市场上也树立了中国品牌的威信。

（3）赋予员工归属感。在“丰田”、“松下”、“东芝”等日本公司，员工被当成卓有贡献的功臣来对待，管理者与员工同玩同乐，切实解决生产、生活中出现的问题，采取的终身雇佣、年功序列、参与管理等制度使员工自豪地说：“我是丰田人”、“我是松下人”、“我是东芝人”。

相关链接

燕京啤酒集团如何激发员工的主人翁精神

几年前，燕京啤酒集团（以下简称燕京）领导曾把一个关系到企业前途命运的重大问题交给职代会去讨论。在会上集团总经理李福成作了《关于中国啤酒行业发展的形势报告》，围绕燕京如何进行战略经营的问题，他深刻地分析了当时啤酒行业的总体形势，然后给大家提出了一个简短而尖锐的问题：燕京到底是合资还是不合资？要合资：怎么合？不合资：为什么？

在会上，职工代表们就这个关乎企业命运、关乎职工命运的重大问题进行了激烈

的讨论，最后李福成在集思广益的基础上深情地对大家说，中国的啤酒市场潜力较大，中国应该有自己的民族品牌。燕京啤酒已经有了相当的知名度，已经有了适应不同消费者口味的系列产品，也占据了国内相当大的市场份额。根据这些情况，燕京完全有可能发展成中国的一大品牌，成为中国民族啤酒工业的先锋。

说到这儿，李福成话锋一转，如果我们丢掉了自己的品牌，别提今后的发展，就连过去我们艰苦奋斗的十几年也对不起。还是那句话，在中国的土地上，**我们靠着天时地利人和，应该大有作为，为什么非要把这么大的市场、这么好的局面拱手相让呢?!** 李福成慷慨激昂，字字千斤，引起了职工们长时间雷鸣般的掌声。从每个职工的表情可以看出，心里透着一种舒坦，脸上透着一种自信，胸中透着一股豪气。

资料来源：http：//www. yanjing. com. cn/admin/webAction/showList2. asp? SectionId = 53

以上事例充分说明了，企业不仅要相信员工，而且要依靠员工，必须把员工当做企业的真正主人。

(4) 满足员工要求自由的愿望。韦尔豪泽是美国最大的木材加工公司，该公司为员工们提供了工作中所需的自由，一名工程师自豪地说："我有按自己意愿作出决定的自由，有机会使用自己的头脑，这是我最喜欢的。"韦尔豪泽的管理者和员工可以穿便服或运动服上班，还可以根据工作的特点和要求确定个人的办公时间。

(5) 对员工的努力给予赏识。例如，柯达公司实行内部提拔人事制度，通过能力、努力、绩效来赏识员工，每个员工都有机会通过努力来得到提拔，实现出人头地的愿望。

(6) 满足员工对获取新经验的愿望。在美国的一些企业里，通过工作的轮换制，多让年轻人承担责任和新工作，在精通一门之后又调任新职位，形成天天有竞争、日日有创新、不努力就将被企业发展所淘汰的局面。

(7) 尊重人格。人的尊严是神圣的，企业中上至总裁下至普通工人，虽然他们志趣相异，能力不同，从事的工作性质也不同，但都在共同的目标下为企业做贡献，理应得到同等的人格尊重，这也是企业发展的关键一点。日本一些企业规定无论职位高低都直呼其名，形成人与人的平等。

(8) 社交活动。如提供免费的工作午餐，增加个人和群体的交往接触；组织运动会、联谊会及户外活动，使员工与上司有较多较广泛的接触，形成一种融洽的氛围，增强凝聚力。

生产一线员工只有通过自身工作的成效，为公司的发展作出一定的贡献，才能获得领导的激励。著名企业家张瑞敏说：**"什么是不简单，能够把简单的事千百遍都做对，就是不简单"**。张建华在《能力是证明出来的》一书中说：**"做事不主动，前途就被动。"** 生产一线员工只有从身边干起，从点点滴滴干起，才能把简单的事情干得不简单；通过做事主动，才能赢得领导的好评，才能使企业更好地发展，才能使自己的前途不被动。

实践训练

1. 调查一个企业的奖惩制度，分析它的合理性。
2. 客观评价自己有没有主人翁精神，根据你的自评写出合理化建议。

3. 调查你所在企业的员工对什么样的激励方式最满意。

案例分析

大学生为什么跳槽？

A公司是一家民营企业，当初老板和朋友一同创立了企业，经过短短几年的时间，他们成为一家规模较大的汽车零部件供应商。老板觉得不能亏待当初共患难的朋友，所以公司高层基本上是当初一起打天下的人。公司业务发展很快，于是他们招聘了一批大学生，但不到一年时间，就走得差不多了，老总百思不得其解。后来又招聘了一批，待遇也定得不低，但还是有很多人走了。他找了这些走的大学生谈话，他们说自己在这里得不到重用，而且经常受到老员工排挤。公司的高层人员普遍认为大学生不中用，没什么本事，要求倒是挺多的。

◎分析思考：员工跳槽是当今许多企业家最头痛的问题，公司应怎样激励老员工和大学生们？怎样培养他们的主人翁精神？

推荐阅读

马斯洛需求层次理论（节选）

马斯洛把需求分成生理需求、安全需求、社交需求、尊重需求和自我实现需求，依次由较低层次到较高层次排列。

1. 各层次需求的基本含义

（1）生理需求。这是人类维持自身生存的最基本要求，包括对以下事物的需求：呼吸、水、食物、睡眠、生理平衡、分泌。

如果在这些需求中任何一项得不到满足，人类个人的生理机能就无法正常运转。换言之，人类的生命就会因此受到威胁。从这个意义上来说，生理需求是推动人们行动最首要的动力。马斯洛认为，只有这些最基本的需求满足到维持生存所必需的程度后，其他的需求才能成为新的激励因素，而到了此时，这些已相对满足的需求也就不再成为激励因素了。

（2）安全需求。这是人类对以下事物的需求：人身安全、健康保障、资源所有、财产所有、道德保障、工作职位保障、家庭安全。

马斯洛认为，整个有机体是一个追求安全的机制，人的感受器官、效应器官、智能和其他能量主要是寻求安全的工具，甚至可以把科学和人生观都看成是满足安全需求的一部分。当然，当这种需求一旦相对满足后，也就不再成为激励因素了。

（3）社交需求（情感和归属的需求）。这一层次包括对以下事物的需求：友情、爱情、性亲密。人人都希望得到相互的关心和照顾。感情上的需求和一个人的生理特性、经历、教育、宗教信仰都有关。

（4）尊重需求。该层次包括对以下事物的需求：自我尊重、信心、成就、被他人尊重。

人人都希望自己有稳定的社会地位，要求个人的能力和成就得到社会的承认。尊重需求又可分为内部尊重和外部尊重。内部尊重是指一个人希望在各种不同情境中有实力、能胜任、充满信心、能独立自主，就是人的自尊。外部尊重是指一个人希望有地位、有威信，受到别人的尊重、信赖和高度评价。马斯洛认为，**尊重需要得到满足，能使人对自己充满信心，对社会满腔热情，体验到自己活着的用处和价值。**

(5) 自我实现需求。该层次包括对以下事物的需求：道德、创造力、自觉性、问题解决能力、公正度、接受现实能力。这是最高层次的需求，是指对实现个人理想、抱负，发挥个人的能力到最大程度的需求。达到自我实现境界的人，接受自己也接受他人，解决问题能力增强，自觉性提高，善于独立处事，要求不受打扰地独处，完成与自己的能力相称的一切事情。也就是说，**人必须干称职的工作，这样才会使他感到最大的快乐**。马斯洛提出，为满足自我实现需求所采取的途径是因人而异的。

2. 各层次需求的特点

(1) 五种需求像阶梯一样从低到高，按层次逐级递升，但次序不是完全固定的，可以变化，也有种种例外情况。

(2) 一般来说，某一层次的需求相对满足了，就会向高一层次发展，追求更高一层次的需求就成为驱使行为的动力。相应的，获得基本满足的需求就不再是激励力量。

(3) 五种需求可以分为两级，其中生理需求、安全需求和社交需求都属于低一级的需求，这些需求通过外部条件就可以满足；而尊重需求和自我实现需求是高级需求，它们只有通过内部因素才能满足，而且一个人对尊重和自我实现的需求是无止境的。**同一时期，一个人可能有几种需求，但每一时期总有一种需求占支配地位，对行为起决定作用。任何一种需求都不会因为更高层次需求的发展而消失。各层次的需求相互依赖和重叠，高层次的需求发展后，低层次的需求仍然存在，只是对行为影响的程度大大减小。**

马斯洛和其他的行为心理学家都认为，一个国家多数人的需求层次结构，是同这个国家的经济发展水平、科技发展水平、文化和人民受教育的程度直接相关的。在不发达国家，生理需求和安全需求占主导的人数比例较大，而高级需求占主导的人数比例较小；在发达国家，则刚好相反。

资料来源：http：//wenku. baidu. com/view/43931837a32d7375a41780b1. html

◎思考题

1. 激励对企业的作用有哪些？
2. 激励的要求有哪些？
3. 激励的原则有哪些？
4. 激励的方法有哪些？
5. 如何培养一线生产员工的主人翁精神？

第三编
文明生产与管理技能

制造的质量叫“质量”，消费者心目中的质量是“品质”。质量是企业内部的控制指标，质量是定量的，品质是定性的。这种质量观的确立，实际上解决了生产导向与市场导向的关系问题。

——金志国

第九章　生产现场与安全管理

第一节　生产现场管理

生产现场就是从事产品生产、制造或提供生产服务的场所。生产现场的文明化程度和组织管理水平直接关系到企业的形象、生产的成本、产品的质量以及员工人身安全等，因此，加强生产现场管理，提高现场文明化程度，搞好安全管理，是企业生产管理的日常工作。

一、生产现场管理的要求

格力电器总裁董明珠说：**“我不干大事，只关注每天的小事，小事处理好了，自然没有什么大事。”**我们认为，生产现场管理其实就是要管好许多小事。

青岛啤酒集团内部设立了135个质量监测点，要把这些监测点管理好，就要抓源头、抓过程，把**“质量是生产出来的，不是检测出来的”**的质量管理思想落实到生产现场，那么生产现场的管理就会科学规范。

生产现场管理的要求如下：

（一）环境整洁

各种设备、物品实行定置管理，厂区和车间地面整洁，道路畅通，标记明显，生产环境达到作业要求，环保符合国家规定，消除现场“脏、乱、差”状况，保持文明整洁的生产环境。

（二）纪律严明

工艺规程、操作规程和安全规程齐全、合理并得到严格执行；关键岗位、特殊工种实行持证上岗；劳动保护用品按规定配备齐全，使用得当；职工坚守岗位，严格遵守劳动纪律。

（三）设备完好

遵守设备操作、维护、检修规程，各类设备及附件保持齐全、完好、整洁，设备运行正常，设备完好率达到规定要求。

（四）物流有序

现场流动物实行定量化，按规定及时转序或入库，减少或消除各种无效劳动；各种物品摆放整齐，标志清楚；做到账、卡、物相符。

（五）信息准确

对各种原始记录、台账、报表的填写要符合规范、字迹工整、数字准确、传递及时。

（六）生产均衡

工艺布局、劳动组织合理；生产条件准备充分，按工艺流程、期量标准有节奏地进行生产；生产岗位、生产线的负荷波动达到最低限度等。

二、“5S”活动

（一）“5S”活动的含义

“5S”代表整理、整顿、清扫、清洁和素养这五个词，因为这五个词的日语罗马拼音的第一个字母都是“S”，所以简称为“5S”。开展以整理、整顿、清扫、清洁和素养为内容的活动，称为“5S”活动。

“5S”活动起源于日本，并在日本企业中广泛推行，它相当于我国企业开展的文明生产活动。“5S”活动的对象是现场的“环境”，它对生产现场环境全局进行综合考虑，并制定切实可行的计划与措施，从而达到规范化管理。“5S”活动的核心和精髓是素养，如果没有员工队伍素养的相应提高，“5S”活动就难以开展和坚持下去。

（二）“5S”活动的内容

1. 整理

把要与不要的人、事、物分开，再将不需要的人、事、物加以处理，这是开始改善生产现场的第一步。

整理活动的要点是：首先对生产现场实际摆放的各种物品进行分类，区分什么是现场需要的，什么是现场不需要的；其次，对于现场不需要的物品，诸如用剩的材料、多余的半成品、切下的料头、切屑、垃圾、废品、多余的工具、报废的设备、工人的个人生活用品等，要坚决清理出生产现场。

这项工作的重点在于把现场不需要的东西清理掉。对于车间里各个工位或设备的前后、通道左右、厂房上下、工具箱内外以及车间的各个死角，都要彻底搜寻和清理，实现现场无不用之物。这一步是树立良好作风的开始。日本有的公司提出口号：**效率和安全始于整理**！

整理活动可以改善和增加作业面积；现场无杂物，行道通畅，提高工作效率；减少磕碰的机会，保障安全，提高质量；消除混放、混料等差错事故；有利于减少库存量，节约资金；改变作风，提高工作情绪。

2. 整顿

把需要的人、事、物加以定量、定位。对生产现场需要留下的物品进行科学合理的布置和摆放，以便用最快的速度取得所需之物，在最有效的规章、制度和最简捷的流程下完成作业。

整顿活动的要点是：**物品摆放要有固定的地点和区域，以便寻找，消除因混放而造成的差错；物品摆放地点要科学合理**，例如，根据物品使用的频率，经常使用的东西应放得近些（如放在作业区内），偶尔使用或不常使用的东西则应放得远些（如集中放在车间某处）；物品摆放目视化，使定量装载的物品做到过目知数，摆放不同物品的区域采用不同的色彩和标记加以区别。

生产现场物品的合理摆放有利于提高工作效率和产品质量，保障生产安全。这项工作已发展成一项专门的现场管理方法——定置管理。具体内容见后文。

3. 清扫

把工作场所打扫干净，设备异常时马上修理，使之恢复正常。生产现场在生产过程中会产生灰尘、油污、铁屑、垃圾等，从而使现场变脏。脏的现场会使设备精度降低，故障多发，影响产品质量，使安全事故防不胜防；脏的现场更会影响人们的工作情绪，使人不愿久留。因此，**必须通过清扫活动来清除那些脏物，创建一个明快、舒畅的工作环境**。

清扫活动的要点是：自己使用的物品，如设备、工具等，要自己清扫，不要依赖他人，不增加专门的清扫工。对设备的清扫，应着眼于对设备的维护保养，清扫设备要同设备的点检结合起来。清扫设备要同时做好设备的润滑工作，清扫也是保养。清扫也是为了改善，当清扫地面发现有飞屑和油水泄漏时，要查明原因，并采取措施加以改进。

4. 清洁

整理、整顿、清扫之后要认真维护，使现场保持完善和最佳状态。清洁，是对前三项活动的坚持与深入，以消除安全事故的隐患，创造一个良好的工作环境，使职工能愉快地工作。

清洁活动的要点是：车间环境不仅要整齐，而且要做到清洁卫生，保证生产一线员工的身体健康，提高他们的劳动热情；不仅物品要清洁，而且员工本身也要做到清洁，如工作服要清洁，仪表要整洁，及时理发、刮须、修指甲、洗澡等；**生产一线员工不仅要做到形体上的清洁，而且要做到精神上的"清洁"**，待人要讲礼貌，要尊重他人；要使环境不受污染，进一步消除污浊的空气、粉尘、噪声和污染源，消灭职业病。

5. 素养

这里所说的素养即教养。**努力提高人员的素养，使其养成严格遵守规章制度的习惯和作风，这是"5S"活动的核心**。没有人员素质的提高，各项活动就不能顺利开展，开展了也坚持不了。所以，抓“5S”活动，要始终着眼于提高人的素质。

由于近年来企业安全事故频发，安全成为企业家头等关心的大事，管理者们在5S中又加入英文 safety（安全），因此6S管理成为企业基本的生产现场管理手段。

三、定置管理

（一）定置管理原理

所谓“定置”，就是根据生产活动的规律和目的，考虑到生产活动的安全、质量、效率等制约条件和物品自身的特点，划分适当的放置场所，确定物品在场所中的位置状态，明确人与场所、物品联系的信息媒介，从而有利于人、物结合，有利于有效地进行生产活动。定置管理实际上是“5S”活动的深入与继续，它是以生产现场为对象，研究生产要素中的人、物、场所三者在生产活动中的相互关系的科学管理方法。它认为在企业生产现场中，人与物有三种状态：

1. A 状态

在此状态下，人与物处于能够立即结合的状态。例如，操作工使用的各种工具，由于摆放地点合理而且固定，当操作者需要时，能立即拿到或者做到得心应手。

2. B 状态

在此状态下，人与物处于寻找状态或尚不能很好发挥效能的状态，即人与物的结合需经过整理或整顿等活动。例如，工人加工某个零件时需要使用某种工具，但由于生产现场杂乱或忘记了这个工具放在何处，结果需要寻找而浪费时间，既影响了工时，又增加了工人的劳动强度。

3. C状态

在此状态下，人与物失去联系。此时的物是长期无用、已经报废或失去使用价值的物品，它们与生产无关，不需要人与它们结合。例如，生产现场存在的料头、垃圾、废品、切屑以及同生产现场无关的工人生活用品，这些物品放在生产现场，势必占用作业现场的空间，而且影响工人的工作效率及安全。

因此，定置管理就是要在整理、整顿的基础上，通过相应的设计、改进和控制，消除C状态，分析和改进 B 状态，使之成为 A 状态并长期保持下去。

（二）定置管理的基本内容

1. 现场调查，查明问题

组织有经验的管理人员和现场有关人员对生产进行调查。主要调查内容是：设备和各工序的联系情况；工人操作情况；原材料和在制品管理情况；半成品的管理情况；加工对象物的流动、停放和搬运情况；物流过程中的质量保证手段和安全措施。在调查的基础上，将查出的问题加以逐条分析、归纳整理。

2. 分析问题，提出改善方案

（1）工艺路线和加工方法分析。主要是分析现有工艺在技术上的先进性和经济上的合理性，分析是否需要和有无可能对现行工艺手段、加工方法进行改造和更新。定置应当在先进的工艺方法和工艺路线的基础上来确定，因此，进行工艺分析是开展定置管理的起点。

（2）人、物结合状态分析。

（3）物流、信息流分析。在推行定置管理的过程中，需要定置的物品，无论是毛坯、半成品、成品，还是工装、工具等，都随着生产的进行而按照一定规律流动着，它们所处的状态也在不断变化，这种有规律的流动和状态变化称为物流。同样，在生产现场，起引导和确认作用的信息也随着对象物流动，这就是信息流。

3. 定置管理的设计

（1）定置设计。如各种场地（厂区、车间、仓库等）及各种物品（机台、货架、箱柜、管道等）的定置设计，一般应有工厂、车间、区域定置图以及机台、工具箱定置图。定置管理设计的实质是工厂布置的细化过程，所以场所及物品的定置设计要符合全厂布置的基本要求，即单一的流向和看得见的搬运路线，以最大程度地利用空间、最大的操作方便和最小的不愉快、最短的运输距离和最少的装卸次数、切实的安全防护措施、最小的改进费用和统一标准、最大的灵活性及协调性。

（2）信息的标准化设计。如各种区域、通道的位置信息符号的设计；各种物品的结构和编号的标准设计；位置台账、物品确认卡片的标准设计；物品收发、进出的定置管理办法的设计等。

4. 定置实施

按照定置设计的具体内容进行定置管理。将生产现场的所有物品进行定位，做到**有物必有区，有区必有牌，按区存放，按图定置，图物相符**，使人、物、场所三者的结合状态达到最佳。

5. 定置考核

为了巩固已取得的成果，发现存在问题，不断完善定置管理，必须坚持定期检查考核。定置管理开展得好与坏以定置率作为衡量标准。其计算公式如下：

$$定置率=（实际定置的物品种数\div定置图规定的定置物品种数）\times100\%$$

四、目视管理

目视管理又称“看得见”管理。它是一种通过各种标志、牌、板和显示工具，及时反映生产现场作业动态、产品质量、设备状态等信息，让每个生产工人和现场管理者做到一目了然，以便及时发现问题，采取纠正措施，保证生产顺利进行的管理方法。

实行目视管理，要求在各个作业现场采取以下措施：

（1）规定产品、零件、物件的放置场所、流转去向，使库存管理、工作程序、进展状况、搬运作业等发生异常时就能反映出来，如设置取货看板、生产看板、在制品储备定额看板、库存目视板、实物对照板、标准作业指导书、标准作业目视板、各种管理板等。

（2）在生产线、装配线或关键设备上装置停工指示信息，以便及时了解生产线、装配线的运转和事故状况。

（3）目视板应悬挂在生产线（或管理场所）的醒目处，以使人们了解正在进行的工作和需要做些什么。

第二节 安全生产

安全生产是指在充分保证劳动者生命安全和健康的前提下进行生产活动。其基本含义是：劳动者必须在安全的环境中生产，只有安全才能保证生产的顺利进行。生产活动如果没有安全的保证，就谈不上产量和质量；反之，离开生产活动讲安全，也就失去了实际意义。安全与生产是不可分割的统一体。

生产一线员工应高度重视生产安全，每个人都应该成为安全员。

一、安全生产的原则

（一）安全生产的特点

安全生产具有以下四个特点：

1. 预防性

安全生产必须树立以预防为主的思想。尽一切努力，采取适当措施，消除隐患，防止事故发生。

2. 长期性

工业生产中的不安全因素，是伴随生产活动产生的，只要生产还在进行，客观上就存在不安全因素，所以安全生产工作是一项长期的、经常性的、细致的工作。

3. 科学性

工业生产是建立在现代科学技术基础上的，具有自身的规律性和科学性。只有不断学习有关安全技术的科学知识，总结安全生产的经验教训，完善安全生产的规章制度，才能掌握安全生产的主动权。

4. 群众性

安全生产是与全体员工生命安全和健康密切相关的工作，因而必须建立在广泛的群众基础上。只有人人重视安全，安全生产才有保证。

（二）安全生产的原则

必须牢记：**安全规章制度的每一条每一款都是用血写成的。**

1. 安全第一的原则

企业管理的职能部门、管理人员、现场指挥人员、参加生产活动的所有人员，都必须树立**安全第一**的思想，抓生产首先要抓安全。

著名企业家王永庆说过这样一段话：“**一根火柴不够一毛钱，一栋房子价值数百万，但一根火柴可以烧毁一栋房子**。可见，微不足道的潜在破坏力发作起来，其攻坚灭顶力量无物能御。”可见，安全事故带来的损失有多大。

2. 以我为主的原则

生产现场的安全工作，应从我做起，杜绝依赖性，靠自己的努力去发现并消除不安全因素，确保安全生产的实现。

3. 坚决贯彻“不做、不准做危险操作”的原则

凡是规定“不做、不准做”的危险操作，不论任何人、任何理由都不能做。

4. 严格遵守安全生产规程的原则

安全生产规程是从生产实践中总结出来的、带有规律性的科学准则。违反安全生产规程，就会造成人身伤亡和财产损失的严重后果。因此，现场操作人员必须严格遵守安全生产规程。

相关链接

美国百威啤酒公司的安全政策（节选）

公司依靠敬业爱岗的员工，安全高效地生产出世界上品质最好的产品，我们为此深感骄傲。我们不允许在操作过程中出现工伤，这样会使员工受到伤害，也会严重影响我们目标的实现。

我们始终相信，事故造成的人员伤害和财产损失是可以通过对人和物的恰当管理而避免的。在我们公司，安全与产量、质量同等重要。

因此，各层管理人员都有责任通过提供适当的资源和积极倡导，根除因工伤造成的人员伤害和财产损失。

我们希望所有员工能遵守安全工作规定和要求，并关心其他同事的安全。

1. 安全总则

1.1 安全是企业的首要工作。

1.2 公司的安全信条：维护工作场所的安全是管理人员和员工的共同职责。

1.3 公司的安全要求：员工的安全工作要做到三不伤害，即**不伤害自己、不伤害别人、不被他人伤害**。

1.4 安全原则：

1.4.1 工作中任何暴露于危险的情况都是可以控制的。

1.4.2 **工伤和职业病的发生都是可以预防的**。

1.4.3 **人是我们最宝贵的资源**。

1.4.4 管理层自上而下对安全和健康事务负有责任。

1.4.5 安全是每个人的责任并且是雇佣的一个前提条件。

1.4.6 在我们的安全和健康计划中，人是最重要的因素。我们要求每个人都参与和承诺。

1.4.7 **安全问题无论上班时还是下班后都一样重要**。

……

1.6.4 **每位员工都是安全工作的责任人，对自己、他人和设备及环境的安全负责**。公司要求所有员工遵守安全规则，并采取一切必要措施配合公司安全规则的执行和避免事故及事故苗头的发生。

资料来源：美国百威啤酒公司《安全政策》。

二、安全生产管理的内容

现场安全生产管理的内容主要有以下几个方面：

（1）贯彻执行国家、企业有关安全生产和劳动保护的法律、法规及规章制度，努力改善劳动环境。

（2）协助有关部门制订安全生产的各项规章制度和安全操作规程。

（3）对员工进行安全生产教育，主要是岗位教育，以及某些危险岗位的专门安全教育。

（4）对生产现场进行安全检查，包括综合检查、专业性检查、季节性检查和日常检查（日常检查包括班前检查和班后检查）。发现问题及时报请有关部门解决。

（5）采取相应的组织技术措施，消除事故隐患。

三、安全生产的保证措施

（一）建立健全机构，完善制度

1. 建立健全安全生产管理机构

生产现场安全管理机构由生产现场指挥人员、有关部门的负责人、班组安全员组成，生产现场指挥人员任组长。其主要职责是：

（1）审查安全技术措施，督促有关部门贯彻执行。

（2）审查生产现场各个岗位是否符合安全卫生及防火、防爆要求，“三废”排放设施是否齐全和符合标准，提出改进意见，督促有关部门落实。

（3）审查生产现场操作人员专业技术素质，保证岗位人员持合格证书上岗。

（4）做好工伤事故的记录、统计、呈报和处理工作。

（5）做好工伤事故的分析研究，提出改进和完善安全生产的实施方案。

2. 完善安全生产责任制度

安全生产责任制度是岗位责任制的重要组成部分。它是根据安全第一的原则，明确规定岗位人员应负的安全责任，强化职工安全意识，制定实现安全生产的制度，可根据不同岗位做具体规定，一般应包括以下内容：

（1）生产前安全检查的部位、要点及处理的方法和程序；

（2）生产后安全检查的记录和报告；

（3）安全操作规则；

（4）操作人员承担的责任；

（5）奖励和惩罚的条件等。

3. 强化安全信息反馈网络

绘制生产现场岗位事故因素和对策图；岗位操作人员每天记载安全情况、事故隐患和处理结果；班组安全员每天汇总班组安全生产情况，呈报生产现场指挥人员，遇有重大安全问题，及时报告有关部门处理。

4. 安全评价制度

生产现场安全组织应对生产现场所有岗位进行安全评价，找出不安全因素，提出整改方案，对可能发生的事故应采取有效措施加以排除和控制。

5. 安全生产互保制度

实行员工相互监督和相互保证制度，即相互监督按技术规程和标准化规范操作，相互监督正确穿戴和使用劳保用品，相互检查安全信号和设备、工具是否符合安全要求，发现隐患相互提醒并及时采取防范措施。

（二）强化安全教育

安全教育是提高员工自身安全意识和安全技能，遵守劳动纪律的自觉性，落实国家安全生产方针政策、法律、法规，预防事故发生，保证安全生产的重要途径。

1. 安全生产教育的基本内容

（1）思想政治教育。以提高员工安全素质和安全意识为宗旨，正确处理安全与生产的关系，严格执行劳动纪律，自觉控制并保证安全生产。

（2）劳动保护政策和法律教育。提高员工自觉遵守和执行劳保政策、法律、法规的意识，严格执行有关劳动保护规定，实现安全生产。

（3）安全技术知识教育。包括：①一般生产知识教育，如生产现场的一般生产概况、生产技术过程、作业方法、各种机具设备性能和知识以及产品的构造、性能、规格等。②安全技术知识教育，如危险设备和区域及其安全防护基本知识，有关电气设备（动力及照明）的基本知识，起重机械和厂内运输的有关安全知识，有害、有毒物质的安全防护基本知识等。③专业安全技术知识教育。应根据不同岗位而定，如起重工作安全知识、电气作业安全知识、高空作业安全知识、气体作业安全知识、电焊作业安全知识、危险物操作安全知识，等等。

（4）典型经验和事故教育。分析安全生产典型经验和事故，从中吸取教训，提高对安全生产的认识。

2. 安全教育的形式和方法

（1）三级教育是安全生产教育的主要形式，其宗旨是教育员工树立“以厂为家，护厂光荣，抓安全人人有责”的观念。“三级教育”是指：入厂教育，即对新入厂或新调入的工人（包括来厂参加生产实习和劳动的人员）在未分配具体工作之前所作的安全教育；车间教育，即对新工人（包括新调入的工人）分配到车间之后进行的安全生产教育；岗位教育，即对新工人上岗之前进行的安全生产教育。员工只有经过三级教育，取得合格证书之后，才允许上岗工作。

（2）特殊工种的专门培训。如电气、起重、锅炉、受压容器、瓦斯、电焊、车辆等操作工人，必须经过专门安全技术培训，经考试合格，方能持操作合格证上岗工作。

（3）各级生产管理人员的培训。主要是提高安全生产的责任心，树立生产与安全同时计划、同时布置、同时实施、同时检查、同时评比的思想。了解和熟悉安全生产的规章制度，杜绝违章指挥，保证安全生产。

（4）经常性的安全教育。安全生产教育要经常化、制度化。形式可以多样，力求生动活泼，如开好班前、班后安全会，安全生产例会，安全技术交底会，事故分析会；利用广播、板报宣传；开展安全月、安全日、安全知识竞赛活动等。

（三）安全生产检查

安全生产检查是保证安全生产的重要环节，通过检查发现不安全因素，采取措施，消除隐患，预防事故发生。

1. 安全生产检查的方法

安全生产检查必须有领导地、经常和定期地进行，采取领导与群众相结合的办法，并且与评比、奖惩、采取措施相结合，注意表扬好人好事，宣传、推广有关安全生产的先进经验。

2. 安全生产检查的主要内容

（1）查思想。首先检查生产现场全体员工安全生产的观念和素质，是否树立了安全第一的思想，能否正确处理生产与安全的关系。

徐州市安监局局长潘振根据多年来处理事故的经验，认为**大多数事故因劳动者的素质引起**。徐州发生过这样一个事故，搅拌机被泥堵住了，工人检修时居然不拉闸断电，仅仅关闭了机器开关。另一工人为了稀释往机器里注水，不料有水滴到开关里导致机器通电运行，两名工人被当场搅死。这场事故反映了肇事者不具备基本的上岗素质，不会按照规章制度作业。潘振指出，现在很多事故起因都是违章施工，而源头在于用人方招工时对安全生产技能考察不到位，日后培训也很松懈。①

没有安全意识、没有经过安全工作培训的人本身就是安全隐患，必须时刻检查生产现场员工的安全思想和工作状态。

（2）查有关安全生产的法规和制度是否得到贯彻落实。生产现场主管人员必须经常到现场巡视，以检查各项安全制度和具体措施是否落实到位，防止员工粗心大意。

防患于未然！责任重于泰山！

相关链接

美国百威啤酒公司的生产安全要求（节选）

2.1 岗位安全工作要点

2.1.1 工作前：

2.1.1.1 穿戴好相应的劳动防护用品。

……

2.1.1.4 对操作设备和工作场地进行检查，消除隐患。排除障碍后方可作业。

2.1.1.5 不可轻率地动手作业，不要勉强干力所不能及的工作。

2.1.1.6 不能随便进入其他作业场所，不能触摸不属自己操作的机械开关。

① http://news.xinhuanet.com/politics/2010-12/11/c_12869746.htm

2.1.1.7 在从事危险作业之前，必须设置危险标志。

2.1.1.8 不得饮酒和饮用含酒精类的饮料。

……

2.1.2 工作中：

2.1.2.1 应集中精力，坚守岗位。

2.1.2.2 两人以上共同作业须有主有从，统一指挥并保持相互间联系。重新启动设备时要确认危险区域没有人员。

……

2.1.2.4 特殊工种人员（电工、配电值班工、锅炉工、锅炉水处理工、焊工、货梯司机、制冷工、起重机械工、厂内驾驶司机）必须持证上岗。无证人员不得操作、动用专业设备和工具。

2.1.2.5 选择与工作相适应的工具，不能使用有缺陷的工具。

2.1.2.6 出现设备故障时，及时通知维修人员，不得随意修理。

2.1.2.7 中途停电，应关闭电源开关。

……

2.1.2.12 员工有权拒绝违章指挥。

资料来源：美国百威啤酒公司《安全政策》。

（3）查隐患。检查生产现场劳动条件、安全卫生设施是否符合要求；检查劳保用品的使用是否得当；检查劳保设施和各种技术规程的执行情况；检查厂房建筑物和各种安全防护设备的技术状态。

（4）查管理制度。检查生产现场各项安全管理制度是否健全和完备；检查各种技术规程、操作方法是否符合客观要求。检查后应提出改进和修订、补充意见，报有关部门组织落实。

（四）工伤事故的统计报告和调查处理

生产现场的工伤事故具有突发性，而且往往会造成严重的经济损失和人身伤亡。如果发生了工伤事故，就要做好统计、报告和调查处理工作。调查处理的目的在于找出原因，查明责任，吸取教训，采取措施，防止事故的再次发生。

对事故的调查分析，要做到“三不放过”，**即事故原因分析不清不放过；事故责任者和群众没有受到教育不放过；没有采取预防措施不放过。**对造成事故直接责任者和有关人员要严肃处理，触犯刑律者，要依法追究刑事责任。

“走动式管理”是加强生产现场与安全管理的重要手段，它是指管理者到现场走走、看看、听听、问问，以此发现问题和处理问题。

麦当劳快餐店创始人克罗克不喜欢整天坐在办公室里，他大部分工作时间用在“走动式管理”上。当克罗克发现公司亏损和各职能部门的经理有严重的官僚主义、喜欢躺在舒适的椅背上指手画脚、把许多宝贵时间耗费在抽烟和闲聊上有关时，就命令将所有经理的椅子靠背锯掉。开始很多人骂克罗克是个疯子，但不久大家就体会到了他的一番

"苦心"。他们纷纷走出办公室，深入基层，开展"走动式管理"，及时了解情况，现场解决问题，终于使公司扭亏为盈。

车间主任、班组长等生产一线管理者必须每天坚持"走动式管理"，只有这样才能及时掌握生产现场的有关情况，才能使生产一线员工不松懈、不侥幸，才能使生产一线员工"严阵以待"，随时等候管理者的巡视和检查。

也只有生产一线管理者坚持认真负责的"走动式管理"，才能使企业的高层领导对企业内部的生产安全和产品质量放心，从而将宝贵的注意力放在企业的外部，集中精力考虑企业的发展战略。

第三节 生产现场以外的安全教育、工伤处理及分析

一、生产现场以外的安全教育

《工伤保险条例》规定：除现行规定的机动车事故以外，职工在上下班途中受到非本人主要责任的非机动车交通事故或者城市轨道交通、客运轮渡、火车事故伤害，也应当认定为工伤。因此，企业对员工的安全教育和管理要相应扩大到生产现场以外。

要树立**"员工就是企业的主人，员工就是企业的财富"**的观念，员工在上下班时受伤，不仅是员工个人及家庭的损失，也是企业的损失，事故会扰乱企业正常的生产秩序。

员工在上下班的途中一定要注意力集中，遵守交通安全规章和制度，自觉养成"一停、二看、三通过"的良好习惯，不要奔跑，注意避让车辆。开汽车和骑自行车上下班、上夜班的员工更要集中注意力。

二、厂区内的安全隐患及相关的精细化管理

企业在厂区的硬件设施方面也会存在一些安全隐患，必须针对这些安全隐患进行精细化管理。

（一）绿化方面

大树上的枯枝在起大风和下雨吸水后极易坠落，媒体对大树枯枝将行人砸伤的事件屡有报道。香港大学的园林工人很细心地用长杆绑着锯条将大树上的枯枝锯下，其原因就是为了防止枯枝坠落伤人。

楼上窗台等处的花盆（或杂物）在起风时可能被风吹落，伤及楼下行人。

针对以上绿化方面的安全隐患，我们应经常观察大树的异变，及时锯掉枯枝；对楼上窗台等处的花盆，最好安装防坠护栏，在起风时，要巡视厂区，提醒养花者将花盆（或杂物）搬进室内。

（二）交通与行走方面

应精细规划和配置交通方面的标志和设施。在人流量较大的过道要画斑马线，在人流量大的道路和陡坡等处要安装减速板，要标注交通限速标志和停靠点，在厂区机动车道要

安装和及时开亮路灯，在道路拐弯处不要设立阻挡视线的广告牌和宣传窗等，在道路急拐弯处，一定要设立凸镜和安全警示标志，有条件安装电子监控器的企业要尽快安装，因为安装电子监控器有利于警示驾驶者和记录交通违章事实。

行走方面，美国学者海因里希调查指出：**“对于跌倒这样的事故，如果反复发生，则存在这样的后果：在330次跌倒中，无伤害300次，轻伤29次，重伤1次。”**这就是著名的海因里希法则，或称1：29：300法则。

因此，员工一定要注意上下班途中哪些道路会发生多次跌倒，要注意路滑，行走时不要把手放进口袋里或背着手。企业要在厂区内标明路滑地段，提醒员工小心。

（三）建筑物设施方面

能不装玻璃门的地方尽量不要装玻璃门；即使有必要装玻璃门，也应尽量设为常用的前后推拉方式；在室内尽量不放置易碎的玻璃鱼缸和花瓶等玻璃制品；要经常检查高空玻璃窗的松紧度；在大风可能刮破玻璃窗的地域，可在玻璃上贴“米”字形胶布以防玻璃破碎伤人；楼顶的装饰应尽量简化，凡是预测到可能被风刮掉的物品或设施尽量不要放在楼顶。

（四）负载过重时的安全隐患

一个人负载过重，就会导致行走不便，而行走不便必将导致安全隐患，著名的百威啤酒公司在其安全手册上规定：“人力搬运极限负荷：**女性员工单人负重一般不得超过25公斤，两人抬运的总重量不得超过50公斤；男性员工单人负重最多不得超过80公斤，两人抬运时，每人平均负重量不得超过70公斤。单人负重50公斤以上，在平地上搬运的距离最远不得超过70米。**”

（五）其他方面的安全隐患及相关的精细化管理

厂区内的旗杆可能因经常摇晃加之锈蚀严重而倒下，室外的体育器材如单杠、双杠等健身器材都可能因磨损和锈蚀而留下安全隐患，厂区内的窨井盖可能被车碾碎而导致行人或骑车者受伤，厕所的地板砖不够防滑可能导致入厕者滑倒，进入厂区的犬类可能伤人，这些隐患都必须引起重视。

针对以上隐患，我们应采取如下措施：经常查看旗杆松动或锈蚀的程度，经常查看室外体育器材磨损和锈蚀的程度，厂区内的窨井盖随破随换，地板砖不够防滑就换成防滑地板或铺设防滑垫，经常检查爬梯和安全护栏松动或缺失的情况，驱赶进入厂区内的犬类。

另外，要在一些存在安全隐患的区域悬挂警示牌或提示语，以提高员工的安全警惕性。

不同地域和不同类别的企业有着不同的安全隐患，只要大家在思想上谨小慎微和高度重视，在预测安全隐患时做到科学细致，在采取管理措施时考虑细节，做到精细化，就一定能把安全隐患杜绝在萌芽状态。

三、工伤处理及分析①

（一）工伤处理

（1）员工在正常工作时间内受伤，应立即用在车间设置的急救箱进行紧急处理或到医务室接受医务护理。

（2）如果伤势较严重（如呈昏厥状）应派人护送至医务室。伤者无法走动或无法移动时，当班负责人应立即拨打医务室电话说明情况，当值医生请保安队员协助拿担架到受伤现场将伤员运送回医务室。

（3）医务人员检查伤者伤情后决定自己处理或送至厂外医院，并立即在第一时间通知公司安全协调员。

（4）凡是送往医院的伤者都应有人护送。

（5）员工出现工伤，其主管必须立即报告公司安全协调员并填写“员工工伤事故申报表”。

（二）工伤原因分析

工伤发生有特定的原因，下面即是其中的几条：

（1）没有遵守安全规章和制度。

（2）没有佩戴工作所需的劳防用品。

（3）在有旋转零部件的设备旁作业时穿过于肥大的服装。

（4）操作带有旋转零部件的设备时戴手套。

（5）工作中使用了错误的工具。

（6）错误地操作设备。

（7）使用了需维修/更换的设备。

（8）机器运转时进行加油、修理、清扫等工作。

（9）未使用设备的保护设施或装置。

（10）忽视警告标志和警告信号。

（11）奔跑作业。

（12）物品（指成品、半成品、材料、工具、切屑和生产用品）存放不当。

（13）没有注意看。

（14）没有注意听。

（15）不知道工作怎么做就盲目行事。

（16）为节省时间忽视安全条例。

（17）没有事先考虑可能发生的后果。

（18）不知道自己身体机能的极限。

（19）有分散注意力行为，精力不集中。

---

① 参见美国百威啤酒公司的《安全政策》。

（20）**最基本的是没有将安全列入自己工作的一部分。**

生产一线员工应该认真学习和严格遵守生产现场与安全管理的有关制度，每天要以良好的精神状态投入工作中，应该始终牢记：**安全事项无小事**！安全不仅涉及个人、家庭的幸福，也涉及企业的效益、企业的形象。

实践训练

1. 到当地的知名企业参观其生产车间，学习其生产现场管理和安全管理的先进做法。

2. 运用所学知识，指出自己所在企业的生产现场管理和安全管理的不足之处，并提出改进措施。

案例分析

"曲突徙薪"给我们的启发

一天，有个人来到邻居家，见其厨房灶口突出，柴禾紧贴灶口堆放，便警告说这将引起火灾，并就如何改灶、如何堆放柴禾提出建议，但这位邻居却将此忠言当成了耳旁风。不久，果然发生了一场大火，多亏众邻里相助才将大火扑灭。然而，在感谢众救火者的宴席上，唯独没有请建议改灶的人。原来，这位邻居认为事发后帮忙的人才是恩人，而事前发出警告的人算不上恩人。

"曲突徙薪"，意即应事先采取措施，防患于未然，同时也要善于接受别人良好的建议。

◎**分析思考**：为什么"邻居"听不进劝告？试通过此案例分析事前控制对安全管理的重要性和意义。

推荐阅读

开关装配工序质量难题的解决

1961年，日本质量管理专家新江滋生在松下公司的山田电器厂帮助解决一个开关装配质量问题。这个工厂有一道工序总是发生质量问题，质量管理部门想了许多办法也没有解决。为此，厂长很是头痛。这道工序是这样的：装配工人在流水线前操作，负责开关的组装。装配中工人只要从一盒子弹簧中取出两个装入开关，然后装上按钮即可。问题是操作工人总是会偶尔少装入一个弹簧，因此产生质量问题。新江滋生到现场观察了以后，建议他们改变一下操作的程序：在操作人员面前增加一个小盘子，每次从盒中拿出两个弹簧先放入这个小盘，再从小盘中取弹簧装入开关。这样一来，若开关装配完成后盘内仍有一个弹簧，工人会意识到发生漏装，马上就可以纠正错误，从此彻底解决了弹簧漏装的问题。

事后，该厂厂长问新江滋生："你怎么会想到这样一个办法呢？我们为什么就想不到呢？”新江滋生的回答很有意思：这是一个管理观念的问题。真正明白其中的奥妙，你的管理观念会提高一大步。

显然，新江滋生把握了一个重要问题：企业管理者究竟是要靠效率求效益还是靠质量求效益？这个问题如果按科学管理的原理，一定不会这样处理，因为设置一个小盘就意味着降低了效率，不符合工作研究的原理；第一流的工人是不允许发生遗忘之类的错误的，如果发生，应该扣工资或奖金。但如果是靠质量求效益的观点，结论就会完全不同。**虽然增加小盘会降低一些效率，但是流程的改变会改善质量**。美国质量管理专家戴明博士有一次在日本讲课时指出，**在引起产品质量的许多因素中，职工的责任感只占大约10%，而90%是由于企业家对企业生产系统的设计和推动不力造成的**。所以，产品质量问题大部分原因就在企业家身上。从现代科学观点看，**效率应该是全方位的**，不但包括速度，还包括质量。**没有质量的效率就是没有效率。**

资料来源：http：//fcyfcy1959. blog. 163. com/blog/static/4239057720080238195521O/

◎思考题

1. 5S管理的内容和含义是什么？
2. 安全生产的主要内容是什么？
3. 如何搞好生产现场以外的安全工作？

第十章　生产现场质量控制

第一节　质量控制的目的

产品质量是指物质产品或服务产品适合社会和人们一定用途或者需要的特性总和。质量控制是企业生产合格产品、提供顾客满意的服务和减少无效劳动而进行的控制工作。

青岛啤酒集团总裁金志国先生认为：**“制造的质量叫‘质量’，消费者心目中的质量是‘品质’**。质量是企业内部的控制指标，质量是定量的，品质是定性的。这种质量观的确立，实际上解决了生产导向与市场导向的关系问题。”深入分析这种思想，颇有哲理，它给我们的启示是：制造的质量即产品质量是看得见摸得着的，**连看得见摸得着的产品质量都不能控制，又如何把握难以看见难以摸着的消费者心目中的“品质”**？

燕京集团总裁李福成说：“只有确保产品质量，企业才能立于不败之地。”华硕集团总经理徐世明说：“全世界没一个质量差、光靠价格便宜的产品能够长久地存活下来。”

产品质量就是企业的生命，是企业存在的依据。只有实行精细化管理，严格控制产品质量，才能保证企业基业长青。

“产品反映人品，质量体现人格。”这是一种将产品与人结合的理念。质量是技术、管理、理念、创新的综合体，质量控制涵盖了企业的发展理念、管理能力、企业文化和科技水平。现在许多企业在全体员工中倡导“产品反映人品，质量体现人格”的质量文化，要求开展“每个员工生产自己和顾客都满意的产品”的质量行动。

产品的质量控制应达到以下三个基本目的：

一、产品达到质量标准

“百分之一的疏忽，就可能导致百分之百的失败。”只有通过质量控制手段，严格控制每个生产环节的细节，才能使产品达到质量标准。

相关链接

目标管理VS质量管理（节选）

戴明主张，目标管理实际上严重阻碍了质量提升，对企业管理具有破坏性的力量，必须废止。

对戴明和德鲁克的这一冲突进行探析，是很有意义的一件工作。本文认为，戴明和德鲁克确实存在着不一致，这种不一致，集中表现在管理的侧重点不同。戴明一直主张，**产品质量不能靠事后检验，当不合格品已经生产出来之后，做什么都晚了**。而目标管理恰恰把管理的焦点对准结果而不是关注过程，德鲁克强调的是从目标着眼，逆向推导出管理的要求；戴明强调的是从生产准备开始，顺向安排出管理的方案。两个人的方向截然相反，这正是戴明反感目标管理的最根本因素。戴明所强调的管理措施，无一例外属于过程的改进，从生产的前期准备到工艺流程，戴明倾注了大量心血追求改进和提高。一下子有人要放开过程只看结果，戴明能不窝火吗？但是，把目标管理推行中的问题全部归罪于德鲁克，也有点冤枉。德鲁克强调的**目标管理，是通过目标总汇解决企业内部冲突，通过目标导向推进团队协作，通过目标检验提高实际成效**。然而，理论和实践不会完全一致。**现实中推行目标管理的经理，往往会通过对过程的放手来解除自己的责任，重视对目标的分解远远超过对目标的整合，尤其是热衷于对那些易于度量和分解的目标实施目标管理，以追求看得见摸得着的绩效**。所以，现实中的目标管理，常常把德鲁克的“目标总汇”丢在脑后，而突出了“目标分解”，以可以明确衡量的具体指标来代替抽象的目标导向，以对目标的量化检测代替对无形效果的追求。对于目标管理推行中的这些偏差，德鲁克本人也痛心疾首，多次批评，甚至强调，他主张的目标管理，其本质是管理哲学，而不是简单的管理技术。在这一点上，戴明对目标管理的批评，恰恰和德鲁克对目标管理推行中的偏差的批评完全一致。可以说，德鲁克和戴明所追求的，正好是同一个方向。戴明挥舞起的大棒，打向的地方也正是德鲁克本人诟病的地方。

辨析这一争论，在中国还有特殊意义。国内有一种说法，认为中国在发展中产生的种种问题（比如国家的GDP导向），原因就在于中国的管理选择了德鲁克的目标管理而没有选择戴明的质量管理。甚至有人认为，日本人学习戴明，在经济上走在世界前列；中国人学习德鲁克，造成了铺天盖地的短期行为。

……管理是人类历史上最复杂的活动之一，每个管理学家都只能在某一方面为这一学科做出贡献。戴明和德鲁克都是管理学界的伟人，他们的理论都值得我们学习。但是把他们的理论绝对化，捧一个打一个，有失学术的本义。而且，文化背景的不同，发展水平的差异，国家政策的区别，都会对管理产生重大影响。管理学界没有放之四海而皆准的真理，只有上帝才会说他掌握着真理。我们需要的是从不同的管理理论中得到不同的启示，在不断试错中寻求更为合理的发展途径。理解了这一点再来看戴明和德鲁克的争论，就能跳出简单判断对错、非黑即白的僵化思维，从中吸取有益的参照和借鉴。

资料来源：http：//finance. sina. com. cn/leadership/mglqz/20080130/16294472980. shtml

二、以最低的成本生产出符合质量标准的产品

据《人民日报》报道，我国一方面是人均资源捉襟见肘，另一方面是资源利用效率低下。我国每创造一美元国民生产总值所消耗的煤、电等能源是美国的4.3倍、德国和法国的7.7倍、日本的11.5倍。而水资源消耗，我国万元GDP用水量是美国的近10倍、日本的24倍。近20年来，中国经济增长了6倍，而资源的消耗却增长了几十倍。

通过节能降耗、降低碳排放等，以最低的成本生产出符合质量标准的产品，既是“科学发展观”宏观上的要求，也是企业应尽的社会责任。

三、能使顾客满意，提高产品竞争力

通过有效的质量控制，生产出物美价廉的产品，能使顾客满意，提高产品竞争力。

相关链接

同仁堂的质量控制

药是治病救人的，更来不得半点虚假。同仁堂药铺历经三百年历史，其“同修仁德，济世养生”的企业精神，“修合无人见，存心有天知”的自律意识，“以义为上，义利共生”的经营哲学，“同心同德、仁术仁风”的经营理念，“炮炙虽繁必不敢省人工，品味虽贵必不敢减物力”的质量观等，都为同仁堂发展乃至成为百年老店起到了至关重要的作用。这些思想在员工中代代相传，为药品质量提供了思想保证。

同仁堂是怎样保证药品质量的呢？

第一，严把选料关。

三百多年来，同仁堂为了保证药品质量，坚持严把选料关。过去，北京同仁堂为了供奉御药，也为了取信于顾客，建立了严格选料用药的制作传统，保持了良好的药效和信誉；中华人民共和国成立后，同仁堂除严格按照国家规定选料外，对特殊药材还采用特殊办法以保证其上乘的品质。例如，制作乌鸡白凤丸的纯种乌鸡由北京市药材公司在无污染的北京郊区专门饲养，饲料、饮水都严格把关，一旦发现乌鸡的羽毛骨肉稍有变种退化即予以淘汰。这种精心喂养的纯种乌鸡质地纯正、气味醇鲜，其所含多种氨基酸的质量始终如一，保证了乌鸡白凤丸的质量标准。

第二，严格精湛的工艺规程。

中成药是同仁堂的主要产品，为保证质量，除处方独特、选料上乘之外，严格精湛的工艺规程是十分必要的。如果炮制不依工艺规程，不能体现减毒或增效作用，或者由于人为的多种不良因素影响质量，不但会影响药效，甚至会使良药变毒品，危害患者的健康和生命安全。同仁堂生产的中成药，从购进原料到包装出厂，共有上百道工序，加工每种药物的每道工序，都有严格的工艺要求，投料的数量必须精确，各种珍贵细料药物的投料误差控制在微克以下。例如犀角、天然牛黄、珍珠等要研为最细粉，除灭菌外，还要达到符合规定的罗孔数，保证粉剂的细度，此外还要颜色均匀、无花线、无花斑、无杂质等。

同仁堂的生产现场标语是：质量即生命，责任重泰山；一百道工序，一百个放心。

资料来源：http：//baike. baidu. com/view/302785. htm

“1%的细节优势决定 100%的购买行为。” 正是因为同仁堂有效的质量控制，保证了药品质量，所以它的产品具有很强的竞争力。

第二节　生产现场质量控制的方法

产品设计是产品质量控制的源头，产品设计缺陷本身就是质量问题。生产一线员工通过生产现场质量控制，一方面可以发现和分析源头上的问题，另一方面可以严格按照设计要求生产出合格的产品。

生产现场质量控制的方法如下：

一、加强生产现场管理的基础工作

加强质量管理水平，关键是抓好基础工作，其中最直接、最重要的是：标准化工作、计量工作和质量责任制。

（一）标准是衡量产品质量和各项工作质量的尺度，是现场进行生产技术和管理活动的依据

有高水平的标准，才有高质量的产品。现场质量管理执行的标准一般有两类：一类是技术标准，即对技术活动中的生产对象、生产条件、生产方法及包装、储运等需要统一协调，并共同遵守的对重复性事物制定的有关技术准则。它是根据不同时期科学技术水平和实践经验，针对具有普遍性和重复出现的技术问题所做出的最佳解决方案，是企业的技术法规。这类标准是企业进行生产技术活动的依据，是产品的质量特性的定量表现。技术标准除国际标准和国外先进标准（如 ISO、IEC、HACCP、ASA、JIS 等）外，在我国一般又分为国家标准（GB）、部颁标准（专业标准）、地方标准和企业标准共四级。另一类是管理标准，即为合理组织、利用和发展生产力，正确处理管理中出现的重复性事务，发挥管理机构的职能作用而制定的准则。它是组织和管理现场生产活动的依据和手段，包括各种管理职责范围、管理业务程序标准、管理定额、管理方法标准、规章制度和班组管理标

准等。

（二）计量工作

计量工作（包括测试、化验、分析等）是保证分析、测试计量的量值准确和统一，确保质量标准的贯彻执行，保证零部件互换和产品质量的重要手段。加强计量工作，必须抓好下列工作：

（1）保证计量器具的正确合理使用，保证量值的准确和统一。

（2）执行计量器具的严格检定制度。

（3）计量器具应及时修理和报废。

（4）工具库（室）储藏的计量器具要妥善保管。

（5）淘汰落后的计量工具和计量测试技术，逐步实现检测手段、计量技术的现代化，以促进产品的质量提高。

（三）质量责任制

质量责任制要求明确规定现场人员在质量管理工作中的具体任务、责任和权力，把同质量有关的各项工作与员工的积极性结合起来，使现场质量保证体系发挥作用。在具体的质量责任制实施过程中，应注意以下几点：

（1）各司其职，各尽其责。

（2）做好和保管好有关质量的原始资料记录。

（3）制定与执行“质量否决权”方案。

二、推行标准化作业法和“三检制”

（一）标准化作业法

主要是操作工人作业方法的标准化和质量检测人员工作方法的标准化。

（二）“三检制”

“三检制”是操作者“自检”、“互检”和专职人员“专检”相结合的检验制度。

（1）自检就是自我把关。

（2）互检就是操作者之间对加工的产品、零部件和完成的工作进行相互检验，起到相互监督的作用。

（3）专检是指专职检验员对产品进行质量检测。

三、对生产现场不良品的统计与管理

不良品是指不符合产品设计要求的在制品、返修品、回用品、废品等，要对生产现场的不良品进行统计与管理。

四、建立质量管理点

质量管理点也叫质量控制点、质量监测点、关键控制点等。

建立质量管理点一般应考虑下列因素：

(1) 对产品的适用性有严重影响的关键质量特性和关键部位。

(2) 在工艺上有严格要求，对下道工序有严重影响的关键质量特性和部位。

(3) 质量不稳定，出现不良品多的工序。

(4) 用户经常反馈的不良项目。

五、开展车间“五项管理”

“五项管理”是指工艺纪律、计量使用、三检制、专项检查、管理点。

在现场质量管理中要充分体现四个“不放松”精神，即**“不放松每一个班”**，要使每个生产班次都处于质量管理的受控状态；**“不放松每个小时”**，坚持每小时进行一次产量、质量和工艺数据记录，并检测在制品的质量特性；**“不放松每一道工序”**，对影响工序质量的因素进行预防性管理和控制，设置质量管理点；**“不放松每一个故障或质量问题”**，通过质量例会、用户访问和厂内质量信息反馈系统，及时纠正故障或质量问题，保证产品质量。

第三节 精细化管理

精细化管理是一种理念，一种文化。它源于日本20世纪50年代的一种企业管理理念，是社会分工的精细化以及服务质量的精细化对现代管理的必然要求，是建立在常规管理的基础上，并将常规管理引向深入的基本思想和管理模式，是一种以最大限度地减少管理所占用的资源和降低管理成本为主要目标的管理方式。

一、精细化管理的概念

精细化管理就是落实管理责任，将管理责任具体化、明确化，它要求每一个管理者都要到位、尽职，第一次就把工作做到位，工作要日清日结，每天都要对当天的情况进行检查，发现问题及时纠正、及时处理等。

精细化管理的本质意义就在于它是一种对战略和目标分解细化和落实的过程，是让企业的战略规划有效贯彻到每个环节并发挥作用的过程，同时也是提升企业整体执行能力的一个重要途径。一个企业在确立了“建设精细化管理工程”这一带有方向性的思路后，重要的就是结合企业的现状，按照“精细”的思路，找准关键问题、薄弱环节，分阶段进行，每个阶段完成一个体系，并修改相关体系，只有这样才能最终整合全部体系，实现精细化管理工程在企业发展中的功能、作用。同时，企业也要清醒地认识到，在实施“精细化管理工程”的过程中，最为重要的是要有规范性与创新性相结合的意识。**“精细”的境界就是将管理的规范性与创新性最好地结合起来**，从这个角度来讲，精细化管理工程具有把企业引向成功的功能。

二、精细化管理的要求

精细化管理是管理者用来调整产品、服务和运营过程的技术方法。它以专业化为前提、以系统化为保证、以数据化为标准、以信息化为手段，把服务者的焦点聚集到满足被服务者的需求上，以获得更高效率、更多效益和更强竞争力。① 它的精密也在于：企业内部凡有分工协作和前后工序关系的部门与环节，其配合与协作需要精密；企业生存、发展的环境的适宜性需要精密，与企业相关联的机构、客户、消费者的关系需要精密。

精细化管理的具体要求是：

第一，精细化管理要用具体、明确的量化标准取代笼统、模糊的管理要求，把抽象的战略决策转化为具体的、明确的发展举措。

据报道，香港市场90%以上的蔬菜、80%以上的活畜禽等农产品由内地供应。对大闸蟹的质量监管要经农兽药残留、重金属、抗生素等28个大项、400多个小项的严格检验。正是因为这种严格的质量监管，被选赴香港的食品合格率达到99.9%。

第二，精细化管理要以精细操作和管理为基本特征，通过提高员工素质，克服惰性，控制企业滴漏，协作管理，从而提高企业整体效益。它要求把每一项工作都抓细、量化，有利于落实到行动中。

罗伯特·拉什在《美国陆军士官手册》中强调："不要因为你正在另外一条线上讲话而让电话响个不停。上班期间，任何军事电话都不能置之不理，如果电话响了5声以上还没人接，那就说明有人疏于职守了。如果电话响到4声还没人接，你就自己接。"

借鉴美军的规定，现在一些公司对员工接电话的规定一般是：电话响到第三声必须有人接。

精细化管理是由过去的粗放型管理向集约化管理的转变，由传统经验管理向科学化管理的转变。精是精湛、精益求精，细是细节、最小的工作单元，"细"是精细化的必经的途径，"精"是精细化的自然结果。精细化是一种意识，是一种观念，是一种认真的态度，是一种精益求精的文化，精细化管理是企业管理理念上的转变。

第三，精细化管理要将管理的对象逐一分解，量化为具体的数字、程序、责任，使每一项工作内容都能看得见、摸得着、说得准，使每一个问题都有专人负责，而不是打乱仗。

斯通伯格在《战斗指挥员野战指导手册》中对美军警戒时的精细化管理作了规定："排长规定警戒状态和日夜值班顺序（比如，必须有50%或30%队员保持清醒），还要制定定期检查阵地和观察所的人员轮换名单，以确保观察所安全无恙，且**至少有一名班长始终值班**。全排一次同时就餐人数不能超过一半。"

第四，抓住运营管理中的关键环节。"精"是经营管理的关键环节，"细"是关键环节的主要控制点，比如青岛啤酒集团在啤酒生产中确定了135个质量控制点，**精细管理就是系统解决经营管理过程中的各关键环节及其主要控制点的匹配性。**

裘法祖院士在接受中央电视台采访时谈道，一次他检查一个病人，对病人说："这里痛不痛啊，我的手是不是很冷啊？"那个病人竟然抓住他的手不放，说她跑了五六家医院，从来没有一个外科医生摸过她的肚子，说裘法祖院士是第一个摸过她肚子的医生，真

① 汪中求等：《精细化管理》，新华出版社，2005年版。

是个好医生。裘法祖院士还提到他的老师曾说过的话，看 X 光片的时候有三种医生，最坏的医生是光看报告不看片子，报告怎么讲就怎么治；比较好的医生是先看报告再看片子；最好的医生是先看片子再看报告。他进而指出："**做人要知足，做事要知不足，做学问要不知足。**"可见在医疗领域我们也亟待进行精细化管理，做事要知不足。

精细化管理是以"精确、细致、深入、规范"为特征的全面管理模式。从思想观念看，精细化管理是企业经营管理的一种理念，形成企业管理的一种"精细"境界，从而指明了企业管理的方向；从实践活动看，它又是企业提高其经营管理水平的重要方法和途径，表明企业管理精细化的过程性、渐进性。

精细化管理的精髓就在于：企业需要把握好产品质量精品的特性，处理好质量精品与零缺陷之间的关系，建立确保质量精品形成的体系，为企业形成核心竞争力和创建品牌奠定基础。

三、精细化管理的方法

精细化管理是一个全面化的管理模式。全面化是指精细化管理的思想和作风要贯彻到整个企业的所有管理活动中。精细化管理的方法应体现在操作、控制、核算、分析和规划等方面。

（一）精细化的操作

它要求企业活动中的每一个行为都有一定的规范，每一个企业的员工都应遵守这种规范，从而让企业的基础工作更加正规化、规范化和标准化，为企业的拓展提供可推广性、可复制性。

（二）精细化的控制

它要求企业业务的运作要有一个流程，要有计划、审核、执行和回顾的过程。控制好这个过程，就可以大大减少企业的业务运作失误，杜绝部分管理漏洞，增强流程参与人员的责任感。

张瑞敏领导的海尔集团如今蜚声海内外，但当初海尔的经营管理可是一塌糊涂。张瑞敏入主海尔后制定的第一条制度竟是"不许随地大小便"，可见海尔昔日的情形。1985年，海尔着手内部管理，为此编写了 10 万字的《质量保证手册》，制定了 121 项管理标准，49 项工作标准，1008 个技术标准。张瑞敏着手整理企业内部管理，愿意花大力气、花大价钱，把小事当成大事做。海尔通过精细化管理，才有了今天的成就。①

（三）精细化的核算

它要求企业的经营活动凡与财务有关的行为都要记账、核算，通过核算去发现经营管理中的漏洞，减少企业利润的流失。

---

① 汪中求：《细节决定成败》，新华出版社，2004 年版。

（四）精细化的分析

它要求将经营中的问题从多个角度去展现，从多个层次去跟踪。同时，还要通过精细化的分析，去研究提高企业生产力和利润的方法。

（五）精细化的规划

它要求企业所制定的目标和计划都是有依据的、可操作的、合理的和可检查的。

四、培养有精细化管理思想的员工

员工是实行精细化管理的主体，海尔集团总裁张瑞敏在谈到这点时有一个经典的说法：如果让一个日本员工每天擦6遍桌子，他们一定会一丝不苟地每天擦6遍，而中国的员工第一天会擦6遍，第二天也会擦6遍，可是第三天就会擦5遍，第四天可能只擦4遍……这就是中国的企业引进了许多一流的设备，而产品质量却达不到原装水平的原因；这就是很多工业品产量能达到世界第一，而出口价格却只有人家的十几分之一甚至几十分之一的原因；这就是中国产品在欧美市场价格上不去的原因。①

著名导演张艺谋的敬业精神通过他拍戏时的精细化管理而体现出来。他在拍电影《红高粱》的时候，为了表现剧情的氛围，他带人亲自去种出一块100亩的高粱地；为了“颠轿”一场戏中轿夫们颠着轿子踏得山道尘土飞扬的镜头，张艺谋硬是用大卡车拉来十几车黄土，用筛子筛细了，撒在路上。在拍电影《菊豆》中杨金山溺死在大染池一场戏时，为了给摄影师找一个最好的位置，更是为了照顾演员的身体，张艺谋自告奋勇地下到染池充当“替身”，一次不行再来一次，直到摄影师满意为止。

肯德基很重视对新员工的培训，在培训中体现出精细化管理的思想和要求。为了保证员工能够服务到位，肯德基对餐厅服务员、餐厅经理到公司的管理人员，都要按其工作性质的要求，进行严格培训。例如，餐厅服务员新进公司时，每人平均有200小时的“新员工培训计划”，对加盟店的经理培训更是长达20周时间。餐厅经理人员不但要学习分区管理手册，同时还要接受公司的高级知识技能培训。这些培训，不仅提高了员工的工作技能，同时还丰富和完善了员工的知识结构。

生产一线员工应继承“三老四严”的优良传统，即**“当老实人，说老实话，办老实事；要有严格的要求，严密的组织，严肃的态度，严明的纪律”**。对员工灌输精细化管理思想，使员工具备细节意识、服务意识、规则意识和系统意识。不断培养有精细化管理思想的员工，是企业实行精细化管理的前提和保证。

实践训练

1. 调查你实习或工作过的企业，该企业是如何加强质量控制的？
2. 调查你实习或工作过的企业，当产品质量出现问题时，该企业是如何处理的？

① 汪中求：《细节决定成败》，新华出版社，2004年版。

该企业还应在哪些细节上加强精细化管理？

案例分析

三洋制冷公司的"零缺陷"质量管理思想（节选）

在三洋制冷公司的生产现场，根本看不到在其他企业常见的手持检测仪器进行质量检查的检查员的身影。

没有检查员，一旦加工出不合格品怎么办？三洋制冷公司的每一位员工都会充满自信地告诉你，三洋制冷公司在用最先进的检测仪器检测产品最终质量的同时，采用了和绝大多数企业完全不同的质量管理方法，即取消工序检查员，把"质量三确认原则"作为质量管理的最基本原则，要求每一位员工都要**"确认上道工序零部件的加工质量，确认本工序的加工技术质量要求，确认交付给下道工序的产品质量"**，从而在上下工序间创造出一种类似于"买卖"关系的三洋制冷公司特有的管理现象。上道工序是市场经济中的"卖方"，下道工序是"买方"，是上道工序的"用户"，如果"卖方"质量存在问题，则"买方"可拒绝购买，不合格品就无法继续"流通"下去。三洋制冷公司正是通过这种"买卖化"的独特的质量管理方式，形成了没有专职检查员，但每个员工都是检查员的人人严把质量关的局面，从而保证"不合格品流转为零"的目标得以实现，确保最终生产出近乎完美的零缺陷产品。

这种质量确认法与传统质量管理的"互检"法比较相似，不同的关键点在于，传统的"互检"法只是挑出别人的毛病，与己无关；而这种确认法则讲求确认者的责任，要求本工序的操作人员必须同时承担起上道工序的责任，一环扣一环，环环相扣，使质量责任制真正落实到每个操作者肩上，通过相应的考核，真正实现责任与利益的统一。**转入加工的确认点是连带责任的开始，也是对自我确认的肯定。**就其实质来讲，该方法是国有企业自检、互检经验的再发展，是员工主人翁精神的再体现，是工艺纪律松懈教训的再纠正，这三条看似简单，但真正做起来并形成良好的质量意识和习惯却是一个很长的培育和实践过程。"三确认"变单纯的事后控制为事前预防、事中控制、事后总结提高的管理模式，通过员工工作质量的提高，使产品质量得到有效保证和改善，使员工做到了集生产者与检查者于一身。该方法能预防和控制不良品的发生和流转，强调第一次就要把事情做好，追求零缺陷，用自身的努力最大限度地降低损失，从而实现了"3不"的工序质量控制目标，即**不接受不良品，不生产不良品，不转交不良品**，达到了"不良品流转率为零"的工序质量控制目标。

资料来源：http：//www.china-b.com/jyzy/qywh/20090304/546256_1.html

◎**分析思考**：三洋制冷公司的质量管理经验体现了哪些质量管理思想？结合三洋制冷公司的质量管理经验，请你谈谈在企业管理中如何贯彻落实全面质量管理的思想。

推荐阅读

啤酒质量的精细化管理（节选）

每个啤酒企业都要建立一个有效的、完整的专职质量检验部门，如“质检中心”等。质量检验部门在行政上隶属于企业的品控部或质控部。

质控部必须制订质量检验计划，此计划内容主要是：

(1) 编制质量检验流程图。质量检验流程图是按照各啤酒企业的具体情况，在从原辅料投入到成品啤酒出厂的整个生产过程中安排各项检验工作的一种图表。质量检验流程图必须反映检验点设置（设置的对象、设置的要求）、检验项目（可分为关键项目、主要项目和一般项目）、检验方式（可分为自检、专检、定点检和巡回检）、检验手段（可分为理化检验、微检、感官检验）、检验方法（检验的具体方法和操作步骤）和检验数据处理（如何搜集、记录、整理、分析和传递质量数据）。

(2) 编制质量检验指导书。它又称为检验规程细则或检验卡片，是用以指导检验人员正确检验的技术文件，在指导书上应明确规定需要检验的质量特性及其质量要求、检验方式、检验手段、抽样的样本容量、检验频率等。

(3) 编制质量检验手册。它是质量检验活动的技术规范文件和管理规定文件的汇总，是质量检验工作的指南。

质量检验手册由程序性和技术性两方面的内容组成。

程序性检验的具体内容有：

- 质量检验体系和机构，包括体系机构图、各机构职能的规定。
- 质量检验的管理制度和工作制度。
- 外来物料检验程序。
- 过程（工序）检验程序。
- 成品检验程序。
- 计量控制程序（包括仪器仪表的检定、校验周期表）。
- 有关检验的原始记录表格格式、样式及必要的文字说明。
- 不合格产品审核和鉴别程序。
- 检验标志的发放和控制程序。
- 检验结果和质量状况反馈及纠偏程序。

技术性检验的具体内容有：

- 抽样检验的原则和抽样方案的规定。
- 外来物料的规格、主要性能项目及标准要求。
- 过程（工序）控制的主要性能项目及标准要求。
- 成品啤酒的规格、性能项目及标准要求。
- 不合格产品严重性分级的原则和规定。
- 检验规范及标准。
- 索引、术语等。

◎思考题

1. 质量控制应达到哪些基本目的？
2. 生产现场质量控制的方法有哪些？
3. 精细化管理的方法有哪些？

第十一章 生产现场设备管理

第一节 设备管理的重要性

设备是指企业在生产、运营、试验等领域可供长期使用的机器、设施、装置、仪器和机具等。设备管理是以设备为研究对象，追求设备的综合效率，应用一系列理论、方法，通过一系列技术、经济、组织措施，对设备的物质运动和价值运动进行全过程（从规划、设计、选型、购置、安装、验收、使用、保养、维修、改造、更新直至报废）的科学管理。在现代化大生产中，加强设备管理具有极其重要的现实意义和战略意义。

一、设备管理是企业优质生产的保证

设备管理是企业内部管理的重中之重。**生产一线员工要像爱护自己的身体器官一样爱护生产设备。**

相关链接

青岛啤酒厂一百多年前的设备为什么还能正常运转?

在啤酒博物馆里，至今还保存着日耳曼啤酒公司使用过的设备。其中有一部现在看起来十分笨重的德产西门子电机，是当时世界上最先进的啤酒生产设备，虽历经百年，但接通电源依然可以正常运转。二楼的四只庞大的酿造罐也是纯正的德国货，都是由纯铜锻造手工打制而成。

1997 年，德国西门子公司从档案里查到这套生产于一百多

年前的设备至今仍在青岛啤酒厂，感到十分意外，遂派出专家来到青岛。让他们感到意外的是，电机上镌刻着“1896”字样的铜质铭牌依然闪闪发光，设备不仅完好如初，居然还能正常运转。

德国专家颇为得意地说，这些设备至今还能正常运转，是他们生产的设备质量好，当时负责接待的青岛啤酒酿造车间主任牟卫东笑了笑说：“你们的设备遍及世界各地，像青岛啤酒公司这样认真维护这些设备的企业多吗?”德国专家如实回答：“除了青岛，在南美还有一套相同的设备，不过已经成了一堆破铜烂铁。”

德国人委婉地提出他们想把这套老设备高价买回去，因为在他们的公司里已无法见到自己前辈生产的设备了。青岛啤酒委婉地拒绝了他们的请求：这套老设备已经融入了青岛啤酒的历史中，它是青岛啤酒乃至中国啤酒发展的见证，当然不能卖。

资料来源：金志国：《一杯沧海——我与青岛啤酒》，中信出版社，2008年版。

大野耐一在《丰田生产方式》中写道：**“设备的价值，不是由使用的年限和型号的新旧程度所决定的，而是由它能保持多大的工作能力所决定的。”**在企业的生产经营活动中，设备管理的主要任务是为企业提供优良而又经济的技术装备，使企业的生产经营活动建立在最佳的物质技术基础之上，保证生产经营顺利进行，以确保企业提高产品质量，提高生产效率，增加花色品种，降低生产成本，进行安全文明生产，从而使企业获得最高经济效益。企业根据市场需求和市场预测，决定进行生产经营活动。在产品的设计、试制、加工、销售和售后服务等全过程的生产经营活动中，无不体现出设备管理的重要性。为赢得和占领市场，降低生产成本，节约资源，生产出满足用户需求、为企业创造最大经济效益的高质量的产品，设备管理是保证，必须使设备保持最佳的工作能力。设备管理水平是企业的管理水平、生产发展水平和市场竞争力的重要标志之一。

（一）开发生产先进产品，必须建立在企业具备先进设备及良好的管理水平之上

“工欲善其事，必先利其器。”若疏于管理，用先进设备生产一般产品，会使生产成本增加，失去市场竞争力，造成极大的浪费；有的先进设备带病运转，缺零少件，拆东墙补西墙，不能发挥全部设备的效能，降低了设备利用率；有的设备损坏，停机停产，企业虽有先进的设备，不但没有发挥出优势，反而由于设备价高，运转费用大，成为沉重的包袱，致使企业债台高筑，生产经营步履维艰。而一些设备管理好的企业，虽然没有国外的先进装备，但由于管理水平高，设备运转状态良好、效率高，一样能生产出高质量的产品，市场竞争力强，企业效益也稳步增长。

（二）设备管理是企业产量、质量、效率和交货期的保证

在市场经济条件下，企业往往是按合同组织生产，以销定产。合同一经签订，即受

到法律保护，无特殊情况不能变更，违约将受严厉的经济制裁。如果没有较高的设备管理水平和良好的设备运转状态作保证，是不可能很好地履行合同规定的。一旦违约，给企业带来的不仅仅是经济上的损失，而且还往往失去市场，对企业的发展带来严重的影响。

（三）设备管理是企业安全生产的保证

安全生产是企业搞好生产经营的前提，没有安全生产，一切工作都可能是无用之功。所以从中央到地方各级政府和部门，无不强调安全生产，紧抓常抓安全生产。安全生产是强制性的，是必须无条件服从的，企业的任何生产经营活动都必须建立在安全生产的基础之上。根据有关安全事故的统计，除去个别人为因素，**80%以上的安全事故是设备不安全因素造成的，特别是一些压力容器、动力运转设备、电气设备等管理不好则更是事故的隐患**。要确保安全生产，必须要有运转良好的设备，而良好的设备管理，也就消除了大多数事故隐患，杜绝了大多数安全事故的发生。

二、设备管理是企业提高效益的基础

企业进行生产经营的目的，是获取最大的经济效益，企业的一切经营管理活动也是紧紧围绕着提高经济效益这个中心进行的，设备管理是提高经济效益的基础。

提高企业经济效益，简单地说，一方面是提高产品质量，增加产品产量，提高劳动生产率；另一方面是减少消耗，降低生产成本。在这一系列的管理活动中，设备管理占有特别突出的地位。

（一）设备管理是提高产品质量、增加产量的重要因素

对于新设备要充分发挥其先进性能，保持较高的设备利用率，预防和发现设备故障隐患，创造更大的经济效益；对于老设备要通过技术改造和更新，改善和提高装备素质，增强设备性能，延长设备使用寿命，从而达到提高效益的目的。

（二）提高劳动生产率，关键是要提高设备的生产效率

企业内部多数人是围绕设备工作的。要提高这些人的工作效率，前提是要提高设备生产效率、减少设备故障、提高设备利用率。

（三）减少消耗、降低生产成本更是设备管理的主要内容

原材料的消耗大部分是在设备上实现的。设备状态不好会增大原材料消耗，若出现废品，则会使原材料浪费更大。在能源消耗上，设备所占的比重更大。加强设备管理，提高设备运转效率，降低设备能耗是节约能源的重要手段，也是企业节能降耗永恒的主题。在设备运转过程中，为维护设备正常运转，本身也需要一定的物资消耗。设备一般都有常备的零部件、易损件，设备管理不好，零部件消耗大，设备维修费用支出就高。尤其是进口

设备，零部件的费用更高。设备在运转一定的周期后还要进行大修，大修费用在设备管理中也是一项重要的支出，设备管理抓得好，设备大修周期就可以延长，大修费用在整个设备生命周期内对生产成本的影响比重就可以下降，从而为降低生产成本打下基础。

现在我国许多企业都认识到使用先进设备并加强设备管理的重要性。在企业新建和扩建项目中，大多数会花巨资采用国际领先技术和设备，并在生产淡季加强对设备的检修和维护。

第二节　设备管理的工作范围和要求

设备管理是对设备寿命周期全过程的管理，包括选择设备、正确使用设备、维护修理设备以及更新改造设备全过程的管理工作。

一、设备数据、档案与资料管理

大多数企业一般设立了设备部，专门负责对设备的综合管理。生产一线员工要按要求及时完成对设备的运营维修状况的数据统计工作，不断完善设备的档案与资料管理。这样就能使管理层全面了解企业设备的运转效率，为正确决策提供依据。

二、设备规章制度管理

设备管理规章制度是指导、检查有关设备管理工作的各种规定，是设备管理、使用、修理各项工作实施的依据与检查的标准。许多企业都制定了相关的设备管理规章制度，生产一线员工必须遵照这些制度进行具体的管理、使用和修理工作。

三、设备保养与安全管理

在对设备进行管理时，应注意以下细节问题：

(1) 要注意高温天气对设备的影响。当持续高温、设备高效运转时，需要注意温度过高的问题，防止设备燃烧和毁坏。

(2) 要注意雨水对设备的影响。进入雨季，空气潮湿，雨水多而勤，设备的防雨、防潮要提上日程。

(3) 要注意连续工作对设备的影响。野外工程项目都在抢时间、争速度、连续作战，设备也满负荷甚至超负荷运转，在这一时期设备保养、维护一定要跟上。

(4) 要注意设备状况。当设备高效运转时，难免因“疲劳”出现损坏或工作状态不正常，切不可带病作业，否则会造成更大的损失。

(5) 要注意对“新手”的培训。生产大忙季节，难免招用一些临时工。一些大中专毕业生也陆续前来报到，对他们的工作热情应当鼓励，但是设备的性能、操作规程、使用的防护措施，一定要向他们交代清楚，经考核他们确定掌握这些技术后方可上岗，否则决不能“开绿灯”。

相关链接

“新手”造成的事故和“隐患”较多

片段一：某啤酒厂新聘的一名灌酒车间操作工发现灌酒机的某个部件坏了，未经领导和设备维修人员同意，就擅自修理机器，结果一只手的大拇指被机器斩断。

片段二：某啤酒厂新聘的一名灌酒车间操作工不戴防护镜，被爆炸的啤酒瓶碎片击伤眼球。

片段三：某企业新聘员工趁叉车司机不在，私自开动叉车兜风，被巡查领导发现后，就地开除。

片段四：来自各地交通管理部门的数据显示，春节期间，肇事的驾驶人员多为新手，尤其驾驶经验1年以内的新手更是肇事主力。在浙江省，所有春节期间肇事的驾驶员中，驾龄在1年以内的新手所占的比例竟然超过了2/3。

（6）要注意加强对设备管理制度的学习。设备使用是有严格规定的，必须经常学习，否则就是老职工也会淡忘，而不按制度规定使用设备，就难以落实设备管理制度，就有可能造成对设备的损害和对使用者本人的伤害。因此，要经常学习设备管理制度，在制度的约束下开展工作。

企业设备按照设备发生故障时对其他设备的影响程度、有无代用设备、开动形态、加工对象的工艺阶段、加工对象的质量要求、故障修理难度、发生故障时对人和环境的影响、设备原值等，把设备分为三大类：A类为重点设备，B类为主要设备，C类为一般设备。

（7）要注意整改设备隐患。“磨刀不误砍柴工”，对已知的各种设备隐患，如钻机防护设备不全、机器漏油漏电、开关不灵活、仪表刻度不准等，要逐一检查核实，校正完善，确保设备完好率等。

我国机械工业系统企业中规定的“五项纪律”对整改设备隐患有很大的作用。**设备操作中的“五项纪律”是：**

- 实行定人定机，凭操作证操作设备。
- 经常保持设备整洁，按规定加（换）油，保证合理润滑。
- 遵守安全操作规程和交接班制度。
- 管好设备附件和工具，不损坏，不丢失。
- **发现异常立即停车检查**，自己不能处理的应及时通知有关人员检查处理。

相关链接

TPM 简介

1. TPM 的概念

TPM（Total Productive Maintenance）就是全员生产维修。这是一种新的维修思想，是由国际TPM协会发展出来的。

2. TPM 的起源

TPM 起源于"全面质量管理"(TQM)。戴明博士在第二次世界大战后不久就到日本开展工作。作为一名统计学家，他最初只是负责教授日本人如何在其制造业中运用统计分析，进而如何利用其数据结果，在制造过程中控制产品质量。最初的统计过程及其产生的质量控制原理不久受到日本人职业道德的影响，形成了具有日本特色的工业生存之道，这种新型制造概念最终形成了众所周知的 TQM。

当 TQM 要求将设备维修作为其中一项检验要素时，发现 TQM 本身似乎并不适合维修环境。这是由于在相当长一段时间内，人们重视的是预防性维修（PM）措施，多数工厂也采用 PM，然而在需要提高或改进产量时，这种技术时常导致对设备的过度保养。它的指导思想是："如果有一滴油能好一点，那么有较多的油应该会更好。"这样一来，要提高设备运转速度必然会导致维修作业的增加。

而在通常的维修过程中，很少或根本就不考虑操作人员的作用，维修人员也只是就常用的并不完善的维修手册规定的内容进行培训，并不涉及额外的知识。

通过采用 TPM，许多公司很快意识到仅仅通过对维修进行规划来满足制造需求是远远不够的。要在遵循 TQM 原则前提下解决这一问题，需要对最初的 PM 技术进行改进，以便将维修纳入到整个质量过程的组成部分之中。

3. TPM 的特点

TPM 的特点就是三个"全"，即全效率、全系统和全员参加。

全效率，指设备寿命周期费用评价和设备综合效率。

全系统，指生产维修系统的各个方法都要包括在内，即 PM、MP、CM、BM 等都要包含。

全员参加，指设备的计划、使用、维修等所有部门都要参加，尤其注重的是操作者的自主小组活动。

4. TPM 的目标

TPM 的目标可以概括为四个"零"，即停机为零、废品为零、事故为零、速度损失为零。

停机为零，指计划外的设备停机时间为零。计划外的停机对生产造成的冲击相当大，会使整个生产发生困难，造成资源闲置的浪费。计划时间要有一个合理值，不能为了满足非计划停机时间为零而使计划停机时间值很高。

废品为零，指由设备原因造成的废品为零。"完美的质量需要完善的机器"，机器是保证产品质量的关键，而人是保证机器好坏的关键。

事故为零，指设备运行过程中事故为零。设备事故的危害非常大，不仅影响生产，而且可能会造成人身伤害，严重的可能会"机毁人亡"。

速度损失为零，指设备速度降低造成的产量损失为零。由于设备保养不好，设备精度降低而不能高速使用设备，等于降低了设备性能。

资料来源：http：//www.thldl.org.cn/baike/doc-view-5416.html

生产一线员工一定要注意设备保养与安全管理，工作越忙越要注意安全，设备使用率越高，越要加强检修，任何疏忽、侥幸都会酿出不安全的祸端。

实践训练

1. 向企业的老员工请教他们是如何保养和维护设备的。

2. 对你保管和使用的设备，了解它们的运营维修等状况，完善设备的档案与资料管理。

案例分析

倒硅藻土时酿成的悲剧

某啤酒厂过滤车间的工人在向调土罐中倒硅藻土时，不慎把硅藻土包装袋掉进调土罐中（罐内有二氧化碳），他弯腰去捡包装袋，致使自己二氧化碳中毒昏倒，另一名工人直接去拉他，也中毒昏倒，两人都经抢救无效死亡。

◎**分析思考**：该案例中，如果在生产现场有一个捞取包装袋的工具，是否可以避免此悲剧？你所在企业的哪些岗位存在设备管理上的安全隐患？如何避免？

推荐阅读

《工业交通企业设备管理条例》（节选）

第一条　为规范设备管理活动，提高企业技术装备及其管理的现代化水平，保障安全生产、节约能源、保护环境、有效利用资源，促进国民经济全面协调可持续发展，制定本条例。

……

第五条　企业设备管理应当遵循依靠技术进步、以人为本、预防为主，促进经济发展、保障安全、保护环境和节能降耗的方针，坚持设计、制造与使用相结合，维护与检修相结合，修理、再制造、改造与更新相结合，专业管理与全员管理相结合，技术管理与经济管理相结合的原则。

……

第九条　设备购置应当坚持技术进步、经济适用、安全可靠和节能环保的原则，优先选用环保、节能设备，禁止选用国家明令淘汰的设备。

……

第十二条　主要生产设备投产前，企业应组织技术管理人员和操作、维修人员掌握设备的性能和使用维护方法，制定试运行方案。

第十三条　企业对自制设备的设计应组织论证和审查，严格控制制造质量，符合安全、节能、环保要求，并保存完整的技术资料。

第十四条　国家对严重危及安全、环保的设备和高能耗设备实行淘汰制度，对上述明令淘汰设备，企业不得制造、销售、购置、转让、出租和使用。

第十五条　企业应当建立健全设备的使用、维护和检修管理制度，制定设备操作、维护和检修规则。

第十六条　**设备操作人员应当培训合格后上岗，遵守设备操作规程，执行设备维护检修制度，严禁违规操作。**

第十七条　企业应建立设备台账和技术档案，开展设备经济技术指标统计分析，提高基础工作管理水平。

……

第十九条　主要生产设备应定期开展技术性能和安全性、可靠性评价，制订防范措施和应急处理预案，确保设备的安全、可靠运行。

……

第二十三条　企业设备运行的能耗应当达到国家或者行业有关节能标准，污染物排放不得超过国家或者地方的污染物排放标准。对不能达标的设备，应当限期治理。限期治理仍未达标的，应当立即停止使用并进行强制报废。

第二十四条　设备的安全保护装置、测量调控装置、环保装置必须定期校验、检修，确保完好、可靠。不准擅自拆除或停用。

……

第二十六条　企业发生设备事故，应当认真分析原因，确定事故性质与级别，查清责任并制订防范措施。凡发生设备事故，应当按照有关规定及时上报。

资料来源：http：//www.cape.org.cn/a/zhongshexiegonggao/2010/1223/93.html

◎思考题

1. 设备管理的重要性体现在哪些方面？

2. 设备保养与安全管理要注意哪些方面？

第十二章 生产现场成本控制

第一节 生产现场成本控制的概念和意义

一、生产现场成本控制的概念

成本控制是指以成本作为控制的手段，通过制定成本总水平指标值、可比产品成本降低率以及成本中心控制成本的责任等，达到对经济活动实施有效控制的目的的一系列管理活动与过程。

生产现场成本控制是产品制造过程中对物资消耗、劳动消耗和其他各种费用支出的控制，它是企业成本控制的组成部分。

企业全体员工应该具有强烈的成本控制意识。因为产品成本高低在很大程度上决定着企业在市场上是否具有竞争实力，能否获得更多的利润，而利润的多少直接关系到企业自我积累、自我改造和自我发展的能力，直接关系到每个员工的切身利益。

由于产品成本的绝大部分是在生产现场发生的，制造过程是成本实际形成的主要阶段，包括原材料消耗成本、人力资源成本、能源动力消耗成本、各种辅料消耗成本、工序间物料运输费用、车间以及其他管理部门的费用支出等。

"起家如针挑土，败家如浪推沙"，生产一线员工最了解哪里存在浪费，哪里有节约潜力以及如何合理使用各种资源来降低成本，所以，生产一线员工应增强节能降耗意识，严格执行企业的成本控制制度。

二、生产现场成本控制的意义

在企业发展战略中，成本控制处于极其重要的地位。如果同类产品的性能、质量相差无几，那么决定产品市场竞争力的就是成本。生产现场成本控制的意义主要体现在以下方面：

（一）使企业的资源利用达到最大的效益

生产现场成本控制从作业入手，力图增加有效作业，提高有效作业的效率，同时尽量减少以至于消除无效作业，因此能降低劳动力成本，企业还可以通过开展节能降耗等活动，使成本降到尽可能低的水平，并始终保持在低的成本水平上。

（二）可以使成本节省转变为成本避免

传统的成本降低基本是通过成本的节省来实现的，即力求在工作现场不浪费资源，改进工作方式以节约成本，主要方法有节约能耗、防止事故、以招标方式采购原材料或设备，这些是企业战术上的改进，属于降低成本的一种初级形态。而高级形态的成本降低需要企业在产品的开发、设计阶段，通过重组生产流程来避免不必要的生产环节，达到成本控制的目的，是一种高级的战略上的变革，这种高级变革需要以生产现场成本控制的经验和教训作为重要参考和依据。

（三）增强企业的竞争实力

竞争的主要因素是价格，而决定产品价格高低的主要因素则是生产现场发生的成本，降低生产现场发生的成本就有可能降低产品的价格。质优价廉的产品在市场上具有持久的竞争力。

第二节　生产现场成本控制的原则与方法

一、生产现场成本控制的原则

如果把现代企业管理视作一个大系统，那么生产现场管理就是其中一个区域性的子系统。生产现场各生产要素的配置是相互制约、相互依赖的整体系统，因而对生产现场管理的成本、费用控制应该通过广角思维，运用系统控制理论，探求多层次、多环节、全方位的控制方式。生产现场成本控制必须坚持如下原则：

（一）运用目标成本管理控制成本

目标成本管理的要求是事先控制成本，即事先确定成本控制标准，对消耗和费用开支规定数量界限，作为衡量费用实际支出、超支或节约的依据。全面推行目标成本管理，把目标成本层层分解，横向到边，纵向到底，不留缺口，形成全员、全过程、全方位的成本控制，每个环节都承担持续地降低成本和保持低成本的责任，把不利因素消化于各个环节之中。

（二）深化民主参与控制成本

民主参与能使每个职工在生产经营过程中，借助货币形式和成本核算方法，逐步树立起成本、价格、利润等经济观念，懂得运用价值规律、成本指标控制自己的工作，具体地意识到自己的工作消耗了多少资金，是节约了还是浪费了，通过考核和民主参与可反映出自己的贡献大小，并使之与具体的奖励措施联系起来。

（三）规范安全操作控制成本

安全生产就是要保证人和机器设备在生产中的安全，只有保证人和机器设备的安全，防范事故的发生，生产才能顺利地进行。必须养成严谨细致的工作作风，否则不仅会对员工的人身安全带来威胁，还会给企业财产带来巨大的损失，实质上是加大了生产现场的成本费用，因而要严把安全关，避免事故的发生。

（四）完善管理机制控制成本

企业随着现代化程度的提高，每一道工序、每一个环节、每一个运作过程都制约生产，影响全局，而每一环节都存在对成本的控制问题。规范、协调生产过程及强化成本控制，都离不开管理。因此，加强管理、完善机制在现代企业中显得更为重要、更加迫切。

（五）增强设备效能控制成本

设备是构成生产力的重要因素，是完成生产任务的物质技术基础。人是设备的操作者、使用者，爱护设备，正确使用设备，对落后的设备进行改进，加强对设备的点检和维护，就能增强设备的效能，提高设备的利用率，降低设备的能耗，降低生产成本，即起到对生产现场成本的控制作用。

（六）合理使用能源控制成本

要加强能源管理，制定能源消耗定额，建立健全能源消耗考核制度，开展节能活动，搞好能源的综合利用，推进高耗能设备与装置的技术改造，推广节能新技术、新工艺、新方法的应用。

（七）加强班组建设控制成本

对生产中的消耗与成果或者投入和产出进行核算，是班组建设的基本要求。它的任务主要是对班组生产全过程进行预测、控制、核算、分析，以实现用最低的消耗取得最好的经济效益。加强班组建设，控制生产现场成本，就要事事算效益，处处讲节约，精打细算，修旧利废，注意节约一滴油、一滴水、一度电。

（八）落实岗位责任控制成本

岗位责任制具有严肃性、权威性、稳定性和强制性，任何人都必须严格遵守。由于岗位责任制是层层分解到岗、落实到人，对原辅材料、能源、动力的使用者来说，控制生产现场的成本和实现目标成本尤为重要，它是实现目标成本、降低成本的有力措施。

二、生产现场成本控制的方法

生产现场成本控制提倡预先控制和过程控制，因此它必须遵循预先控制和过程控制的方法和原则，并在成本发生之前或在发生的过程中去考虑和研究为什么发生这项成本？应不应该发生？应该发生多少？应该由谁来发生？应该在什么地方发生？决定后应对过程活动进行监视、测量、分析和改进。

生产现场成本控制的方法有：

（一）完善生产现场成本控制的基础工作

1. 定额制定

定额是企业在一定生产技术水平和组织条件下，人力、物力、财力等各种资源的消耗达到的数量界限，主要有材料定额和工时定额。成本控制主要是制定消耗定额，只有制定出消耗定额，才能在成本控制中起作用。工时定额的制定主要依据各地区收入水平、企业工资战略、人力资源状况等因素。在现代企业管理中，法律规定了最低月工资和最低每小时工资标准，人力成本越来越大，工时定额显得特别重要。在工作实践中，根据企业生产经营特点和成本控制需要，还会出现动力定额、费用定额等。定额管理是成本控制基础工作的核心，建立定额领料制度控制材料成本、燃料动力成本，建立人工包干制度控制工时成本以及制造费用，都要依赖定额制度，没有很好的定额，就无法控制生产成本；同时，定额也是成本预测、决策、核算、分析、分配的主要依据，是成本控制工作的重中之重。

2. 标准化工作

标准化工作促使企业的生产经营活动和各项管理工作达到合理化、规范化、高效化，是成本控制成功的基本前提。在成本控制过程中，以下标准化工作极为重要。

第一，计量标准化。计量是指用科学方法和手段，对生产经营活动中的量和质的数值进行测定，为生产经营，尤其是成本控制提供准确数据。计量检测工作包括建立计量检测的机构和人员、确定计量检测点、配备计量检测器械、建立计量检测工作制度和验收制度等。

第二，价格标准化。成本控制过程中要制定两个标准价格。一是内部价格，即内部结算价格，它是企业内部各核算单位之间，各核算单位与企业之间模拟市场进行“商品”交换的价值尺度；二是外部价格，即在企业购销活动中与外部企业发生供应、销售的结算价格。标准价格是成本控制工作的基本保证。

第三，质量标准化。质量是产品的灵魂，没有质量，再低的成本也是徒劳的。成本控制是质量控制下的成本控制，没有质量标准，成本控制就会失去方向，也谈不上成本控制。

第四，数据标准化。制定成本数据的采集过程，明晰成本数据报送人和入账人的责任，做到成本数据按时报送，及时入账，数据便于传输，实现信息共享；规范成本核算方式，明确成本的计算方法；形成统一的成本计算图表格式，做到成本核算结果准确无误。

3. 制度建设

生产现场成本控制制度包括各种生产技术规程、管理工作制度和各种形式的经济责任制，它是生产一线员工必须共同遵守的准则。

4. 原始记录

原始记录是按照规定的格式，在企业标准化工作的指导下，用数字或文字对企业生产经营活动中的具体事实所做的最初记录，是反映企业经济活动的第一手资料。原始记录工作包括设置原始凭证、规定填写方法和传递程序、确定填写责任单位和岗位等。

（二）生产现场成本控制目标的确定和分解

生产现场成本控制的目标是根据企业成本控制目标分解而定的，包括每种产品和组成产品的各种零部件及每道工序的成本控制目标以及各种资源消耗的定额、费用支出标准等成本控制标准。它包括如下工作：

1. 成本控制责任单位的划分

一般可分为三个层次：以车间主任和车间职能组织（或人员）为主体的车间级成本控制责任单位；以按工艺原则或对象原则划分的、由多工种或多工序组成的工段或班组成本控制责任单位；以每道工序为主体的最基层的成本控制责任单位（或责任点）。

2. 生产现场成本控制目标的确定和分解原则

主要有限定原则、科学分解原则、落实原则。限定原则要求成本控制目标分解时，必须使某项成本控制目标的各项分解后目标的加总数，限定在被分解目标的额度之内。科学分解原则要求不同层次、不同阶段的工种的不同生产活动，必须按照它们之间的逻辑关系和生产现场的具体情况，科学地进行分解，切忌主观臆断或简单从事。落实原则要求必须按照各个成本控制责任单位确实需要而又有可能控制的项目来分解，把分解后目标的控制责任真正落实到相应的责任单位和个人。

3. 生产现场成本控制目标的确定和分解方法

可按照成本控制责任单位的不同类型采用不同的方法，一般有四种方法：按不同产品或零配件确定和分解、按工艺阶段确定和分解、按成本项目确定和分解、按成本影响因素确定和分解。

4. 工序成本控制目标的确定

控制工序成本是对成本形成过程最直接、最具体的控制，还可借以发动生产工人直接参与成本控制工作，它是最重要的成本控制目标。

（三）生产现场成本控制的监督与纠偏

生产现场成本控制的监督与纠偏是指通过对比生产过程实际发生的成本和目标成本，发现差异，分析原因，采取纠正措施。

生产现场成本控制的监督与纠偏一般可通过现场总体控制、分项控制（材料消耗控制、产品质量控制、在制品控制、费用控制）和生产操作者控制来实现。

发现偏差后，要分析确定偏差的性质、程度，查明产生偏差的原因，并采取措施纠正偏差，使消耗和费用控制在计划标准范围内，保证目标成本的实现。

要严格控制生产过程中各种物质资源的损耗，包括各种原材料、辅料和机具的消耗。控制材料消耗，应在领取、入库出库、投料用料，补料退料和废料回收等环节上严格管理，坚持按定额用料，加强计量检测，及时发现和解决用料不节约、出入库不计量、生产中超定额用料和废品率高等问题。机具的使用应当选择恰当、运行合理、提高利用率，坚持按操作规程使用，定期维护保养。一般可通过现场“六何”自查表（见表 12-1）来对照监督、分析和纠偏。

表 12-1　现场“六何”自查表

序号	项　目	问　题　内　容	
1	Why 为何	• 为何要做这件事 • 为什么要由他做 • 为什么要在那时做	• 为什么要这样做 • 为什么要在那里做 • 不做有何不可
2	What 何事	• 做什么事呢 • 做什么事比较好呢 • 有其他必须做的吗	• 有哪一部分的工作要做 • 有没有什么其他事可做 • 有浪费、敷衍了事的现象吗
3	Who 何人	• 由谁去做 • 由谁去做比较适当 • 有谁在敷衍了事	• 谁在做呢 • 是否有其他人能做 • 别人来做会有什么不同
4	When 何时	• 什么时候开始做 • 什么时候做最好 • 有其他合适的时间吗	• 什么时候要做完 • 什么时候不准做 • 有没有浪费时间的现象
5	Where 何地	• 在哪里做 • 其他地方有事做吗 • 哪里有不合理的现象	• 在哪里做比较好 • 可以改在其他地方做吗 • 哪里有需要做的事呢
6	How 如何	• 如何做 • 可适用其他地方吗 • 此法不合理吗	• 如何处理 • 有没有其他可行的方法 • 不做有何不可

（四）班组经济核算

班组经济核算的要求如下：

（1）建立起适应班组生产和经营特点的核算组织。

（2）确定适合班组生产特点的经济核算指标，并使班组和个人有明确的经济责任。

（3）做好定额管理、原始记录、计量验收等各项基础工作。做到事事有记录，考核有依据，计量有标准。

（4）建立严格的考核、检查评比和奖惩制度。

（5）做到以最少的劳动耗费，取得最大的生产效益，保证厂级和车间各项指标的完成。

（五）完善生产现场成本控制的信息系统

根据生产现场成本控制的要求，收集、加工、处理、传递和反馈信息，要体现目的性、真实性、时效性、有效性。

生产现场成本控制需要的主要信息有：生产费用预算和产品成本计划资料、分解后的现场成本控制目标、产品物资消耗和能源消耗定额资料、产品劳动消耗定额资料、生产作业计划、材料的领料凭证、劳动工时记录、产品交换单、废品单、内部结算凭证以及对脱离成本控制目标进行处理的记录等。通过生产现场成本控制信息系统的信息反馈，把成本控制目标、标准作用于被控制对象，再把与成本控制目标相对应的实际情况（信息）反馈给控制者，以便控制者采取措施进行调整。成本控制中反馈的形式主要有报表、图表、书面报告、口头报告等。

生产一线员工一定要发扬主人翁精神，牢记**"省钱就是挣钱"**，把生产现场成本控制工作抓实抓好。

实践训练

1. 经常打电话向同行业、同岗位的师傅请教，他们在加强生产现场成本控制方面有没有新的突破。

2. 实地参观和请教在生产现场成本控制方面做得好的企业，通过对比，改善本岗位的生产现场成本控制工作。

案例分析

"节油王"王静的故事（节选）

王静17年安全行车54万公里，节油4万余升。她驾驶公交一个来回起步近200次却不踩一脚急刹车，护送乘客"安全到家、舒适到家"。她，就是"节油王"——武汉公交集团578路公交车驾驶员王静。

对车辆的热爱让王静坚持不懈地钻研车，并摸索出了一套节油"秘诀"：认真检查车况，随时观察路况以避免急刹车，在操作中灵活运用离合器、油门、变速器。此外，她还总结了公交安全行车的技巧："慢起步"，轻踩油门、缓抬离合器、慢慢加油；"柔进挡"，脚轻手快、加挡及时、减挡迅速；"中速行"，要控制油门、确保车速在40~50迈；"缓进站"，进站要提前减速，平稳避让、空挡滑行。

王静特别注意车辆保养。她说："修车不能光靠检修师傅，自己多学点才更有利于维护好车子。"为提高技术，她专门买来了汽车构造与维修的书籍，还经常和师傅们一起研究。一次检修，她的衣服上溅满了油点，脸上也都是汗渍、油污。同事问："开车的人修车，何苦呢？"她回答说：**"车子就好比我的孩子，怎么能让它带病工作？"**

为帮助同事，王静特意把节油窍门和安全技巧制成卡片发给大家，协助他们调试车辆，培养良好的节油习惯。她放弃了自己收入高的“节油车”，去改造收入低的“亏油车”。578车队有台车月油耗超标300升，她主动请缨，和对班驾驶员对车辆进行了调试，并定期进行维护。经过努力，这辆“亏油车”迅速转变成了“节油车”，到第三个月时节油高达371升。在王静的带动下，578路17台车现在每月节油2000多升。

出色的成绩让王静获得了省、市、区等各级荣誉40余项，她却说：“一个人节油再多，又能有多少呢，我更希望能做好自己的工作，带动更多的人坚持节约。”

资料来源：夏装：《公交车“节油王”王静》，《光明日报》，2007年1月30日。

◎分析思考：王静的成功证明了一个道理：有的岗位和职业在操作细节上使用科学的方法，就能有效节省成本。你的工作岗位能否借鉴别人的经验以降低生产成本？

推荐阅读

啤酒工厂节能降耗（节选）

1. 啤酒生产过程的能源

在啤酒生产过程中必然会发生各种能源和物料消耗，为了降低啤酒生产成本，在保证产品质量的基础上，要努力减少各种消耗，回收和利用一切可以再利用的资源(包括废水、废气及副产物) 并且减少对环境的排放压力。

啤酒工厂通常的能源消耗包括水、电、煤或石油、天然气等。

1.1 生产用水

目前啤酒生产过程中水的消耗量为3~9m^3/kl啤酒，国际先进工厂为3~4m^3/kl啤酒，国内一般水平为4~7m^3/kl啤酒。

1.2 热能消耗

目前国内的一般水平为45~70kg标准煤/kl啤酒，热能利用率一般在75%以上。

1.3 电力消耗

目前国内的一般水平为50~90kW·h/kl啤酒。

2. 热能节约与热能回收

啤酒工厂酿造车间糖化室（糖化与麦汁煮沸）的热能消耗占全部工厂热能消耗的57%，包装车间占25%，这两个部分是热能节约与回收的重点区域。

2.1 热能消耗

由输入消耗和输出损耗两部分组成。

2.1.1 输入热能消耗：

热水加热：投料热水、洗糟热水、消毒和清洗热水等需要的热能；

物料醪液加热：辅料醪、麦芽醪的加热升温和煮醪需要的热能；

麦汁加热：麦汁预热和煮沸需要的热能；

清洗加热：CIP系统需要的热能，洗瓶、洗桶过程需要的热能；

杀菌消毒加热：容器、管道消毒灭菌，啤酒的巴氏灭菌或瞬时高温灭菌需要的热能。

2.1.2 输出热能损耗：

剥离热损耗：所有物料、容器、管道等冷却后重新加热的热能损耗；

蒸发热损耗：水分蒸发和二次蒸汽热能损耗；

传导热损耗：由温度差造成的固态、液态和气态之间的热能传递损耗；

辐射热损耗：在高温条件下，从容器、管道外壁向外发散的热能损耗；

冷凝水热损耗：冷凝水和二次蒸汽在排放过程中（包括蒸发潜热和冷凝水）带走的热能损耗；

清洗热损耗：在 CIP 清洗和热水冲洗过程中的热排放，发生的剥离热、传导热和辐射热损耗。

◎思考题

1. 生产现场成本控制的方法有哪些？
2. 班组经济核算的要求是什么？

第四编
软实力提升

公司的本质和目标不在于它的经济业绩，也不在于它形式上的准则，而是在于人和人之间的关系，包括公司成员之间的关系和公司与公司外部公民之间的关系。

——管理大师德鲁克

自己放弃了对社会的责任，就意味着放弃了自身在这个社会中更好生存的机会。

——社会学家戴维斯

第十三章 沟通

第一节 沟通概述

一、沟通的含义

沟通是指沟通主体将所要表达的某种意思、意见、信息或思想观念传达、传递给另外一个客体或对象的活动。

理解沟通的概念必须注意以下三个方面：

第一，沟通是双方的行为，而且还要有中介体。

第二，沟通是一个过程。完整的沟通过程一般包括七个要素：(1) 沟通主体，即信息发送者或者来源；(2) 编码，指主体采取某种形式来传递信息的内容，如口头语言、书面语言、计算机语言、面部表情、手势等；(3) 媒体，也称沟通渠道，如书面报告、备忘录、交谈、电子网络、电话、电报、电视等；(4) 沟通的客体，即信息的接收者；(5) 译码，指客体对接收到的信息所作的解释和理解，只有在发送者和接收者对信息符号的含义都有相同或相近的理解时，才可能出现正确的沟通；(6) 反应，即体现出沟通效果；(7) 反馈。

第三，编码、译码和沟通渠道是沟通取得成效的关键要素。

二、沟通的作用

沟通的作用主要体现在以下三个方面：

第一，沟通是科学决策的前提。

没有沟通，就不能获得更多的信息，就会缺乏决策所需的信息，无法进行科学决策。巴纳德指出，**管理者的“首要管理职能”**就是**“建立并维护一个信息交流系统”**。

第二，沟通能使组织成员统一思想，认清形势，提高工作效率。

哈佛大学就业指导小组的调查结果显示，在500名被解职的人员中，因人际沟通不良而导致工作不称职者占82%。

第三，沟通可以改善人际关系，鼓舞士气，增强组织的凝聚力。

美国普林斯顿大学对一万份人事档案进行分析，结果发现："智慧"、"专业技术"和"经验"只占成功因素的25%，其余75%决定于良好的人际沟通。

松下幸之助指出：**"伟大的事业需要一颗真诚的心与人沟通。"**

三、沟通的形式

沟通的形式主要有口头形式、书面形式、非语言形式、电子媒介形式等（本章第三节将详述）。在重大事件的沟通中还是应以书面形式来发布信息。当前，许多人通过博客、微博、QQ、手机短信、飞信等新的通信手段发布信息，企业应正确规范和引导员工，使员工在遵守国家有关法律法规的前提下进行电子传媒的交流。

第二节　对沟通对象的正确认识

一、对沟通客体的了解

（一）沟通主体应注意的问题

在进行沟通之前，作为沟通主体应注意以下几个问题：

（1）需要和谁进行沟通？

（2）什么信息会有助于沟通对象完成他们的工作？

（3）他们为什么需要这些信息？

（4）沟通对象更喜欢用什么方式交流？

（5）他们需要多长时间进行一次沟通？

（6）他们更喜欢在什么时间与人沟通？

根据不同沟通客体的具体情况选择适当的沟通方式，可以使事情进展顺利、效果更佳。比如，有的人有午睡习惯，此时不宜跟他沟通；晚上九点以后一般也不宜跟别人打电话。

（二）了解沟通客体的方法

了解沟通客体可通过以下方法进行：

（1）直接询问他更喜欢什么样的沟通方式。先想好你的问题，找个时机和他当面谈，看看他喜欢哪种沟通方式。

（2）观察他如何与人交流。

（3）询问与沟通客体较亲近的人。

有的人抱怨在沟通中出现了"曲高和寡"、"对牛弹琴"、"热脸贴冷屁股"等不好的结果，那是因为对沟通客体缺乏全面了解，不注意对沟通客体采取恰当的沟通方法。

二、对沟通事项的正确把握

“与虎谋皮”者，不但没有要到虎皮，反而被虎吃掉，原因就在于沟通主体对沟通的事项缺乏正确把握。

要正确把握沟通事项，作为沟通主体应注意以下几个方面的问题：

第一，沟通事项对沟通客体的利益影响。

第二，沟通事项对沟通客体的相关利益者的影响。

第三，沟通事项对沟通主体的利益影响。

第四，沟通事项对沟通主体的相关利益者的影响。

第五，沟通事项对沟通客体的组织的影响。

三、沟通的基础

“道不同，不相为谋”，“夏虫不可与语冰”。自古以来，君子与小人似乎无法沟通。可见，沟通是需要基础的。沟通的基础一般是指这几个方面：

第一，沟通的编码、译码和沟通渠道在沟通主体和沟通客体间没有障碍。如果双方有沟通障碍，那么肯定会导致“话不投机半句多”。

第二，是否与沟通对象有交情，能否得到对方信任。与沟通对象有交情，能得到对方信任，沟通的基础就比较好，就不至于让沟通客体产生不利于沟通主体的想法。古时的谋士在向不了解他的国君游说时，往往先与国君的大臣建立交情，再通过大臣引荐，才能与国君见面。因为谋士是国君信任的大臣引荐的，所以谋士一般也能获得国君的初步信任，他才有机会一展才华。

第三，是否与沟通对象有共同的背景、经历、爱好、目标等。注重缘分、相互切磋爱好是人之常情，共同的目标容易使人们成为朋友，志同道合者往往更容易沟通。

第四，能否提供给对方有价值的资源。“天下熙熙，皆为利来；天下攘攘，皆为利往。”**沟通绝不是空谈，能提供有价值的资源，是沟通的核心和焦点所在。**

相关链接

分享的故事

2008年，在北京大学的开学典礼上，北大的老校友、新东方的创始人俞敏洪应北大校长之邀做演讲。俞敏洪讲了这样两个耐人寻味的小故事。

第一个讲的是别人。一位同学的家庭比较富有，上大学的时候，他每个礼拜都会带6个苹果到学校来。同宿舍的以为他会给每人分一个，结果他自己一天吃一个。这件小事使他在同学中留下一个自私的印象。后来，一位同班同学成了一名成功的企业家，这时，那个独吃苹果的同学希望到这个企业家的公司工作。这个企业家没有接受他，原因很简单，就是因为那6个苹果给同学留下的印象。

大家不愿意接受这个自私的同学，就是因为在四年的大学生活中把这个人看透了，大家觉得跟他没有共同的价值观、爱好、目标等，一个自私的人是不会在沟通中给大家提供有价值的资源的。

第二个讲的是他自己。俞敏洪在北大上学的时候，每天打扫宿舍卫生并为同学们打开水，并且一直坚持了四年。10年后，他创办的新东方具有一定的规模时，希望有合作者，他就跑到美国和加拿大去“挖”那些昔日的同学。那些同学回来了，理由很意外。同学们说：“俞敏洪，我们回来是冲着你过去为我们打了4年的水。我们知道你有这样一种精神，你有饭吃肯定不会给我们粥喝，所以让我们一起回中国，干新东方吧！”

资料来源：张建华：《能力是证明出来的》，北京出版社，2010年版。

俞敏洪为什么能取得老同学的支持？一方面是因为他的事业有发展前景，能够给大家带来有价值的资源；另一方面是因为他崇尚分享的作风；另外，他大学期间的勤奋和助人为乐，赢得了大家的信任和情感支持。

总之，这两个小故事充分说明了沟通需要以上四个基础。

这两个小故事还给我们另外一个启发：如果当年那个同学能够分苹果给同学，俞敏洪不给同学扫地打水，结果又会如何呢？一个人拥有的东西永远是有限的、单一的，而乐于分享，从深层次来说，意味着交换，即用自己现有的东西去换取更加重要和丰富的东西；**用眼下所做的点点滴滴，去影响自己的未来**。所以我们**与其说分享是种品质，更不如说分享是一种智慧。这种智慧，利人利己。**

第三节　沟通技巧

管理的各个方面都需要信息的沟通。对组织内部而言，人们越来越强调建立学习型的组织，越来越强调团队合作精神，因此有效地组织内部沟通交流是成功的关键；对个人而言，建立良好的管理沟通意识，逐渐养成在任何沟通场合下都能够有意识地运用管理沟通的理论和技巧进行有效沟通的习惯，达到事半功倍的效果，显然也是十分重要的。

一、沟通的障碍与克服

（一）沟通的障碍

在实际工作中，由于多方面因素的影响，信息往往被丢失或曲解，使得信息不能被有效地传递，造成沟通的障碍。在与人沟通时，首先要做到不说假话，对不同的沟通对象选择说不同的话，要说对方感兴趣、对对方有帮助的话。这样就可以帮助减少沟通时的障碍。

1. 主观障碍

（1）个人性格、气质、态度、情绪、见解等差别，使信息在沟通过程中受个人的主观心理因素的制约。

（2）在信息沟通中，如果双方在经验水平和知识结构上差距过大，就会造成沟通的障碍。

《南怀瑾谈历史和人生》一书中写道："'入国问禁，入乡随俗'……比如坐旧式的船，在船上吃过饭后，把筷子搁在碗上，就犯了大禁忌。我们这样注意自己的行为，一则是对人的礼貌和恭敬，次则是减少自己的麻烦与困扰，甚至减少失败的因素。可惜许多年轻人都忽视了孟子这句话，认为是几千年前的旧思想。"

（3）信息沟通常常是依据组织系统分层逐级传递的，然而，在按层次传达同一条信息时，常常会受到个人的记忆、思维能力的影响，从而降低信息沟通的效率和效果。

（4）对信息的态度不同，使有些员工和主管人员忽视对自己不重要的信息，不关心组织目标、管理决策，而只重视和关心与他们物质利益有关的信息，使沟通发生障碍。

（5）主管人员和下级之间相互不信任。这主要是由于主管人员考虑不周，伤害了员工的自尊心，或决策错误所造成的，而相互不信任则会影响沟通的顺利进行。

（6）下级人员的畏惧心理也会造成障碍。这主要是由于主管人员时常对人态度恶劣、语言生硬、咄咄逼人和下级人员本身的素质所决定的。

美国科研人员进行过一项有趣的心理学实验，名曰"伤痕实验"。

他们向参与其中的志愿者宣称，该实验旨在观察人们对身体有缺陷的陌生人作何反应，尤其是面部有伤痕的人。

每位志愿者都被安排在没有镜子的小房间里，由好莱坞的专业化妆师在其左脸做出一道血肉模糊、触目惊心的伤痕。

志愿者被允许用一面小镜子照照化妆的效果后，镜子就被拿走了。

关键是最后一步，化妆师表示需要在伤痕表面再涂一层粉，防止它被不小心擦掉。实际上，化妆师用纸巾偷偷抹掉了化妆的痕迹。

对此毫不知情的志愿者被派往各医院的候诊室，他们的任务就是观察人们对其面部伤痕的反应。规定的时间到了，返回的志愿者竟无一例外地叙述了相同的感受：人们对他们比以往粗鲁无理、不友好，而且总是盯着他们的脸看！

可实际上，他们的脸与往常并无二致，他们之所以得出那样的结论，看来是错误的自我认知影响了他们的判断。

这真是一个发人深省的实验。

原来，一个人内心怎样看待自己，在外界就能感受到怎样的眼光。

同时，这个实验也从一个侧面验证了一句格言："别人是以你看待自己的方式看待你。"

一个从容的人，感受到的多是平和的眼光；

一个自卑的人，感受到的多是歧视的眼光；

一个和善的人，感受到的多是友好的眼光；

一个叛逆的人，感受到的多是挑剔的眼光……

可以说，有什么样的内心世界，就有什么样的外界眼光。

如此看来，一个人若是长期抱怨自己的处境不公、缺少阳光，那就说明，真正出问题的正是他自己的内心世界，是他对自我的认知出了偏差。这个时候需要改变的，正是自己的内心；而内心的世界一旦改善，身外的处境必然随之好转。

毕竟，在这个世界上，**只有你自己，才能决定别人看你的眼光。**

2. 客观障碍

（1）信息的发送者和接收者如果在空间距离太远、接触机会少，就会造成沟通障碍。社会文化背景不同、种族不同也会影响信息沟通。

（2）组织机构过于庞大，中间层次太多，信息从最高决策层到下级基层单位会产生失真，而且还会浪费时间，影响其及时性，这是由组织机构所造成的障碍。

3. 沟通方式的障碍

（1）语言所造成的障碍。这主要表现为：一是误解，这是由于提供信息时表达不正确；二是歪曲，这是由于对语言符号的记忆模糊所导致的信息失真；三是表达方式不当，这表现为措辞不当，词不达意，丢字少句，空话连篇；四是由于方言、土语障碍，有些领导人讲话方言太重，使得下属有时不能理解他的话意。

（2）沟通方式选择不当所造成的障碍。比如现在有的人起的名字太生僻难记，电子邮箱名称太长、太复杂，那么就会增加别人的"记忆成本"和输入难度，甚至引起反感；还有的人把手机彩铃设置为很怪癖的音乐，显得很不高雅，让人反感。据报道，曾经有位毕业生把手机彩铃设为驴子的叫声，某公司经理本想录用他，当经理打通这个毕业生的电话，听到那个怪叫声后，马上挂断电话，聘用了别人。

（二）沟通障碍的克服

（1）沟通要有计划性、系统性。沟通要有明确的目的，事先要进行计划，明确沟通要解决什么问题、达到什么目的。

（2）信息的明确性。尽量简化语言，明确沟通内容，使沟通内容确切、易于理解。

（3）情绪的稳定性。控制情绪、不感情用事。要清醒地认识到情绪会使信息失真，结果什么问题也解决不了。

（4）认真倾听、注意反馈。

（5）充分了解对方，达到有效沟通。

（6）提倡直接、双向的口头沟通。

（7）注意沟通渠道的多样性。

二、有效沟通的原则

"世事洞明皆学问，人情练达即文章。"为了使沟通达到预期效果，沟通必须坚持准确性原则、完整性原则、及时性原则、非正式组织策略性运用原则等。

三、有效沟通的技巧

（一）提高沟通者的沟通素质

1. 锻炼思维

这是沟通的基础。一位优秀管理者的特征之一，就是他要具有思维决策能力，如进行或停止某种行动、接受或反对某种意见、准备进行某种行动、采纳或拒绝某个目标等。

思维一定要敏捷，反应要快，及时了解、掌握对方的感受，及时调整沟通方式以达到良好的沟通效果。

2. 如何“说”

一是明确向谁说。了解信息接收者，包括他的性别、兴趣爱好、生活背景等。

二是如何说。如有的时候，说话的语调比要说的话本身更值得信赖，因为说话的语调往往潜意识地反映你对某事或某人的真正态度。

三是说什么。沟通者一定要明确“说”的内容，不能含糊不清，同时口头表达的信息必须是听者感兴趣的，如果沟通主体说的话无法符合听者的需要与兴趣，那么他的“说”就算不上沟通，只不过是自言自语罢了。

3. “写”的技巧

写的信息具有永久性，并且将展示给他人看，因此要慎重，要明确。

一是要明确为什么必须用写来沟通，主要是因为如果仅仅依靠说可能一时说不清楚，也有可能要告知的内容比较重要、比较正式，因此最好用写的方式来沟通。

二是如何写，在写的过程中，一定要条理清楚，重点突出，言简意赅，明确无误。

4. “读”的技巧

在现代社会中，人们越来越多地被书面信息所包围，大家应该不断提高自身的阅读能力，掌握阅读技巧。

5. “听”的技巧

一是要学会有效的聆听方式；二是要克服不良的聆听习惯。不良聆听的表现主要有：

(1) 对谈话的主题无兴趣，不能安下心来听对方讲话。

(2) 被对方说话的姿势所吸引，忽略了说话的内容。

(3) 听到不合意的内容便激动，影响了对其余信息的接收和理解。

(4) 只重视事实而忽视原则或推论。

(5) 过分重视条理，对于条理较差的说话内容不愿意多加思考。

(6) 假装注意，实际上心不在焉。

(7) 注意力不集中，分心于他事。

(8) 对较难懂的内容不提问，不反馈，不求甚解。

(9) 被对方的语气分心，抓不住实质性的内容。

(10) 不爱动笔，内容太多时，听了后面忘了前面。

必须克服上述不良聆听习惯，这样才能不断提高沟通效果。

(二) 非语言沟通技巧

有一项研究表明，在面对面的沟通中，来自语言文字的信息不会超过35%，有65%的信息是通过非语言形式传送的。

一只狐狸被猎人追赶，它看到樵夫赶紧向他求救。樵夫让它躲在自己的小茅屋里。不久猎人追到，问樵夫有没有看到一只狐狸经过？樵夫虽然说没有看到，手却指向狐狸躲藏的地方。可是猎人没有看到樵夫的手势就离开了。狐狸看到猎人走了，立刻跑出来，没有向樵夫道谢就要离开。樵夫责备它不知感恩，狐狸回答说："如果你心口如一，我就会向你道谢了。"

可见与别人沟通时，既要听别人说的话，还要注意非语言形式传送的信息，如手势、表情等。

非语言沟通的技巧有：

1. 动作的沟通

动作可能是明显的，例如大的、强烈的动作；也可能是轻微的，例如眨眨眼。动作是我们在不知不觉中表现的（此时无声胜有声）。

2. 视觉的沟通

在非语言沟通的情况下，眼睛有双重功能：接收并发送信息（眼睛是心灵的窗户）。

眼神的接触是沟通的一个重要因素。如果说话者的眼睛对着自己，你一定会感到得到信任。眼睛在接收信息时也扮演着重要的角色。在我们所有的知觉中，最依赖的是视觉，它是我们周围信息的主要来源。经理们常常这样说："我最好去巡视一下，看看工作进行得如何。"可见我们多么依赖视觉来收集信息。

3. 空间的沟通

在沟通的过程中，参与者所坐或所站的位置，也有信息价值。比如桌子本身会形成一种障碍，它是一种地位及疏远的象征。人与人之间的身体距离，说明了他们沟通的性质以及他们之间的关系。

4. 把握时机，创造最佳沟通效果

非语言沟通所要把握好的另一方面是对时机的掌握。下属在见上级时，必须等到上级忙完手头的事情后方能开口；而在上级有事情交代下属时，下属是绝对不能让他的上级恭候多时的。来访者是在某部门的门前停下，敲门进入，在得到允许后坐下，还是径直入内到办公桌前，这些都表明来访者的地位、受教育程度、文化背景、自信心四方面的综合状况。重要性表现在谁先落座、谁先发话、谁第一个站起来、谁最后总结的安排上。

有些人说话很快，有的则很慢。有的人在与说话慢慢腾腾的人洽谈时总感到不耐烦。当他们觉得知道他可能说些什么时，常常在中途打断他的话，而这样是不好的。

（三）与不同层级的人沟通

1. 科学运用"六度空间"理论

"六度空间"理论又称做六度分隔理论，这个理论可以通俗地阐述为：你和任何一个陌生人之间所间隔的人不会超过六个，也就是说，最多通过六个人你就能够认识任何一个陌生人。该理论产生于20世纪60年代，现在网络上的"人立方"就是运用了这个原理。

"六度空间"理论说明社会中普遍存在一些"弱链接"关系，却发挥着非常强大的作用。对人类社会来讲，网络使人与人之间都可以构成弱纽带。社会中普遍存在的"弱纽带"，使人与人之间的距离变得非常"相近"，这在社会关系中发挥着巨大的作用。

许多员工在沟通中往往会谈及籍贯、求学的学校、爱好、重要经历、与某焦点人物的关系等，其实他们都是在运用“六度空间”理论。

通过“六度空间”理论建立起来的关系往往被双方认为“有缘”，因而使双方的关系更亲密，这也有利于不同层级的人之间沟通。

2. 建立良好的上下级关系

在规范人际关系方面，晋商大德通票号有这样的规定，“各处其位，皆取和衷为贵，**在上位者，宜宽容爱和，慎勿偏袒；在下位者，亦当体量自重，勿得放肆**”，以此倡导和衷共济精神。其实，这些规定和做法，也是对企业上下级之间沟通的要求。“在人之下，视己为人；在人之上，视人为人”，**保持人际关系的平等，尊重员工的人格，让员工有尊严的劳动获得起码的报酬，这是时代的潮流和要求。**

哈佛商学院科特教授在《权力与影响力》一书中提到，从影响力的角度看，组织中的任何岗位都离不开影响力。一个员工所拥有的强制性权力几乎微乎其微，然而从他进入组织开始，就会不断建立并增进他的影响力。尤其是新来的基层员工，几乎没有什么职位性权力，他们只有极少量的权力源，即工作中的一些业务技巧。为了更好地弥补以后工作中可能出现的权力空隙并处理好各种错综复杂的依赖关系，基层员工在他们职业生涯的初期，其中心任务就是建立必需的影响力基础，即信息网络、合作关系、良好的个人履历及声誉等。只有建立了必需的影响力基础，才能使自己在以后的工作中如鱼得水。

管理大师德鲁克认为：**“组织需要个人为其做出所需的贡献；个人需要把组织当成实现自己人生目标的工具。”**

福列特在《领导理论与实践的偏差》中写道：“**事实上，一个独裁的领班有可能搬起石头砸自己的脚**。一个案例中，一位反抗独裁领班的工人发现错误的命令后，没有向领班报告，而是故意执行，导致大批材料的浪费，目的只是让领班因为浪费受到惩罚。因此要求别人盲目服从会对自己起反作用。”可见，上级对下级的民主、尊重和友爱精神是很重要的。

那些阿谀奉承上级的员工，短期内会得到一定的利益，但从长远看，组织会缺乏实事求是的精神，组织的精神风气会遭到破坏，最后组织败落，那些阿谀奉承上级的员工也最终遭殃。

那些对上级阳奉阴违、故意“拆台”的下级，也不会有好下场。德鲁克在《卓有成效的管理者》中写道：**“如果上级主管的能力不够，下属通常是无法升迁上去的。上司如果没有升迁，下属只好永远屈居其下。……反之，凡是成功而升迁得快的主管，其下属也是最容易成功的。”**

金无足赤，人无完人。**上级要容忍下级的某些缺陷**。德鲁克认为：**“领导的任务是建立各个优势的联盟，从而让个人的缺点无关紧要。”**

3. 建立良好的同级关系

同级之间地位平等，“苟富贵，勿相忘”的美好愿望一般会使他们相互尊重和举荐，共同的利益会使他们更加团结，以应对上级的不合理政策。

“一死一生，乃知交情。一贫一富，乃知交态。一贵一贱，交情乃见。”同级之间不团结，尤其是最基层的员工不团结，一般会招致别人“势利眼”、“哈巴狗”、“忘恩负义”、“忘本”等攻击，企业领导应及时沟通，化解怨恨和隔阂。

4. 每个员工都要树立“承担群体责任”的观念

福列特认为：“**群体责任取决于人们是否接受整合的统一体这一观点。**”她非常赞同康芒斯的思想，即“**雇主和员工在一家企业共事，他们一起承担风险，承担企业的压力，分享利益。此外他们还承担彼此的过失**”。

一个发起非正义战争的战败国，它的国民不论责任大小无一幸免地要承担战争赔偿、舆论谴责等群体责任；泰坦尼克号的沉没让所有船员和乘客承担了群体责任；一个企业的破产导致全体员工失业，每个员工不得不承担群体责任。“城门失火，殃及池鱼”，由个体构成的组织也是一个整合的统一体，**组织中的个体被追究群体责任是一个不可避免的自然法则。**

德鲁克认为，**组织是社会的一种器官，只有为外部环境做出自己的贡献，才算有所成就。**管理者是各方利益的整合者，从管理的有效性及资源合理配置上讲，不能完成组织使命的组织已丧失其存在的理由，由于责任甄别的成本较大以及不追究组织成员群体责任的隐患较大，其组织成员最终被追究群体责任成为不可避免的现实，就像企业主最终不得不决定关闭回天无力的亏损企业一样，企业员工集体失业，员工们不论责任大小都要被追究群体责任。

生产一线员工与不同层级的人沟通，首先需要把组织作为自己实现人生目标的工具，爱护组织，先公后私，告诉大家每个人都要树立“承担群体责任”的观念。在此基础上，以仁爱和信任作为沟通的平台，辅之以一定的沟通技巧，沟通就会取得满意的结果。

实践训练

1. 向本企业口碑好的人请教做人及沟通的方法、技巧。

2. 如果你需要跟某人进行沟通，请尝试运用本章知识先进行认真准备。如果你担心可能会因为紧张而忘记一些要沟通的事项，也可以把要沟通的事项记在笔记本上，逐条表述。每次沟通后要进行总结。

案例分析

重庆啤酒五百多名工人停工　反对公司股权转让（节选）

（核心提示：2010年6月17日，重庆啤酒股份有限公司五百多名工人罢工，反对公司将股权转让。工人们情绪比较克制，称上周五通过工会向管理层递交了要求信，因对管理层的答复不满意而决定罢工。）

中国证券报2010年6月17日报道，重庆啤酒股份有限公司（以下简称重啤）五百多名工人17日停工，反对公司将股权转让给目前公司第二大股东嘉士伯。

记者17日下午在重啤大竹林厂区外看到，六七十名工人堵在厂区大门口，十来辆运输啤酒的卡车则停在大门对面，陆续还有从马王乡厂区赶来支援的工人。工人们情绪比较克制，尽管有人提出要冲进管理层开会的接待大厅，但被大家制止。

重啤于本月10日发布公告，称与嘉士伯香港签订了附生效条件的股权转让协议，拟向对方转让其持有的12.25%的重啤股权，转让总价总计约为23.8亿元。在公告中，公司明确提出本次股权转让需经公司董事会、股东大会、职工代表大会、重庆市政府、国资委、商务部等有关部门批准后方可确定。

此次转让若顺利完成，嘉士伯香港与其关联公司嘉士伯重庆有限公司将共同持有重啤29.71%的股权，计1.44亿股，成为公司第一大股东，而原第一大股东重啤集团将持有20%的股权，成为第二大股东。

一位参与罢工的重啤职工向记者表示，他们对厂方在未和职工沟通的情况下就将控股权转让给外资股东感到愤慨，担心一旦企业改制为外资企业，职工今后将被迫面对各种不确定因素。

另一位职工表示，职工们担心嘉士伯控股后会削减人手，将现有职工转出去做销售，最后使其迫于业绩考核压力而离职，因此他们希望管理层能公布谈判细节，以了解自己的正当权益是否得到保护。

职工们指出，他们于上周五通过工会向管理层递交了要求信，在信中表示坚决反对出售重啤这样一个处于上升阶段的企业，并要求厂方尽快与职工协商安置方案。管理层随后口头表示三年之内待遇不会发生变化，但没有其他答复，工人因此决定罢工。

一位重啤管理层人员向记者表示，目前股权转让方案并没有最终定下来，有关方案会按照规定提交职工代表大会表决，但安置方案等其他问题目前暂时无法透露，“很多问题得问上面，我们股份公司是决定不了的。”

一位职工也承认，尽管他们反对卖厂，但也明白这属于政府决定，不太可能扭转这一局面，但希望能拿到一个合理的安置方案，并能分到合理的互助基金。

本次罢工从上午开始，大竹林厂区的一百多人和马王乡厂区的四百多人都加入这次罢工，致使上述两个厂区的啤酒生产停止，工人们计划如果要求得不到解决，将会一直停工。目前不属于上市公司的部分啤酒厂仍在生产。

2009年，重啤在重庆市区的市场占有率高达90%。借助对区域市场的垄断地位，公司实现销售收入22.6亿元，利润总额2.35亿元，利润率为10.4%，高于行业平均水平约4个百分点。

◎**分析思考**：职工罢工的主要原因是什么？事后沟通应把沟通事项放在哪个方面？

推荐阅读

经理工作的六个特点

1. 工作量大，步调紧张

经理由于全面负责一个组织或组织中的一个单位（如车间）的工作，并要同外界联系，所以总有大量的工作要做。因而必须毫不松懈，保持紧张的步调，很少有休息的时间。高级经理尤其是这样。

经理之所以会工作量大而步调紧张，是由于经理职务本身的广泛性以及工作没有一个明确的结束标志。工程师的设计或律师的案件都有个终结，而经理必须永远前进，永远不能肯定何时已获得成功或何时可能失败，永远必须以紧张的步调工作。

2. 活动短暂、多样而琐碎

有的调查发现，某个车间主任每天平均得应付583件事。他的活动的特点是中断性、多样性、不连续性。这与一般工人的工作不同，他们的工作重复而不常中断，并从属于传送带稳定而无变化的节奏。

经理往往不愿采取措施改变工作中这种短暂、多样而琐碎的情况。这是由于他的工作量太大，而他又意识到自己对组织的价值，因而对自己的时间的机会成本（由于做某件事而不做另一件事所造成的损失）特别敏感，于是就用这种短暂、多样而琐碎的方式来工作。这样必然造成经理工作的肤浅性。这是必须努力加以克服的。

3. 把现实的活动放在优先的地位

经理趋向于把注意力和精力放在现场的、具体的、非常规的活动。他对现实的、涉及具体问题和当前大家关心的问题作出积极的反应，而对例行报表及定期报告则不那么关心。他们强烈地希望获得最新信息。因此，他们经常通过闲谈、传闻、推测等来收集非正式的及时的信息。从经理们对时间的安排也可以看出这点。有项调查表明，在经理的14次口头联系中，只有一次是事先计划的，其余13次都是有关现实问题的非常规活动。

4. 爱用口头交谈方式

经理使用的工作联系方式主要有五种：邮件（书面通信）、电话、未经安排的会晤（非正式的面谈）和经过安排的会晤（正式的面谈）以及视察（直观的方式）。这几种联系方式有很大的差别。书面通信要使用一套正式的语言，并要过很长时间才能得到答复。**口头交谈（包括电话交谈）则除了话语所包含的信息以外，还能通过音调的变化和反应的快慢来传递信息。当面交谈则还可借助于表情传递信息。**

调查表明，**经理们都爱用口头交谈方式**。他们用在口头交谈上的时间占很大比重。车间主任与人面谈的时间约占57%，中层经理花在口头交谈上的时间约占89%。本书作者对总经理的调查表明，其口头交谈的时间占8%，按活动次数计算则为67%。

5. 重视同外部和下属的信息联系

经理同三个方面维持信息联系。这三个方面是：（1）上级（总经理的上级是董事会）；（2）外界（指经理所管理单位以外的人们）；（3）下属。经理实际上处于其下属和其他人之间，用各种方式把他们联系起来。

调查表明，经理与下属进行联系所花费的时间占相当大的比重，通常占他们全部口头联系时间的1/3到1/2，而他们与上级联系的时间一般只占1/10。他们与外界联系的时间通常比同下属联系的时间还要多，约占全部联系时间的1/3到1/2。

6. 权力和责任相结合

经理的责任很大，经常有紧急事务要处理，似乎很难控制环境和他自己的时间。他也有很大的权力，可以采取一些措施，在解决问题的过程中想出一些新的主意，把问题变成机会，为企业的发展服务。

资料来源：明茨伯格：《管理工作的本质》，中国人民大学出版社，2007年版。

◎思考题

1. 沟通的作用有哪些？
2. 为什么要对沟通事项进行正确把握？
3. 有效沟通的技巧有哪些？

第十四章 班组建设与岗位责任制

第一节　班组与班组长

基层班组是具体执行生产计划，为客户提供服务，控制质量、成本等的最基本单位。如果班组工作不到位，根基没有夯实，那么企业将如同空中楼阁，摇摇欲坠。因此，班组建设及岗位责任制成为企业生产经营过程中最重要的工作之一。

一、班组与班组长的概念

班组是为了共同完成某项生产（工作）任务，而由一定数量的操作人员或工作人员在统一指挥、明确分工和密切配合的基础上所组成的一个工作集体。它是企业生产经营活动的基本单位，是企业内部最基层的劳动和管理组织。

班组长是班组生产管理的直接指挥者和组织者，是企业中最基层的负责人。班组长在实际生产经营过程中，基本具备了“管理人员”的管理职能。因此，班组长属于“兵头将尾”，他们被称为组长、班长、领班、拉长等。

阿里巴巴董事长马云说：“30%的人永远不可能相信你，不要让你的同事为你干活，而**让我们的同事为我们的目标干活**，共同努力，团结在一个共同的目标下面，要比团结在一个企业家下面容易得多。所以**首先要说服大家认同共同的理想，而不是让大家来为你干活。**”

班组长要充分调查和了解班组成员的专业特长、性格爱好等，把班组成员团结在一个共同的目标下面，以充分发挥他们的作用。

二、班组长的责任与职责

（一）班组长在生产管理中的责任

1. 提高产品质量

质量关系到市场和客户，班组长要领导班组员工为按时按量地生产高质量的产品而努力。

2. 提高生产效率

提高生产效率是指在同样的条件下，通过不断地创新并挖掘员工生产积极性、改进操作方法和管理流程，生产出更好更多的高质量的产品。

3. 降低生产成本

降低成本包括原材料的节省、能源的节约、人力成本的降低，等等。

4. 防止工伤和重大事故

有了安全不一定有了一切，但是没有安全就没有一切。一定要坚持安全第一，防止工伤和重大事故，包括努力改进机械设备的安全性能，监督员工严格按照操作规程办事等。很多事故都是由于违规操作造成的。

（二）班组长在生产管理中的职责

1. 劳务管理

人员的调配、排班、考勤、员工的情绪管理、新进员工的技术培训以及安全操作、班组的建设等都属于劳务管理。

2. 生产管理

生产管理包括现场作业、产品质量管理、制造成本控制、材料管理、机器保养等。

3. 辅助上级

班组长应及时、准确地向上级反映工作中的实际情况，提出自己的建议，做好上级领导的参谋、助手。

第二节　班组建设

一、班组建设的意义

加强班组建设对于实现企业生产经营目标和提高企业管理水平有着重要的意义：

第一，班组建设是企业经济效益的直接制约因素。加强班组建设，提高员工的效益意识，在班组中建立起严格的考核和奖罚机制，这样就能充分发挥员工的能动性与创造性，从而为企业创造出更好的经济效益。

第二，班组建设是有效增强企业的向心力、凝聚力与战斗力的手段。加强班组建设，能将企业的政策方针贯彻到每一位员工，将企业的奋斗目标落实到班组。

第三，班组建设能有效提高生产一线员工的素质。加强班组建设，可以使企业的每一名职工在班组这个平台上充分展示自己的作为，并得到锤炼与提高，思想意识也会得到提高，从而实现自我行为控制与约束，主动提高自己的素质，为自己的发展创造基本条件，以更好地适应企业发展新形势。

二、班组建设的内容

班组的特点及作用决定了班组建设应包括思想建设、组织建设和业务建设等内容。

（一）班组思想建设

班组思想建设是企业思想建设的重要组成部分。爱国主义教育、政治经济形势教育、先进模范人物事迹教育等都要落实到班组。

工人诚实正直的品质是正常生产的基本保证。有这样一个案例：某化肥厂大检修时，一名徒工不小心把螺丝刀掉进压缩机主进气管线，当时他要不说，谁也不知道，但他经过激烈的思想斗争，如实向班组长汇报了。全班工人连续奋战了3个多小时，才用磁铁把螺丝刀吸上来，事后，领导一方面批评这名徒工操作不慎，另一方面又肯定了他的诚实，避免了重大事故。

（二）班组组织建设

班组组织建设，是指调整班组建制、完善班组体制、理顺班组运行机制的一系列工作。

（三）班组业务建设

班组业务建设是指健全班组制度、加强基础工作和各项专业管理，开展技术练兵，搞好业务培训等工作。

目前许多企业都是通过加强岗位培训来进行班组业务建设的。

岗位培训是提高岗位人员技术业务水平的一种方法，它以训练基本功为主，练习实际操作的基本技能，按照干什么、学什么、练什么的原则，把生产、工作项目作为练兵的项目。比如有些企业为了加强岗位培训，实行岗位证书制度。岗位证书制度将初级工、中级工、高级工、工人技师、班组长、多技能培训均纳入员工岗位证书，员工从入厂到退休只需持一个证书，经过不同层次的培训、考核达标后，将考核结果记载于证书中，并享受相应层次的薪酬工资。

班组岗位培训采用的形式有以师带徒、岗位练兵、技术竞赛、一事一训、事故案例等。

“一事一训”是指根据生产需要，针对生产技术活动中出现的问题，组织班组员工进行与此有关的学习培训活动。培训时间可以灵活掌握，如利用生产空隙、设备检修、班前、班后，时间长则几天，短则数小时，能者为师，边讲解，边操作示范。这既提高员工的技术素质，又解决生产中的实际问题。

“事故案例”是指把生产中发生的事故收集起来，编成案例，指导员工提高排除事故、预防事故、处理事故的能力，以提高生产一线员工对事故的应变能力。

三、班组建设的要求

（一）班组建设应目标明确

班组建设必须有明确的方向和目标。企业可根据自身实际情况和企业对班组的要求，从各班组的实际出发，针对薄弱环节制定班组工作条例和管理基础工作实施细则。在制定班组工作条例时，必须明确各车间、科室和部门在班组建设中的主要职责和任务；同时还应制定班组基础工作目标，明确班组管理工作的内容、标准和考核的具体要求。

（二）抓好班组执行力的建设

细节决定成败。班组管理就是细节管理。再好的企业管理制度，如果不注重班组管理，那么这种管理肯定只是流于形式，只开花不结果。因此，班组管理应狠抓执行力建设，注重过程管理，同时必须进行严格的检查和考核。

（三）高度重视班组长的培训和选择工作

班组长一般由班组员工民主选举产生，也可以由车间主任招聘或委任。班组长应具备思想好、技术强、作风正、干劲足、会管理等条件。选举或配备好班组长后，上级部门应放权、授权，让班组长自主管理。同时，要加强培训，以提高他们的素质和管理才能。培训班组长可采取三种形式：一是定期召开班组长会议，提高政策和工作的透明度，提高班组长的思想政策水平；二是加强以专业管理为内容的培训，提高班组长的管理水平；三是通过检查验收和评比诊断，进行现场指导和培养，提高班组长的管理能力。

巴顿将军说："经验丰富的一个师与刚组建的一个师有很大的差别，但是，这个区别不在于组成它的人是老兵还是新兵，而在于在战争中找到了属于自己的灵魂。也可能在这支部队里已经没多少老兵了，但以老兵为'酵母'，可以把整个部队连起来。……只要有少许的老兵，就能'发酵'出一个师。"班组长一般都是班组里的"老兵"，应该把自己当作传承企业文化和灵魂的"酵母"，带好"新兵"，使企业的高素质技能人才层出不穷。

四、班组建设的活动方式

班组建设不仅要依靠企业各级领导认真抓，而且还要靠班组自身发挥主观能动性，通过各种活动方式，开展班组建设。

（一）开展班组民主管理

要发扬民主精神，尊重班组成员的主人翁地位；尊重他们对班组长的选举权和被选举权以及对企业各级干部的评议权、建议权；尊重他们参加重大政治活动、关心国家大事的权利。要发扬经济民主，组织企业班组员工讨论和制定班组经济责任制方案；参与班组目标和现场生产计划的讨论；人人当家理财，搞好班组经济核算；参与分配方案的讨论，制定班组奖金分配方案，并监督实施过程。要发扬生产技术民主，员工有权参加生产劳动和技术培训；对现场的生产技术问题有发言权和建议权；对生产操作有执行权、维护权和监督权；班组长要与班组成员讨论和落实班组内的重大问题，群策群力，开展合理化建议活动和技术革新活动。要发扬生活民主，定期召开班组民主生活会，有事共商，有责共担；经常谈心和家访，帮助员工排忧解难，改善生活条件，使每个成员都感到班组温暖。

罗伯特·拉什在《美国陆军士官手册》中强调：“不要在下级士官领导的部队前批评他；不要在平民面前批评他；不要接受下级的礼物；避免越级行动；不要仗势欺人（这是拙劣的领导行为）；不要辩解……醉酒时不许着军装；**用你希望得到的尊严与尊重对待别人。**”

美军为何对自己的军队如此讲究工作方法和民主友爱？**因为战争对胜利的要求，迫使官兵必须有像兄弟父子般的情谊，“打虎亲兄弟，上阵父子兵”，否则就没有战斗力。**

班组建设应该借鉴军队的做法，使班组像军队一样开展民主管理。

（二）开展班组升级活动

围绕企业升级目标，开展班组升级活动，是加强班组建设的一项重要经验。班组升级一般分为3个等级水平，即合格班组、优秀班组、模范班组。

班组升级是以达标的形式进行的，凡在一定期限内，经考核达到等级标准的班组，可按等级标准升级。

（三）开展班组竞赛

围绕完成生产任务开展班组劳动竞赛和围绕推行现代管理方法、管理技术开展班组管理竞赛，是许多先进企业的经验。

班组还可以组织其他成员参加厂内各种形式的竞赛，通过参加多种形式的竞赛，使班组建设达到一个新的水平。

（四）举行班组成果发表会和经验交流会

班组在开展各项活动过程中会取得这样或那样的成绩、经验，如能加以总结和提高，使之系统化，并举行班组建设成果发表会或经验交流会，可以起到互相学习、成果共享、相互促进、共同提高的作用，也有利于把班组建设推进到一个新的阶段。

相关链接

青岛啤酒将培训教室建在班组

2009年7月2日，一间别具一格的培训室——青岛啤酒（以下简称青啤）基层培训教室“麦香阁”，在青岛啤酒二厂酿造部糖化工段正式投入使用。

说起培训室，大家可能会联想到正在讲课的老师、一排排的桌椅、摆放整齐的纸笔……而刚揭牌的这间培训室有所不同，其中的每个“学生”都可能是老师，桌子上摆的不是文具，而是各种备件、模型。之所以如此，是因为青啤的这间培训室建在生产基层班组，特别强调实际操作。把培训室建在生产一线，是青啤强化员工岗位适应能力，进而提升企业可持续发展能力的重要举措之一，这些举措旨在帮助青啤在基层建立学习型组织，培养知识型员工，打造企业核心竞争力。

在基层培训室揭牌仪式现场，青岛啤酒公司副总裁姜宏表示："在青啤人力资源规划中，**自始至终把人才的培养和发展放在第一位**。为了培育员工，青啤管理学院下属的各专业学校汇集提炼出优秀的管理方法和经验案例传授给各工厂，而工厂则把这些优秀的经验和方法传授给一线操作员工。通过培训，员工的岗位胜任能力强了，就可以提高设备运行效率，降低生产成本。同时，在标准化的培训下，我们的原料、工艺流程，包括我们的工作行为、文化氛围等，都能够达到统一，推进'把50多家啤酒厂做成一家啤酒厂'目标的实现。所以说，基层培训室意义重大。"

青啤基层培训室在硬件上为员工创造了良好的学习环境，设置了5大功能区域：生产工艺区、设备实作区、学习资料区、培训授课区、工段文化区。投入使用后，工厂的在岗培训、新员工入职、班组内实践交流、班组建设、技能大赛、对外交流观摩等都可以随时进行，同时，还便于知识积累，培训课件、试题库、视频培训资料、班组建设案例等都可方便地存储。

青啤现有53家啤酒生产厂，让这些啤酒厂生产风味和口感统一的啤酒，是青啤在品质上的追求。啤酒口味的一致性除了要求工艺标准、工艺流程、原材料一致外，更重要的是保证技师操作的一致性。据了解，目前青啤下属的每家啤酒生产厂都有50%以上的员工是基层操作员工，提升基层员工的操作技能，进一步发挥他们的主观能动性，可以提升青啤的整体竞争力和可持续发展能力。

资料来源：http：//city.cri.cn/25364/2009/07/27/4085s2476164.htm

第三节　班组岗位责任制

加强班组岗位责任制的建设对于贯彻按劳分配，绩效优先，增强企业活力，提高经济效益有着十分重要的意义。

一、班组岗位责任制建设的要求

班组岗位责任制的建设有如下要求：

第一，建立适应班组生产和经营特点的核算制度。

第二，确定适合班组生产特点的经济核算指标，并使班组和个人有明确的经济责任。

第三，做好定额管理、原始记录、计量验收等各项基础工作，做到事事有记录，考核有依据，计量有标准。

第四，建立严格的考核、检查评比和奖惩制度。

第五，做到以最少的劳动耗费，取得最大的劳动效益，保证厂级和车间各项指标的完成。

二、班组岗位责任制的形式

车间将经济指标分解落实到班组，班组按规定核算完成情况。考核方式是按计算指标的重要程度和计分标准，逐项打分，按分数的多少反映指标完成情况，并确定相应的奖惩。

班组经济核算的指标一般有如下方面：

（1）产量指标。可采用实物、劳动工时、计划价格和产量计划完成率等指标计算。

（2）质量指标。可以采用等级品率、合格率、废品率、返修品率等指标形式反映。

（3）材料消耗指标。可以用材料耗用数量、耗用金额表示，也可用材料利用率等相对数表示。

（4）工时指标。包括工时利用率和出勤率等指标。

（5）设备完好率和利用率指标。这是用相对数表示的指标。

（6）成本降低指标。这是综合性指标，一般只包括班组直接消耗的各种材料和支出的费用，不包括固定资产折旧及大修理费用。

三、班组岗位责任制的经济核算组织

班组经济核算组织一般是在车间主任领导下，由班组核算员具体承担。班组核算员在业务上要接受车间和有关科室核算人员的指导。

搞好班组核算，必须建立相应的规章制度，包括材料、工具的认领、退回、保管制度，考勤制度，设备管理和维修制度，质量检验制度，成本控制制度，评比奖励制度等。为了便于执行上述各项制度，各班组可根据具体情况，制定各种实施细则和有关补充规定。

四、班组岗位责任制的全面建设

（一）提高思想素质

（1）班组长要处处以身作则，起表率作用。

（2）班组长要经常开展思想政治工作。

（3）学习有制度、有记录、有效果，参加在职培训活动有心得。

（4）班组之间、同事之间能搞好团结协作，共同前进。

（5）扶持正气，抵制歪风邪气，不断表扬好人好事。

（二）加强执行力建设

（1）出色完成班组生产各项任务，不断提高工时利用率。

（2）人人做到合格上岗，人人达到“标准岗”作业标准。

（3）坚持安全活动有记录，全班组无工伤事故，无设备事故。

（4）熟悉设备性能和操作规程，设备维修保养好，无质量事故。

（5）经常开展技术练兵和技术交流活动。

（三）严格执行制度与加强民主管理相结合

（1）班组活动有制度。

（2）岗位责任明确，并能严格执行。
（3）严格执行考勤制度。
（4）经常开展献计献策等合理化建议和民主管理活动。

（四）教育班组成员遵纪守法

（1）严格遵守厂纪厂规，全班组无违法、违纪、违章行为。
（2）维护社会公德和家庭道德。
（3）对班组存在的问题和不足之处不护短，有改进措施。

（五）搞好环境卫生

（1）班组有行之有效的卫生制度。
（2）办公室、更衣室、操作场地等处环境清洁、有序。
（3）搞好卫生包干区，卫生检查评比成绩优良。
（4）爱护花木，人人参加绿化工作。
（5）仪表整洁，讲究卫生，养成良好的卫生习惯。

生产一线员工应爱岗敬业，团结协作，积极参加班组岗位责任制的建设，不断提高本岗位的工作技能和综合素质，为创建先进班组作贡献。

实践训练

1. 认真地对自己的班组和岗位进行权利与责任的分析，看看班组和你的价值及重要性体现在哪里？

2. 与班组成员团结友爱，互相帮助，爱岗敬业，积极参加企业的培训，认真落实岗位责任制。

3. 与班组成员一起开展类似新东方学校的徒步活动（刚开始可以设定为20公里，以后逐步增加）；或仿照金志国先生的崂山拓展训练（所有人蒙上眼睛，掌门人在前面带路，后面跟随者手拉手纵队向上爬，行进中不许说话，只能使用肢体语言，不许掉队，必须全部到达终点）开展；也可开展信任背摔试验，以上活动一定要注意安全（信任背摔试验详见中国教师行动网：http：//www.eact.com.cn/studroom/show-id-2780）。

案例分析

苦练"一勾准"，小试牛刀

1974年，初中毕业的许振超在青岛港当上了门式吊车司机，工作任务是将停泊在码头轮船上的货物，装卸至等候在那里的火车上。

当时，无论是装卸粮食还是矿石原料，这些货物全部是散装，而且火车进发不得延误。那时抓斗一次性抓起货物的重量为5吨、7吨、23吨不等。怎样快速地从轮船上抓起货物并准确对位火车，是对吊车司机的考验。

许振超开始苦练“一勾准”。然而，速度太快会导致“悠斗”，不仅影响效率，而且会将货物遗撒在吊车两旁，给吊车下面清扫遗撒物的装卸工平添巨大工作量。

已有五六年工作阅历的许振超，开始大胆思考能否在改进抓斗上做文章。这对一个吊车司机而言，显然阻力重重，然而队长和技术员还是同意了。凭借年少时对无线电的痴迷和组装航模的功底，许振超改动了电路，为吊车加装了继电器和脚踏开关，他的技术革新竟然成功了。

许振超说，**队长一句肯定的话“行啊”，是对他的最高奖赏。**

资料来源：http：//scitech. people. com. cn/GB/7181987. html

◎分析思考：金牌工人许振超的成长与他所在班组的领导和技术员的支持有什么联系？结合班组建设的有关知识加以分析。

推荐阅读

班组的重要性

当丰田成为全球企业学习的标杆时，全球的媒体、管理学者、经济学家蜂拥而至，去全面研究丰田生产方式。有学者问丰田老人：“谁是丰田的第一管理者？”丰田老人毫不犹豫地回答：“丰田的班组长。”

是班组长时时在现场，是班组长时时在终端，时时盯着员工，时时控制着质量、成本、进度、安全……如果班组长不负责任，如果班组长的思维方式错了，如果班组长不会管理……消费者、竞争对手、媒体一刻都不会停止对你的攻击，员工一天都不会停止抱怨，总裁绝没有一天好日子过。

为什么？企业竞争、管理企业的关键是四支队伍的竞争——三个管理团队（高层领导团队、中层管理团队、基层执行团队）和一个研发团队。文化传承、政策落实、质量管理、成本控制的决定性环节都在基层。纵观全球优秀企业乃至政府，基层管理建设均是其管理的关键环节。当前轰轰烈烈的执政能力建设、基层组织建设、基层队伍建设等就说明政府也开始由下向上驱动了。现在看来，评价一个企业都重新定了调子：

一般企业看高层
优秀企业看中层
卓越企业看基层

班组管理是企业有机体的管理，班组管理是企业生命力的管理。班组文化是企业文化最基本的文化，班组管理的内容，如绩效管理、员工管理、工作管理、终端控制、质量控制、成本控制等是企业全部管理的根本基础，班组做不到，一切均失败。所有的贯彻力、控制力、执行力、文化力……都取决于班组的基础管理力量。

资料来源：http：//www. 89mc. com/banzu-1/banzu_index. htm.

◎思考题

1. 班组长在生产管理中的职责有哪些？
2. 班组的重要作用有哪些？
3. 班组岗位责任制的建设有哪些要求？

第十五章 创 新

第一节 创新是企业发展的源泉

创新，是人类特有的认识能力和实践能力，从层次上讲，有创新意识、创新精神、创新能力；从内容上分，有理论创新、制度创新、科技创新、观念创新、管理创新、技术创新、产品创新、服务创新、组织创新、营销创新、文化创新，等等。创新对组织和个人都具有重大的意义。

一、创新的概念

创新就是在有意义的时空范围内，以非传统、非常规的方式先行性地、有效地解决社会技术经济问题的过程。

该定义包括以下含义：

第一，创新的目的是解决实践问题，是一个过程，是一项活动。

第二，创新的本质是“新”，是突破传统、突破常规、突破自我、突破过去。

第三，创新是一个相对的概念，其价值与时间、空间有关。同样的事物在今天看来是创新，明天可能是追随，后天大多数人接受了，可能就是传统了。创新必须在一定范围内具有领先性。有的是世界领先，有的是地区领先。

第四，创新可以在解决技术问题、经济问题和社会问题的广泛范围内发挥作用。

第五，创新以取得成效为评价尺度。有成效才能认为是创新，成效大就是大创新，成效小就是小创新，创新可以据此分成若干等级。

有的是划时代的创新，例如北大方正的汉字激光照排系统，淘汰了铅字，使全国印刷业告别了对铅与火的依赖；有的不过是时尚创新，例如电子宠物，曾为厂商带来丰厚利润，但不久就失宠了。

相关链接

成功从一粒米开始

王永庆早年因家贫读不起书，只好去做买卖。16岁的王永庆从老家来到嘉义开一家米店。那时，小小的嘉义已有米店近30家，竞争非常激烈。当时仅有200元资金的王永庆，只能在一条偏僻的巷子里租一个很小的铺面。他的米店开得最晚，规模最小，更谈不上知名度了，没有任何优势。在新开张的那段日子里，生意冷冷清清，门可罗雀。

刚开始，王永庆曾背着米挨家挨户去推销，一天下来，人不仅累得够呛，效果也不太好。谁会去买一个小商贩上门推销的米呢？怎样才能打开销路呢？王永庆决定从每一粒米上打开突破口。那时候的台湾，农民还处在手工作业状态，由于稻谷收割与加工的技术落后，很多小石子之类的杂物很容易掺杂在米里。人们在做饭之前，都要淘好几次米，很不方便，但大家都已见怪不怪，习以为常。

王永庆却从这司空见惯中找到了切入点。他和两个弟弟一齐动手，一点一点地将夹杂在米里的秕糠、砂石之类的杂物拣出来，然后再卖。一时间，小镇上的主妇们都说，王永庆卖的米质量好，省去了淘米的麻烦。这样，一传十，十传百，米店的生意日渐红火起来。

王永庆并没有就此满足。他还要在米上下工夫。那时候，顾客都是上门买米，自己运送回家。这对年轻人来说不算什么，但对一些上了年纪的人，就是一个大大的不便了。而年轻人又无暇顾及家务，买米的顾客以老年人居多。王永庆注意到这一细节，于是主动送米上门。这一方便顾客的服务措施同样大受欢迎。当时还没有“送货上门”一说，增加这一服务项目等于是一项创举。

王永庆送米，并非送到顾客家门口了事，还要将米倒进米缸里。如果米缸里还有陈米，他就将旧米倒出来，把米缸擦干净，再把新米倒进去，然后将旧米放回上层，这样，陈米就不至于因存放过久而变质。王永庆这一精细的服务令顾客深受感动，赢得了很多的顾客。

如果给新顾客送米，王永庆就细心记下这户人家米缸的容量，并且问明家里有多少人吃饭，几个大人、几个小孩，每人饭量如何，据此估计该户人家下次买米的大概时间，记在本子上。到时候，不等顾客上门，他就主动将相应数量的米送到客户家里。

王永庆精细、务实的服务，使嘉义人都知道在米市马路尽头的巷子里，有一个卖好米并送货上门的王永庆。有了知名度后，王永庆的生意更加红火起来。这样，经过一年多的资金积累和客户积累，王永庆便自己办了个碾米厂，在最繁华热闹的临街处租了一处比原来大好几倍的房子，临街做铺面，里间做碾米厂。

就这样，王永庆从小小的米店生意开始了他后来问鼎台湾首富的事业。

王永庆成功的例子说明，不要以为创新就非得轰轰烈烈、惊天动地。**把一粒米这样细小的工作做好同样也是一种创新。**

资料来源：http：//finance. sina. com. cn/money/lcexpr/20050801/14551852246. shtml

二、创新的意义

(一) 创新是提高经济效益的最好途径

从经济学角度来说，产品创新和市场创新能形成暂时的卖方市场，技术创新和管理创新能形成暂时的质量、成本优势，从而获得超额的利润，这是与普及的产品和成熟的技术所不同的地方。

因此，美国管理学家拉伯夫认为：“任何行业里最重要的资本，不是金钱、建筑物或设备，而是创意。”

(二) 创新是使企业不断获得生命力的唯一途径

任何事物包括产品、技术、制度、人和组织都有兴衰周期，要想长盛不衰，就必须不断推陈出新。以商业零售业为例，1852 年在法国兴起的百货商店，逐步取代了家庭式店铺，19 世纪末出现连锁店，20 世纪 30 年代出现自选市场，50 年代出现购物中心……不断以新的业态代替旧的业态。

通用汽车公司在初创时期虽由于债务和库存大增，几乎快要垮台，但后来通过首席执行官斯隆在管理上的创新，几年之后迅速赶上并最终超越了福特的汽车帝国，且一直保持到现在。有一项统计表明，斯隆在 1923 年上任之后，打破当时流行的集中管理方式，实行分权管理，让每个部门设计、生产、销售自己的汽车，从而产生了一大批可与福特、克莱斯勒竞争的产品。1921—1940 年期间福特汽车在美国的市场占有率从 55. 7% 下降到 18. 9%，而通用汽车则从 12. 7%上升到 47. 5%。成立于 1906 年的英国劳斯莱斯公司由于因循守旧，1998 年 3 月底被出售给德国宝马公司，引起英国社会的震惊。

(三) 创新是时代潮流

企业以创新制胜是一个不争的事实。商场如战场，孙子兵法讲究出奇制胜，出奇就是出新招，企业创新就是产品、技术、策略等方面的创新，创新是企业竞争力的决定性因素。

经济全球化、新的科技革命使产品、技术和策略的生命周期越来越短。摩尔定律推动计算机运行速度每隔 18 个月提高 1 倍。**不创新就意味着死亡，已成为铁的规律。**

企业需要不断开发新产品来引导未来的市场需求。

第二节 创新的途径和内容

近年来，“创新”不仅是一股潮流，更是一种实践。江泽民同志指出：“创新是一个民族进步的灵魂，是一个国家兴旺发达的不竭动力。”可见创新已成为当今时代的主旋律。企业创新的实质是为客户创造新的价值，同时也为企业创造更多的价值，其途径包括产品创新、技术创新、市场创新、组织创新、管理创新与观念创新。结合生产一线员工的实际工作情况，我们重点介绍观念创新、产品创新、技术创新等三项创新。

一、观念创新

当今世界日新月异，企业产品创新的快慢成为企业产品能否占领市场的标志，为了生存和发展，企业必须跟上不断变化的市场，积极主动地在管理、技术、产品等方面不断创新，只有这样才能保证自身优势地位。产品创新以技术创新为前提，技术创新又以观念创新为先导。因此，**观念创新是一切创新的前提和根本，是企业发展的灵魂，是企业兴旺发达的不竭动力，是企业生存和发展的根本保证。**

观念，即认识或思想，是人们由其所具有的知识及过去的实践而长期形成的种种观点与概念的总和。观念创新，就是要改变人们对某种事物错误的、过时的或不利于实践的既定看法和思维模式，换一个新的观察角度，得出一个新的结论或形成一个新的观点，从而采取新的态度和方法的过程。观念创新，本质上就是一场意识形态的变革。

观念创新的过程是一个自我否定、自我超越的过程，它既要超越传统的思维方式和模式，又要超越已形成的利益格局和习惯做法，这就意味着企业观念创新是痛苦和艰难的。观念创新首先应具有自我否定的品质。否定自我，就是放弃那种已经落后的观念，突破旧有的工作方法和思维定式，树立新的观念，不墨守成规，不东施效颦，而是借鉴别人的成功经验，并结合本企业的实际情况，探索、创造具有鲜明个性的思想和方法。其次，**观念创新不是凭空地标新立异、异想天开，它必须以一定的理论知识为支撑，以创新知识作坚强后盾。**最后，观念创新必须具有创造性思维。创造性思维是一种具有开创意义的思维活动，它不是对固有知识的运用和再现，而是采用水平思考法，尽量摆脱既存观念，从一个新的角度对某件事物重新思考，得出创造性解答。有了这种创造性思维，就善于在事关企业命运的紧要时刻，根据企业的内部条件和外部环境，发现和抓住机遇，迅速地作出决断，并对企业的要素进行新的组合，使企业在市场竞争中以新制胜，以奇制胜。

一堆木料，如果用作燃料，几乎是分文不值；如果将它作为材料卖掉，也许值几十、几百元；如果和木匠结合，将它制作成家具再卖掉，价格将上升到几百、几千元；如果再突破一下，和艺术家或收藏家联手，制作成艺术品放到拍卖行拍卖，其价格就不知会翻多少倍了！市场规律告诉我们：唯思路常新才有出路。邯郸学步、东施效颦的思维定式不仅会举步维艰，而且也会难以生存。**没有思路就没有出路，思路决定出路，观念就是财富，不同的观念产生不同的效果。**值得注意也必须引起警觉的是，观念的创新不是嘴上说说，不是一次两次就可以了的，而是长期艰苦、没有穷尽的接力赛，现有的新观念，经过几年时间，可能就成了老观念。

2004 年一位中国工程院院士通过转让一项发明专利获得 250 万元报酬的消息，标志着我国科技工作者以技术要素参与收入分配的重大突破。近年来，我国为加快技术创新与科技成果产业化，正在探索新的分配方式。上海市在尝试技术要素参与分配的过程中，采用以科技成果作价入股、科技人员个人可以占有其中一定份额、成果转化收入可以拿出一部分作为收益或奖励返还给科技人员个人等方式。分配制度上的这些改进，卓有成效地激发了科研人员创新创业的热情，推动大批科技成果快速产业化。这就是观念创新对科技创新的巨大推动作用。

相关链接

观念创新决定行为创新

传统观念都是对领导言听计从，下级还能管理上级？学会管理领导是一项重要的技能。科特在《权力与影响力》中认为，一个人如果不能管理好自己的上级，那么将来的事业发展会很困难。一个优秀的下属要学会辨别上级的喜好和意图，以及做事的方式和风格，以便更好地管理上级。其中，在合适的时候说合适的话很重要——不一定是违心的话，而是学会理解、倾听，让他觉得你尊重他，并且是在为他分忧，这样才能更好地促进上下级之间的关系。

二、产品创新

产品创新就是研究开发和生产出更好的满足顾客需要的产品，性能更好，外观更美，使用更便捷、更安全，总费用更低，更符合环保要求。因为产品是满足社会需要、参与竞争、直接体现企业价值的东西，所以产品创新是企业创新的主要任务。

产品可在三个层面上实现创新。

第一，开发出具有新功能的产品。

一家公司招聘营销主管，考题是：十日为限，想办法把木梳尽量多地卖给和尚。

甲卖出一把，卖给了一个晒太阳挠头皮的小和尚。

乙卖出十把，他去了一座名山古寺，由于山高风大，进香者的头发都被吹乱了，他找到住持说：蓬头垢面是对佛的不敬，应在每座殿的香案前放把木梳，供善男信女梳理鬓发。那里共有十座殿，于是卖了十把。

丙卖出1000把，他去了一座深山宝刹，对住持说：凡来进香参观者多有一颗虔诚之心，宝刹应有所回赠以作纪念，保佑其平安吉祥，鼓励其多做善事。我这里有一批木梳，您的书法超群，可刻上“积善梳”三字，作为赠品。住持大喜，立即买了1 000把木梳。此举导致那里朝圣者更多，香火更旺。

有位经济学家说，用于消费的物品是产品，用于交易的物品是商品，用于馈赠的物品叫贡品。丙对梳子赋予了宗教文化色彩，就使梳子成为“贡品”，这种产品创新是他卖出1000把梳子的关键。

第二，结构方面的改进。

例如使产品轻、巧、小、薄，携带和使用方便，节省材料、能耗或空间。电子记事本、DVD、摄像机、手提电脑、超薄洗衣机等就是典型的例子。

第三，外观方面的改进。

典型的例子是服装，款式及色彩的改变都可以使顾客需求得到新的满足，从而增加销售收入。再比如啤酒瓶过去仅是玻璃瓶，现在则出现了PET塑料啤酒瓶，这一创新解决了几个方面的问题，一是不会出现“爆瓶”，二是使啤酒的装卸和运输重量减轻了，三是使啤酒瓶的色彩多样化。

三、技术创新

技术创新是指采用新的生产方法或新的原料生产产品，以达到提高质量、降低成本、保护环境、有利于安全生产、减轻劳动强度等目的。

我们要高度重视技术创新，不仅是因为产品的质量、成本、交货期等因素由生产技术来决定，而且还因为生产技术会直接影响到劳动者安全和生态环境。因此国际标准化组织在制定ISO9000系列标准之后，又制定了ISO14000标准，专门用于保护环境，保护人类健康，敦促厂商节材、节能、保护森林、保护珍稀动植物、减少污染，所以又被称做绿色标准。

技术创新包括工艺的革新、材料的革新、装备的革新和操作方法的革新等。

（一）工艺的革新

这是生产方式的改变。例如用精密铸造、精密锻造、粉末冶金代替金属切削生产复杂的机械零件，可大大缩短生产周期、降低成本；TCL集团自行设计制造的全国第一条快速彩电生产线，每14秒钟可生产1台彩电，使生产效率提高了60%~80%。再比如啤酒行业的高浓稀释法，即制备高浓麦汁（使用高浓麦汁制备工艺），进行高浓发酵，和脱氧水稀释后进行啤酒过滤。这种啤酒酿造工艺不仅大大提高了啤酒的年产量，而且也大大提高了酿造设备的利用率。

（二）材料的革新

例如在化工生产中加入高效催化剂，就可以明显加速化学反应，缩短生产周期。再比如传统啤酒的生产是按“大麦→麦芽→麦汁→啤酒”的工艺主线进行的，目前已试验成功的啤酒生产工艺主线是“大麦→麦汁→啤酒”，即省掉“麦芽生产”工艺流程，而采用高活力的复合酶制剂将大麦及其他含淀粉辅料中的高分子非水溶性化学组分进行分解，从而制备麦汁。

（三）装备的革新

例如用电锯、电刨代替手工生产家具，采用激光照排印刷技术。再比如啤酒行业的低压动态麦汁煮沸设备系统的使用，可大大降低麦汁制备车间的能耗，同时也提高了煮沸设备的利用率。

（四）操作方法的革新

杰克·韦尔奇说：**“惩罚失败的后果是，没人会勇于尝试。”**企业应鼓励生产一线员工在不影响正常生产的情况下，积极开展操作方法上的创新。例如“节油王”王静通过认真检查车况，随时观察路况以避免急刹车，在操作中灵活运用离合器、油门、变速器，从而摸索出了一套节油“秘诀”。

生产一线员工要有危机感、责任感和荣誉感，要树立只有创新企业才能生存和发展的理念，要在本行业、本岗位不断寻求创新。

实践训练

1. 请教本企业的技术创新能手，学习他们的创新思维。

2. 经常关注行业内的技术创新和管理创新等，并思考能否将这些创新运用到本企业和自己的工作岗位。

案例分析

青岛啤酒“毛刷事件”后遗症与技术创新

1978年10月，在出口香港地区的啤酒中，发现其中的一瓶酒中有洗瓶机的毛刷。响当当的青岛啤酒竟发生了如此事情。中央领导李先念同志在10月27日作出批示：“青岛啤酒质量如此下降，而且长期不改，看了这份内参清样，实在令人气愤。建议青岛啤酒厂停产整顿，限期改正。”……经过4个月停产整顿，企业的生产和管理得到了明显改观。轻工业部和省市联合验收组经过认真核查，认为青岛啤酒厂的整顿已达到标准，批准自1979年4月10日起恢复正常生产。

毛刷事件后，青岛啤酒确立了“质量第一、卫生第一”的治厂方针，把4月10日作为“提高质量纪念日”，每年的4月作为青岛啤酒质量月，召开质量纪念日大会，组织员工进行质量管理回顾、质量控制培训、质量意识强化等一系列活动。

现任总裁金志国先生认为：“毛刷事件一方面使青啤更加重视质量，另一方面，‘毛刷变刺猬’，毛刷事件变成了‘后遗症’。这件事之后，很多青啤人丝毫不敢改变传统，出现了固步自封的现象。前些年，青啤人对质量的信仰到了保守和迷信的程度，世界的工艺已经发展了，而我们却因为怕担责任而不敢创新，认为动了工艺就等于动了质量，祖宗留下的东西就不能变，把传统的工艺当成‘圣旨’，把传统的长时间发酵当做法宝。于是，青啤成了国内最后一批淘汰传统工艺的企业。”

在面临毛刷事件“后遗症”的情况下，金志国先生认为：**“对质量的追求不等于僵化，不等于阻碍技术的进步。”**在他的决策下，青啤大胆使用国际先进设备和工艺，使青岛啤酒的产量和质量都达到了一个更高的水平。

正是这样年复一年的“纪念”，以及使用了国际先进设备和工艺，青啤实现了对质量追求的不断提升：健全了内部的质量控制体系，制定了高于国标的质量标准；设置了1800多个质量检测点，实现了对生产过程的全方位监控；还建立了全方位品评体系，每一批次、每一个环节都有品酒师亲口品尝。全面深入的质量管理保障了青岛啤酒的高品质，也让青啤赢得了消费者青睐，让青啤品牌价值持续提升，跻身世界品牌500强，可以说，严格的质量管理和技术创新，使青啤具备了核心竞争力。

资料来源：金志国：《一杯沧海——我与青岛啤酒》，中信出版社，2008年版。

◎**分析思考**："科学技术是第一生产力，使用科学技术是第一战斗力。"如果青啤一直沿用老设备和旧工艺，它能成就今日的辉煌吗？

推荐阅读

中小啤酒企业如何搞好技术创新工作（节选）

合理应用新工艺新技术

新钟楼集团把酿造工艺纯生化作为技术创新项目，从菌种扩培到啤酒过滤，每一环节实施无菌化操作，减少了酒体污染的机会，啤酒口味更加纯正，使集团具备了纯生啤酒的生产条件，为将来生产纯生啤酒打下了基础。新钟楼根据市场需要，开发研制出原浆啤酒，啤酒不经过滤，直接灌装于不锈钢保温桶内，保留了对人体有利的酵母菌，保存了蛋白质、多酚等营养物质，啤酒香味突出，受到了消费者的欢迎，提升了啤酒档次。该集团为满足高端消费者的需要，研制出冰爽冰泡系列高档酒。酒体采用先进的酿造工艺，使用反渗透处理的软化啤酒酿造用水，选用高级的进口香花，啤酒瓶选用美观奇特的造型，两种产品被评为中国食品协会优质产品，打入了酒吧歌厅等高消费场所。

革新改造设备，提高生产效率

新钟楼集团的旧生产线运行时间长，技术人员改造了灌酒阀等，使此条生产线能够生产高档酒。洗瓶机洗涤旧瓶需要隔日生产，既耽误生产，又浪费蒸汽，技术人员自行设计了标准瓶排模具逐排校正与修复，使洗瓶质量得到了提高，能够当日洗瓶、当日灌酒。洗瓶机进瓶经常停机，车间有关人员制作了洗瓶机推瓶装置，增加了承接盘过渡板等设备，使得洗瓶机停机时间大大缩短，提高了生产能力。

辅料采用当地生产的产品，降低生产费用

新钟楼集团选用玉米为辅料，根据玉米的特性，制定了适用于玉米的糊化工艺。选用适合的淀粉酶，保证了酒体口味与酒体质量不受影响。企业根据淀粉生产厂家的实际，采用液状淀粉，增加了淀粉运输罐、液体输送泵等。用湿淀粉直接作原料，减少了粉碎设备和投料人员，节约了生产用水。此项技术的应用，降低了生产成本。

重视小改小革，增加企业效益

过去贴标机标版较大，浪费标胶，技术人员将标版适当缩小，降低了标胶消耗。酵母扩培罐以前只能单罐清洗，技术人员改造了清洗方式，使得一次可同时清洗两个罐，节约了人力与清洗剂、蒸汽消耗。灌装车间增加了残酒回收机，改变了残酒回收方式，降低了酒损。

资料来源：江治勇、房彦华：《中小啤酒企业如何搞好技术创新工作》，《中国啤酒》2009年第1期。

◎思考题

1. 创新的意义有哪些？

2. 怎样实现观念创新？
3. 怎样实现产品创新？
4. 怎样实现技术创新？

第十六章 企业文化与企业形象

第一节 企业文化

美国哈佛大学的科特和赫斯克特对企业文化与经营业绩作了专项研究，他们比较了32家美国公司1977—1988年的经营业绩，发现建立了优良文化的企业，其长期业绩大大高于存在不良文化的公司，从而人们得出一个结论：企业不能只重视战略计划、组织结构、规章制度等管理“硬件”，还要重视人员的价值观、作风等管理“软件”，即要搞好企业文化建设。

一、企业文化的概念

企业文化是企业成员共有的意识形态、价值观、信仰、态度和道德规范，它是企业员工在较长时期的生产经营实践中逐步形成的。

二、企业文化的特点

企业文化有其自身的特点，主要表现在以下方面：

（一）人本性

企业文化是以企业管理哲学和企业精神为核心，凝聚企业员工归属感、积极性和创造性的人本管理理论。企业文化的重要特点是重视人的价值，正确认识员工在企业中的地位和作用，激发员工的整体意识，从根本上调动员工的积极性和创造性。企业文化所营造的积极向上的思想观念及行为准则可以形成强烈的使命感和持久的驱动力。

（二）社会性

企业文化的社会性，是指每一个企业都处于社会之中，社会文化无时不对企业发生重要影响。社会意识形态、社会价值观念、社会行为准则、社会文化心理、社会人际关系、社会道德规范等，无不影响着企业。

（三）时代性

企业文化是一个时代精神的反映，优秀的企业文化是时代精神的具体化，企业文化的时代性是企业与外部环境保持良好关系的关键。

（四）民族性

任何民族由于其生存与发展的具体条件不同，都具有自己独特的文化、风俗习惯、生活方式、价值观念、理想信念等，并构成这个民族的特质和内涵。企业文化总是建立在特定的民族文化基础之上的。国情不同，传统文化不同，企业文化也不一样。企业文化建设必须从国情出发，对民族传统文化进行挖掘、筛选、利用，培育有民族特色的价值观和伦理精神，才能建设具有民族特色的企业文化。

相关链接

中华民族的孝文化——大孝尊亲

《论语·为政篇》："子夏问孝。子曰：'色难。有事，弟子服其劳；有酒食，先生馔，曾是以为孝乎？'"确实，奉养父母比较容易，但是要细心、精心、尽心地奉养就不容易了，而要永远和颜悦色地奉养就极其不容易了。最近，有人做了一次问卷调查：现代人孝行中的"色难"怎样了？调查显示，100位老人见到后辈儿孙时，有91人表情愉悦，面带微笑；有5人显得很平静；有4人面带期待与希冀。而100位儿孙遇见长辈时，有46人板着面孔，显得冷淡，脸色难看；有41人面无表情，无动于衷；只有13人笑脸相迎，问寒问暖，情意融融。

以上调查数字，不一定十分严谨，但从一个侧面反映出当前一个严峻的家庭与社会问题。孔子认为孝不只是奉养亲人父母。孝有三个层面，而奉养亲人父母是最低的层面。《礼记·祭义》说：最高层面的是"大孝尊亲"，尊敬亲人；其次是"弗辱"，不让父母遭受耻辱；最低层面的就是"其下能养"，因此有"孝子之至，莫大于尊亲"的说法。

资料来源：http：//www.fjdh.com/sushi/HTML/158433.html

（五）融合性

企业文化的融合性，是指随着经济全球化以及大众传播媒介的普及，不同地区、不同民族的企业文化都呈互相开放、互相交流、互相引进、互相吸取的发展趋势，通过融合不同的文化实现优势互补，合作双赢。

（六）整体性

建设企业文化只有注重企业文化系统的整体性，使物质文化、行为文化、制度文化和精神文化与企业的特点互相结合、互相联系、互相渗透、互相作用，才能取得更好的效果。

（七）传播性

企业文化是一种价值理念，是价值观客观化的结果，企业文化的发展具有一定的规律，这种规律可以被人们认识、学习与掌握，并向社会传播，影响其他企业的文化建设。企业文化的传播性主要表现为不同企业之间的横向传播。

（八）创造性

企业文化的创造性，是指企业文化在发展的过程中，必然会消除消极传统，否定落后传统，肯定积极传统，继承进步传统，使企业文化的发展适应时代和企业的要求。

三、企业文化的内容

企业文化不是口号，而是有其具体的内容。这些内容主要由企业精神、企业的价值观、企业目标、企业的道德规范、企业制度、企业产品、企业文化活动、企业形象和企业团队意识所构成。

（一）企业精神

企业精神是企业文化的灵魂，是个性化非常强的文化特征，每个成功的企业都有自己独特的企业精神，使企业拥有一种积极向上的信念。燕京啤酒集团的企业精神是"尽心尽力的奉献精神，艰苦奋斗的创业精神，敢打硬仗的拼搏精神，顾全大局的协作精神，为厂分忧的主人翁精神"。**拿破仑说：剑总是对精神俯首的。**为什么有的企业设备先进、资金雄厚却经营失败？那是因为缺乏一种进取精神。企业只有具备自强不息的进取精神，才能在竞争中立于不败之地。

（二）企业的价值观

企业的价值观是企业文化的核心，是指企业及其员工的价值取向，即对事物的判断标准。

（三）企业目标

企业目标是企业文化的指示灯，是以企业经营目标形式表达的一种企业观念。**"追随组织目标，不追随某个领导"**已成为凝聚企业员工的指导思想。

（四）企业的道德规范

企业的道德规范是企业文化的行为规范，是用来调节和评价企业及员工行为规范的总称。它以公正、正直、诚实等道德范畴来评价企业和员工的行为。

（五）企业制度

企业制度是企业文化的准则，是企业为实现其目标要求其成员共同遵守的办事规程，也是处理生产关系的各种规章制度。

相关链接

企业文化建设中的“四个牢记”

第一，牢记我们是人。这是企业文化的出发点和落脚点。

蒙牛的企业文化中就有一条：**企业98%经营的是人性**。满足人性的需求，得人心者得天下。

第二，**牢记我们是中国人**。我们管理的对象99%是中国人，在中国人的身上流淌的是中国5000年的传统文化血液。我们要深深地领悟，中国2000多年的政治统治，无一不是用中国传统文化思想来统治。中国人无论是在哪里，还是觉得中餐可口。因此中国的员工必定是中国传统文化精髓的继承者，更愿意也更容易吸收中国传统文化，这本身也是一种文化的传承。

但是，中国的EMBA或MBA的课程学科设置，往往偏重于西方管理理论的课程，比如战略、营销、生产、人力资源，这些课程的确给了我们更多的制度、流程和方法，但不应该忽略对中国传统文化课程的设置。在日本的松下商学院，大部分课程是中国传统文化，比如《论语》、《孟子》、《大学》、《中庸》等和《孙子兵法》、《水浒传》、《西游记》等，让松下员工学习和领悟中国传统文化的思想，学会如何做人做事，并运用到企业的实践中去。当然，中西文化融合是最好的选择。

第三，牢记我们是组织人。企业是一个组织，员工是组织人。作为组织，要有组织原则、机制、制度和战略，那么我们的企业文化就必须与我们的战略、制度和原则相匹配。**制度是让想犯错的人犯不了错，文化是让有机会犯错的人不愿意犯错。**

在很多培训场合我都讲这样一个故事。家里两个小孩有一天争抢唯一的苹果，于是妈妈就对他们说：你们别抢了，一人一半。两个孩子听后觉得有道理，就放下苹果又都去抢切苹果的刀。这就是人性的暴露，孩子不会伪装。妈妈看了，更是担心，就说：这样吧，谁先切苹果就后拿苹果。这时候两个孩子都不再抢刀了，并且切苹果的那个孩子会把苹果切得非常的公平。这就是说，如果定好了游戏规则（**游戏规则就是制度），员工就会按照制度表现出合理的行为。**

如果他们的母亲对他们从小就进行了文化修养的教育，让他们互敬互爱，那么也许两个孩子即使只有一个苹果，即使有公平的游戏规则，也会互相谦让。这就是说**企**

业文化做到一定程度，制度会显得不必要了。

第四，牢记我们是世界人。中国企业文化，不能仅仅局限于自身的区域文化、民族文化，更重要的是放眼世界，吸取世界的先进文化，真正做到中西合璧，为我所用。

资料来源：http：//finance. sina. com. cn/leadership/jygl/20050912/17541961805. shtml

（六）企业产品

企业产品是企业文化的凝固。通过企业产品的整体形象可了解企业文化，产品的质量以及企业的质量意识反映企业文化的内涵。产品的设计反映企业的品位。企业的产品、服务是对外展示的一种形象，是企业文化的一部分。

（七）企业文化活动

企业文化活动是企业的功能文化。企业文化活动具有发展物质文明的主导功能、建设精神文明的主体功能、开发智力的动力功能、凝聚共同意识的凝聚功能等。作为企业的功能文化，企业文化活动大体上可分为文体娱乐性、福利性、技术性、思想性四大类型。

（八）企业形象

企业形象是企业文化的无形资产，是指企业文化的综合反映和外部表现。它主要通过企业经营管理的行为及其产品在企业外部的形象，即通过员工的形象、产品的形象和环境的形象来体现。企业形象同样是企业文化的一个主要因素，它在企业内部有凝聚和激励作用，在企业外部有吸引和辐射作用。

（九）企业团队意识

企业文化的集中体现是增强人们的团队意识，从而改变人们原来只从个人角度考虑问题的思维定式，建立价值体系的思维和行为模式，从而潜意识地对企业产生一种强烈的向心力，强化人们的整体意识、集体观念。

四、企业文化的功能

企业文化在企业的发展中具有许多重要功能，主要表现在以下方面：

（一）熏陶和“保健”功能

先进的企业文化能使企业员工得到精神文化熏陶，使之保持健康的精神状态。

（二）发展和创造功能

先进的企业文化能使企业员工获得自我发展，实现自我创造。

（三）净化和升华功能

先进的企业文化能使企业员工的思想观念和精神境界得到不断净化、升华。

（四）引导和教育功能

先进的企业文化能使企业员工正确地支配和控制自己的行为。有些企业在厂区贴出“谁砸了公司的锅，就先端了谁的碗”、“干部不抓质量等于杀人放火，员工不抓质量等于违法犯罪”等口号，其实美国质量管理专家戴明早就再三重申，贴标语、喊口号、搞训示等，不能帮助任何人做好工作，只能让人徒生挫折和不满，形成与公司对立的关系。企业文化建设一定要用正确的方法和手段实现引导和教育功能。

（五）凝聚和激励功能

先进的企业文化能把企业员工凝聚在一起，并激励他们为实现企业目标而努力奋斗。

（六）协调和互惠功能

先进的企业文化能协调企业内外各种关系，使大家各获其益。

正因为企业文化具有以上功能，所以全球著名企业无不高度重视企业文化的建设，视其为企业发展的内在动力。

李凯城在《向毛泽东学管理》一书中强调，军事上讲究攻城与攻心相结合，通过各种方法瓦解敌军斗志，达到不战而屈人之兵的目的，是为兵法之上乘。可是，当攻心战术得手后，对起义投诚过来的部队和放下武器的战俘如何处理，一直是一个管理难题。

因为在这些战俘当中，有的是真心归附，有的是随大流，还有的则是不得已而为之。对后者另眼相看，管得太严、太急了，会使那些真心归附者受到孤立和打击，严重的甚至会激起事变。但是，如果不加强教育和改造，这批人始终属于异己分子，随时都有哗变的可能。

企业兼并也会遇到类似的管理难题。两家并购企业的员工之间，必然会存在价值观的差异与冲突。此时，若大量裁员会造成人心不稳，管理层与员工难以合作；但不裁员，留下来的员工多会因为职业命运的难以把握而迷茫、动摇，很难以积极的态度去工作。

对于企业兼并中思想文化不相容的难题，许多西方管理学家望而却步。韦尔奇就主张：如果并购的企业之间文化差异很大，那么就不要冒这个险。这一观点很大程度上源于1986年美国通用电气公司（GE）的一桩并购失败案。在韦尔奇的坚持下，GE曾兼并了一家专门从事投资业务的基德公司，事前只考虑双方业务上可以互补，兼并后才发现基德公司的企业文化与GE格格不入，给韦尔奇带来了无穷无尽的烦恼，后来不得不把这家公司卖掉了事。

而海尔集团的张瑞敏，却通过学习借鉴毛泽东的管理思想，成功兼并了一个又一个的企业。他说：“海尔兼并成功的主要原因是，我们首先把海尔的思想文化移植到这些企业中去。一般派往兼并企业的首先是财务部门，而我们第一个去的是企业文化中心。”海尔的“文化注入”与毛泽东的“思想改造”有异曲同工之妙。

张瑞敏用“休克鱼”这个形象的说法来比喻那些导致企业停滞不前的思想观念。他提出把海尔的先进管理思想注入兼并企业，“激活休克鱼”。一旦思想被兼并企业的员工接受，并按照相应的原则开展工作，兼并工作就会变得简单、容易。

以海尔集团兼并安徽黄山电视机厂为例，兼并后没多久，电视机厂就有职工开始闹事，最后闹到罢工的地步。黄山电视机厂的职工认为：第一，他们被一套严格的企业管理制度束缚，丧失了原先计划经济时代的自由，要为自由而战；第二，海尔没有给他们相应的经济利益，所以他们要“革命”，要罢工。

面对闹事、罢工的严峻局面，海尔集团老总张瑞敏派人组织黄山电视机厂的职工“无限期”地进行大讨论，什么时候讨论清楚了就什么时候再工作。讨论什么呢？在市场经济的条件下，首先职工要弄懂一个基本道理：即使是“国企”的“主人翁”，是不是也得听“上帝”的？**谁是企业的“上帝”？那就是广大的消费者**。企业的产品不可能像计划经济时代一样，我生产什么，人民就要消费什么。张瑞敏提出谁为职工发钱的问题。“我们的工资是客户发的，不讲求质量，不生产出好产品来，就不能得到市场的认可，也就没有人给我们的职工发工资。”“无限期”讨论只进行了三天，电视机厂的大多数职工便认识到，再像以前那样，企业就无法参与市场竞争，就无利可图，活不下去，最终非垮台不可。最后职工们主动复工了。

后来，美国哈佛大学将这一兼并成功案例写入了它的企业管理案例库。

由此可见，文化对组织的巨大作用是必须加以重视和利用的。

五、企业文化建设目标

汪中求在《精细化管理》一书中指出：“小型企业靠领导，中型企业靠制度，大型企业靠文化。”其实，他只是指出了领导、制度和文化三者在不同企业的不同成长时期的地位问题，严格说来，**文化因素在不同企业的不同时期都是很重要的**。

有一个故事，讲的是鲜花店老板同时招聘了三个卖花女孩，这三个女孩轮班在花店卖花。老板告诉他们，试用期是一个月，试用期满后只留用一个。

第一个女孩对顾客很冷淡，很少看到她笑；第二个女孩对顾客热情有加，只要有顾客进店，她就让顾客多买花，恨不得把顾客的钱包掏空；第三个女孩只是微笑待客，从不刻意让顾客多花钱、多买花。这三个女孩试用期满后的卖花收入是：第一个女孩最少，第二个女孩最多，第三个女孩居中。

老板留用了营业额居中的第三个女孩。

老板说，对顾客不微笑服务的员工，其本身的心理就有问题；太热情却不为顾客考虑，即使她的营业额最高，那也是短期的，因为顾客也许在购买之后会后悔，最终会识破她的虚伪；只有第三个女孩，既有对顾客微笑服务的职业素养，又有真正把顾客当朋友的经营道德，她虽然在短期内的营业额不高，但最终会赢得顾客的青睐和忠诚，营业额必将持续、长久和提高。

老板选择留用营业额居中的第三个女孩的原因就是：老板有一种顾客利益至上的经营理念，这种企业文化的目标是赢得顾客的信任，注重企业的长远发展。

管理大师明茨伯格指出：**“确立一个组织的文化可谓困难重重，而要改变文化也得耗时数年，但是，如果疏于管理，组织的文化则很容易毁于一旦”**。① 许多企业在发展过程

① 明茨伯格：《明茨伯格管理进行时》，机械工业出版社，2010年版，第76页。

中可能会受到客观因素和主观因素的影响，进而影响企业文化的建设，如果企业的价值观不是确定为顾客服务，那么企业就会小富即安、不思进取，中国的百年企业太少或缺乏活力，就是因为企业文化很容易被不合格的接班人、知足常乐者、小人等毁于一旦。因此企业文化的建设必须明确目标、精心管理。

企业文化建设目标是：

第一，构建富有活力的企业文化体系。

第二，引导员工对本企业价值观、理念、精神的认同。

第三，明确企业的共同行为准则，规范企业员工行为。

第四，完善企业基本制度和规范。

第五，塑造良好的企业形象，形成企业无形资产，增强企业知名度、美誉度，增强企业品牌竞争力。

以下是宗教文化中关于虔诚的故事，它对企业文化建设有一定的借鉴作用。

从前，有一个小和尚担任撞钟一职，半年过后，有一天，住持宣布调他到后院劈柴挑水，原因是他不能胜任撞钟一职。小和尚很不服气地问："我撞的钟难道不准时、不响亮吗?"

住持耐心地告诉他："你撞的钟虽然很准时，也很响亮，但钟声空泛、疲软，没有感召力。钟声要唤醒沉迷的众生，因此，钟声不仅要洪亮，而且要圆润、浑厚、深沉、悠远。"

住持对小和尚的教育，实质上就是一种宗教文化中关于虔诚、戒躁、责任感等方面的教育。企业文化也需要这方面的教育，只不过它们的具体终极目标不同而已。

有些员工能遵守企业规章制度，也能正确操作生产设备并生产出合格产品，但在对本企业价值观、理念、精神的认同方面似乎就像那个小和尚，表面上敲钟准时，也敲得很响，但缺乏精神和文化方面的激励和指引。这样的员工就像"吃谁的粮，就给谁干"的雇佣兵，可能会跳槽、辞职、罢工等，在特殊时期可能会给企业埋下隐患。

所以企业一定要对生产一线员工加强企业文化教育。

第二节 企业形象

一、形象和企业形象的概念

从心理学的角度来看，形象就是人们通过视觉、听觉、触觉、味觉等各种感觉器官在大脑中形成的关于某种事物的整体印象。形象不是事物本身，而是人们对事物的感知，不同的人对同一事物的感知不会完全相同，因而其正确性受到人的意识和认知过程的影响。

企业形象是企业内外对企业的整体感觉、印象和认知，是企业状况的综合反映，是企业在产品质量、科技进步、管理水平、经济实力、员工素质、服务水准等基本素质上的综合表现。

企业形象的构成要素为产品形象、品牌形象、环境形象、经营者形象、员工形象、公共关系形象、社会形象等。

企业形象管理就是通过科学、系统、持续不断的沟通、协调，全面提高企业的内在素质，充实企业形象的内涵，再通过科学性与艺术性相结合的信息传播，把企业的良好形象扩散出去，从而获得良好的经济效益和社会效益。

二、企业形象的组成

从广义概念上来说，企业形象是由企业理念形象、企业行为形象和企业视觉形象构成的。

（一）企业理念形象

企业理念形象是由企业经营哲学、宗旨、精神、发展目标、经营战略、道德、风气等精神因素构成的企业形象子系统。

（二）企业行为形象

企业行为形象是由企业组织及组织成员在各种活动中表现出来的员工行为及素质、企业制度、行为规范等因素构成的企业形象子系统。内部行为包括员工招聘、培训、管理、考核、奖惩，各项管理制度、责任制度的制定和执行，企业文化习惯等；对外行为包括采购、销售、广告、金融、公益等公共关系活动。

（三）企业视觉形象

企业视觉形象是由企业的基本标识及应用标识、产品外观包装、厂容厂貌等构成的企业形象子系统。其中，基本标识指企业名称、标志、商标、标准字、标准色；应用标识指象征图案、旗帜、员工服装及个人形象、口号、招牌、吉祥物等；厂容厂貌指企业的自然环境、店铺、橱窗、办公室、车间及其设计和布置等。

在企业形象的三个子系统中，理念形象是深层次、核心的部分，也最为重要，它决定行为形象和视觉形象；而视觉形象是外在的、容易表现的部分，它是理念形象的载体；行为形象介于上述两者之间，它是理念形象的延伸和载体，又是视觉形象的条件和基础。

三、企业形象的形成过程

企业形象的形成过程，不仅是企业进行形象设计、传播的过程，而且是公众对企业进行认知、认可的过程。良好的企业形象的形成依赖于各种途径，其中，建立及实施企业形象识别系统，是树立良好企业形象的有力途径。

企业形象的形成是一个渐进的复杂的过程，也是企业通过各种传播媒介与社会公众相互沟通、相互影响的过程。企业实态和特征是企业形象的基础，而传播媒介是传播企业信息、塑造企业形象的桥梁，社会公众则是企业形象的评价者，其印象、态度和舆论在企业形象形成过程中起着决定性的作用。

四、企业形象识别系统

企业形象识别系统译自英文“Corporate Identify System”，简称 CIS，主要包括三个部分，即理念识别系统、行为识别系统、视觉识别系统。

（一）理念识别系统

它是整个 CIS 的最高决策层，给整个系统奠定理论基础，并通过视觉识别和行为识别表达出来。所有的行为活动与视觉设计都是围绕着理念识别这个中心展开的，成功的视觉识别和行为识别就是将企业富有个性的独特精神准确地表达出来。

（二）行为识别系统

它可直接反映企业理念的个性和特殊性，包括对内的组织管理和教育、对外的公共关系、促销活动等。

（三）视觉识别系统

它包括基本要素（企业名称、企业标志、标准字、标准色等）和应用要素（产品造型、办公用品、员工服装及个人形象、招牌、交通工具等），通过具体符号的视觉传达设计直接进入人脑，留下对企业的视觉印象。

企业形象是企业的一项重要无形资产，因为它代表着企业的信誉、产品质量、人员素质等。塑造企业形象虽然不一定马上给企业带来经济效益，但它能创造良好的社会效益，获得社会的认同感，最终会收到由社会效益转化来的经济效益。它是一笔重大而长远的无形资产的投资。

因此，许多企业对员工的服装及个人形象有相应的规定，比如食品企业不允许员工染发和留长发等，还有的企业要求员工把服务延伸到工作岗位之外，延伸到社区中，通过员工的优良形象来树立企业的优良形象。

未来的企业竞争不仅仅是产品品质、品种之战，更重要的还是企业形象之战，因此，塑造企业形象便成为有长远眼光企业的长期战略。

相关链接

员工代表公司的形象

IBM 对员工形象的要求

IBM 在 20 世纪上半叶声誉鹊起，全国知名。IBM 前 CEO 小沃森谈到这段历程，描述 IBM 当时的环境像“教派一样的气氛”，这种气氛的起源可以追溯到 1914 年。当时他父亲老沃森接任一家挣扎生存的小公司 CEO 时，开始刻意创造一个由坚贞之士组成的组织。老沃森在墙上贴了一些口号，诸如“失去的时间永远找不回来”，“停滞不动绝不可能”，“我们绝对不能自满”，我们卖的是服务”，**“员工代表公司的形象”**，等等。他制定了严格的个人行为准则：**要求业务代表注意仪容，身着暗色西装，鼓励结婚（他认为结婚的人因为要养家糊口，会比较努力地工作，比较忠心）；他也劝阻员工吸烟，禁止喝酒；**他还制订了培训计划，以便系统地把公司的哲学灌输给新进人员；他招募有可塑性的年轻人，并且严格遵守从内部提升的做法；他还创设了IBM经营的乡村俱乐部，鼓励IBM人员内部交往，而不鼓励和外界的人来往。

迪斯尼对员工形象的要求

对于要进入迪斯尼乐园工作的员工，迪斯尼特别注意筛选和社会化。对于可能招募进来的人，**即使是清洁工，也必须至少通过由不同口试官主持的两次筛选**（20世纪60年代时，迪斯尼要求所有应聘人员参加多次性格测验）。脸上有毛的男性、耳环摇摇晃晃或化浓妆的女士不必去应聘，因为**迪斯尼实施严格的仪容规定**（1991年，迪斯尼乐园员工发动罢工，抗议仪容规定，迪斯尼开除罢工领袖，继续维持仪容规定）。1967年，理查德·席克尔在他写的《迪斯尼电影》里，对迪斯尼乐园的员工有过这样的描述：（他们）有一种相当标准化的仪容，女孩通常都是金发、碧眼、不爱出风头的那一类型，全都好像刚刚从加州运动装广告里走出来，准备嫁到郊区做个好母亲的女孩；男孩一律都是纯美国风格、喜爱户外运动、是妈妈总要你模仿的那种迷糊快乐的小孩。

资料来源：柯林斯等：《基业长青》，中信出版社，2009年版。

五、企业形象的功能

企业形象具有多种内部功能和外部功能。

（一）内部功能

1. 凝聚功能

它是企业从事一切生产经营活动的保证，能吸引人才，提高生产力；能激励士气，提高工作效率；能使大家目标一致，树立团队精神。

2. 规范功能

它通过企业的CI手册、员工手册等，完善企业的内部管理系统，提高工作效率。

3. 整合功能

它能建立客观的约束机制，使各个部门管理协调配合，充分利用资源，达到1+1>2的效果。

（二）外部功能

1. 传播功能

它能做到经济、便捷、有效的传播。

2. 识别功能

独特、统一的企业形象，有利于消费者识别。

3. 感召功能

良好的企业形象更容易筹集资金；能增强投资者的好感和信心，缓解危机；能扩展企业的供销渠道；能吸引更多的优秀人才；能得到社会各阶层人士的支持。

在华中科技大学2010届本科生毕业典礼上，校长李培根院士16分钟的演讲，被掌声打断30次。其中在网络上广为流传的是李培根院士所说的一句话："什么是母校？母校就是那个你一天骂他八遍却不许别人骂的地方。"自觉维护自己所在组织的组织文化和组织形象，是人类与生俱来的、宝贵的情感。

生产一线员工应认真学习和领会企业文化的思想精髓，自觉维护良好的企业形象，做一名知行合一、积极向上的好员工。

实践训练

1. 请老领导和老员工讲述企业创业、抓质量管理等方面的故事。

2. 员工形象、厂容厂貌等是企业形象的构成部分，从现在起，严格要求自己：言行文明，服饰得体；保持厂区、办公室及车间的环境卫生、安全、有序，给人以良好的印象。

案例分析

青岛啤酒（珠海）有限公司的企业文化和企业形象（节选）

公司注重回报社会，努力促进社区经济发展和精神文明建设。公司在三级（公司级、部门级、班组级）企业文化建设的基础上提升到"文化经营"的高度，在青啤新文化的基础上，**大力推行"三大文化"：6σ文化、"狼"文化、全员服务文化。我们的使命：用我们的激情酿造出消费者喜好的啤酒，为生活创造快乐！**

1. 青岛啤酒名称、文字符号、图形符号、品牌

为了配合百年品牌青岛啤酒的重新定位和提升其品牌形象，需要重新调整其企业标志和设计品牌包装系统。在原有企业标志的基础上，保留主要的元素（麦穗、栈桥和水波）和意景，再加以简化和优化，并加上立体效果，以增强其视觉震撼力。

青岛啤酒新标志由LOGO、英文罗马饰体字"TSINGTAO"及其背景图案和中文宋体"青岛啤酒"三元素组成。青岛啤酒新LOGO强调栈桥两层顶部的流线，流水部分缩短，使麦穗圆满环抱着栈桥和流水的风景，再以红和蓝的深浅色、栈桥旁的明影加强立体效果，使整体造型有明确的视觉焦点。立体的蓝色球体代表地球，清澈的水波环抱着地球，嵌有金色麦穗的玫瑰红圆环围绕着地球，象征青岛啤酒优质的原料和对全球消费者品质、价值的承诺；而栈桥位于地球中心，则象征全球消费者对青岛啤酒的青睐和钟爱。青岛啤酒的LOGO更加简洁清晰，符合当前消费者追求简约明朗的审美倾向。

青岛啤酒新标志以突出英文名称为主，加上经过特别设计的中英文字体，配上徽章似的主图形，使商标名称更加突出，更能反映出青岛啤酒优质和可靠的形象特质，使整体形象富于国际化和亲和力。

青岛啤酒新标志另外一个明显的调整是在颜色的使用上。新标志采用金色和玫瑰红，突出了青岛啤酒高贵卓越的品质。绿色是青岛啤酒标志的标准色，主要用于背景

和其他辅助设计，有助于建立健康、环保的品牌形象。

2. 核心经营理念

核心经营理念——海纳百川，追求卓越；关注健康，奉献社会。

“海纳百川，追求卓越”体现包容与创新，公司通过引进各种人才和各种先进管理方法，建立健全各种机制使公司快速发展。公司将追求顾客价值最大化作为企业的最终目标，促使公司不断以更高标准要求自己，不断为顾客创造更大的价值，引导企业不断追求卓越。

“关注健康，奉献社会”体现以顾客为中心，充分关注公司的内外部顾客。公司通过推行综合管理体系、食品安全卫生管理体系，确保产品质量和安全，从而确保顾客的健康。在追求企业发展的同时，积极参与社会公益活动，从而推动顾客价值最大化和社会效益的共同实现。

3. 企业文化主导观念

公司在集团“锐意进取、奉献社会”主经营理念的指导下，围绕“海纳百川，追求卓越；关注健康，奉献社会”的核心经营理念，在三级企业文化建设的基础上提升到“文化经营”的高度，努力打造具有“学习力、创新力和执行力”的强势文化，以创建以人为本、与时俱进、在华南区域内具有国际竞争力的青啤文化为最终目的。

坚持“一个原则”和“两手抓”来经营文化。一个原则就是持续学习，两手抓是指一手抓企业内文化建设，一手抓企业外文化建设。其中外文化建设通过创建华南歌舞团，使文化服务于市场、贴近消费者，让消费者真正认知、感受青啤文化，从而带来巨大的无形价值。

核心经营理念：海纳百川，追求卓越；关注健康，奉献社会。

企业精神：超越自我，追求卓越。

公司方针：质量、创新、节约、标准化、执行力。

IMS 方针：优质高效、控制危害、健康安全；规范运行、持续改进、创新发展。

经营子理念：

创新观：以 6σ 管理模式为切入点，推动公司各项工作全面创新。

质量观：产品质量和工作质量向精确化、高质化发展。

人才观：快速培育和使用人才，做好“用心识才、精心选才、全心育才、放心用才、诚心留才”五心工作，形成“能者上，平者让，庸者下”的竞争机制。

学习观：树立“学习型组织”理念，建立“**学习工作化，工作学习化**”的新型教育培训模式。

市场观：对产品质量的投入即对市场的投入，为客户与消费者提供良好信誉和超值服务。

服务观：树立“服务型管理理念”，建立全员服务机制，倡导“服务只有起点，没有终点”的精神。

团队观：树立“团队型管理理念”，建立高绩效团队。

企业文化载体：青啤珠海简报、员工培训手册、员工手册、啤酒知识培训手册、企业宣传DVD、宣传画册、企业文化展示窗。

资料来源：《青岛啤酒（珠海）有限公司企业文化概要》。

◎**分析思考**：通过阅读该公司的资料，你能感受到一种怎样的企业文化和企业形象？

推荐阅读

外在包装：企业产品的另一只“翅膀”（节选）
——浅谈啤酒企业产品包装之于消费意识的“唤醒”作用

从产品构成角度来说，企业产品包括内在质量和外在包装两个部分。业内对此有一个形象的比喻：如果把市场看作企业产品“腾飞”的空间，那么产品的内在质量和外在包装就是产品的双翅。过去，很多企业往往只关注质量或偏重包装，导致的结果往往是产品“折翅”，达不到理想的销售效果。一个真正的好产品必须是内在质量和外在包装的完美统一，“比翼”才能“高飞”。包装，已经成为一种竞争力，且这种竞争力表现出越来越强大的趋势。

包装设计之于产品本身乃至企业有着深刻的意义，对唤起消费者的购买欲望和促进产品销售起到至关重要的作用。

对消费者来说，首先看到的是啤酒的包装。包装既是产品的卖点，又是市场的亮点，新颖独特的包装往往容易打动消费者的心。

1. 啤酒包装的基本功能

（1）保护功能。

（2）美化增值功能。

（3）促销功能。

包装是“无声的推销员”，产品包装设计必须与时俱进，不断推陈出新，方能决胜千里。

2. 以包装制胜的技巧

（1）突出主题。啤酒包装应突出产品的特点、风格和功能，体现产品的品位和营销文化。

（2）表里如一。包装的选择一定要有成本意识，包装的成本和费用要与产品的价值或质量水平相适应。不仅要防止“一等产品，二等包装，三等价格”情况出现，也应防止“金玉其外，败絮其中”的情况。

（3）巧用色彩。在啤酒产品的包装设计中，色彩的运用也十分重要。在市场竞争中，要使本企业产品具有明显区别于竞争对手产品的视觉特征，更富魅力，刺激和引导消费者以及增强消费者对品牌的记忆，都离不开色彩的设计与运用。

（4）心理策略。这要求啤酒企业在产品的包装造型、体积、重量、色彩搭配、字体和图案的选用等方面，力求与消费者的个性心理相吻合，取得包装与产品在情调上的协调，以激发消费者的购买欲望，培养消费群体对品牌的忠诚度。

◎思考题

1. 企业文化的特点有哪些？
2. 企业文化的建设目标是什么？
3. 企业形象由哪些方面组成？
4. 企业行为形象的内容有哪些？

第十七章 绩效管理与企业伦理

第一节 绩效管理

一、绩效管理的概念和目的

单纯从语言学的角度来看，绩效包含成绩和效益的意思，用在经济管理活动方面，是指社会经济管理活动的结果和成效；用在人力资源管理方面，是指主体行为或者结果中的投入产出比；用在公共部门管理方面，可衡量政府活动的效果，是一个包含多元目标在内的概念。

绩效管理是指各级管理者和员工为了达到组织目标，共同参与的绩效计划制订、绩效辅导沟通、绩效考核评价、绩效结果应用、绩效目标提升的持续循环过程。

绩效管理的目的是持续提升个人、部门和组织的绩效。绩效管理强调组织目标和个人目标的一致性，强调组织和个人同步成长，形成“多赢”局面；绩效管理体现着“以人为本”的思想，在绩效管理的各个环节中都需要管理者和员工的共同参与。

二、影响绩效的因素

影响绩效的主要因素有员工技能、外部环境、内部条件以及激励效应。员工技能是指员工具备的核心能力，是内在的因素，经过培训和开发是可以提高的；外部环境是指组织和个人面临的不为自身所左右的因素，是客观因素，是我们完全不能控制的；内部条件是指组织和个人开展工作所需的各种资源，也是客观因素，在一定程度上我们能改变内部条件的制约；激励效应是指组织和个人为达成目标而工作的主动性、积极性，是主观因素。

在影响绩效的四个因素中，激励效应是最具有主动性、能动性的因素，人的主动性、积极性提高了，组织和员工的会尽力争取内部资源的支持，同时组织和员工的技能水平将会逐渐得到提高。因此，绩效管理就是通过适当的激励机制激发人的主动性、积极性，激发组织和员工争取内部条件的改善，提升技能水平，进而提升组织和个人绩效。

管理大师明茨伯格认为：**“过于抬高领导层，我们就贬低了其他人。我们创造了一批又一批的追随者，迫使他们执行任务，却不充分利用人的自然习性来进行团体协作。从这个角度讲，有效管理可以看成是互相参与、互相联络、互相支持。”**我们应该充分利用激励效应，尊重和爱护员工，在组织中营造一种和谐、有效的工作氛围，从而更好地进行绩效管理。

相关链接

解放军的层次管理对绩效的影响

解放军的层次管理就是从上至下、一级抓一级，级级各司其职，每一级对上一级负责，每一级的每一个人都有明确的责、权、利。班里能解决的事，就不要上报到排里；排里能解决的事，就不要上报到连里……

当然，层次管理的层次不是绝对分开的，如果带兵者认为有必要，并真正懂得下下级部门的业务，也可以“一杆子插到底”地去管理下下级的事务，只是要尽量减少这样做。毛泽东指出：**“领导者的责任，归结起来，主要是出主意、用干部两件事。”**因此，带兵者该放手的要放手，不能事必躬亲，应侧重于成事而不是做事，避免越俎代庖。

层次管理应该像毛泽东同志所说的：**“大权独揽，小权分散；党委决定，各方去办；办也有决，不离原则；工作检查，党委有责。”**一般说来，确定大政方针，选拔任用人才，运筹战略决策，拟订长期发展规划，这些权力应集中于上级机关，以谋求整体的、长远的利益。至于决定执行性方案，作出战役性、战术性决策，就不必也不可能集中于上级机关。要在上级统一领导下实行“统一领导、分级管理”的原则，给下级一定的因时、因地、因人制宜的权力。下级对本职范围内的作战、训练、工作，有权作出全面规划，并拥有在本职范围内使用人、财、物的权力。

某部四连新上任的刘连长，为了尽快改变该连管理工作落后的局面，上任伊始，无论大事小情都亲自过问，亲自处理。经过半年多的努力，起初稍有起色，但随着时间的推移，仍然恢复“本来面目”，甚至某些方面还不如以前。刘连长回忆起自己半年来的工作，对指导员说：“为什么我们付出了这么大的努力，变化却不大呢？为什么各班班长、各排排长不充分发挥自己的积极性、主动性呢？”

一位排长支委说：“管理工作是大家的事，我们连队的三个管理层次是分明的。但是如果都像连长那样，‘锄了别人的地，荒了自己的田’，就不好办了。”另一位排长支委接着说：“连长，如果在吃饭时，我把筷子伸到你的碗里，同你抢饭吃，你会有何想法?”还有一位支委说:“俗话说,‘一个篱笆三个桩,一个好汉三个帮’,‘三个臭皮匠,能顶一个诸葛亮’,连队的管理也是如此。如果‘唱独角戏,跳光杆舞’,就很难收到好的效果。”

刘连长恍然大悟,心里想:“大家这不明明是说我吗!看来我前一段的工作真可谓‘公公背儿媳妇过河,费力不讨好’。”于是,他向大家承认了自己以前有些做法是不妥的,同时也表示了今后应该怎样做的决心。

挽救一个后进连队,仅靠一个人“唱独角戏,跳光杆舞”是不行的。必须充分调动大家的积极性,分层管理,形成合力。

资料来源:牛洪:《解放军带兵艺术与领导之道》,企业管理出版社,2008年版。

三、绩效管理的作用

绩效管理的作用主要表现在以下两个方面:

(一)绩效管理能促进组织和个人绩效的提升

绩效管理在人力资源管理中处于核心地位。

首先,组织的绩效目标是由公司的发展战略决定的,绩效目标要体现公司发展战略导向,组织结构和管理控制是部门绩效管理的基础,工作分析是个人绩效管理的基础。

其次,绩效考核结果在人员配置、培训开发、薪酬管理等方面都有非常重要的作用,如果绩效考核缺乏公平公正性,上述各个环节工作都会受到影响,而绩效管理落到实处将对上述各个环节工作起到促进作用。

绩效管理和招聘选拔工作也有密切联系,个人的能力素质对绩效影响很大,人员招聘选拔要根据岗位对任职者能力素质的要求来进行。

通过薪酬激励激发组织和个人的主观能动性,通过培训开发提高组织和个人的技能水平,能带来组织和个人绩效的提升,进而促进企业发展目标的实现。组织和个人绩效水平,直接影响着组织的整体运作效率和价值创造,因此,衡量和提高组织、部门以及员工个人的绩效水平是企业经营管理者的一项重要常规工作,而构建和完善绩效管理系统是人力资源管理部门的一项战略性任务。

(二)绩效管理对于提升企业的竞争力具有巨大的推动作用

绩效管理对于处于成熟期企业而言尤其重要,没有有效的绩效管理,组织和个人的绩效得不到持续提升,组织和个人就不能适应残酷的市场竞争,最终将被市场淘汰。

绩效管理成功的企业,都具有以下三个特点:

第一,能正确看待绩效管理的作用,同时具备推行绩效管理的前提条件。

第二,企业已经建立了规范、系统的绩效管理体系。

第三,企业各级管理者和员工熟练掌握有关绩效管理实施的工具和技巧。

四、企业绩效管理的重大误区

认为绩效管理就是绩效考核(也叫绩效考评),认为绩效考核就是挑员工毛病,这是企业管理者和员工对绩效管理存在的重大误解。

很多公司启动绩效管理项目的时候，对绩效管理并没有清楚的认识，认为绩效管理就是绩效考核，把绩效考核作为约束控制员工的手段，通过绩效考核给员工增加压力，将绩效考核不合格作为辞退员工的理由，有些企业盲目采用末位淘汰制。如果公司企业文化、业务特点和管理水平并不支持采用这种方法，绩效考核自然会受到员工的抵制。

事实上，绩效管理和绩效考核是不同的，绩效考核只是绩效管理的一个环节。绩效管理是一个完整的循环，由绩效计划制订、绩效辅导沟通、绩效考核评价以及绩效结果应用等几个环节构成。绩效管理的目的不是发绩效工资和奖金，不是涨工资，这只是手段，绩效管理的目的是持续提升组织和个人的绩效，保证企业发展目标的实现。绩效考核是为了正确评估组织或个人的绩效，以便有效进行激励，是绩效管理最重要的一个环节。绩效管理要取得成效，上述四个环节的工作都要做好，否则就不会达到绩效提升的效果。

如何改变绩效管理就是绩效考核、绩效考核就是挑员工毛病的错误认识呢？

首先，要使员工认识到绩效管理和绩效考核会带来好处。无论绩效管理还是绩效考核，并不会损害各级管理者和员工的利益，相反会促进个人能力素质的提高，这在日益激烈的职场竞争中是非常关键的。其实，**任何组织并不会因为没有绩效考核而不淘汰员工，没有绩效考核并不意味着是铁饭碗**。绩效考核是一个非常有效的主管与下属交流沟通的媒介，在绩效管理过程中员工会得到主管的辅导和支持，绩效考核结果反馈使下属知道自己的缺点和不足，从而使个人能力素质和业务水平得到提高。

其次，要加强对各级管理者有关绩效管理工具、方法和技巧的培训，使绩效计划制订、绩效辅导沟通、绩效考核评价以及绩效结果应用等环节工作落到实处。

明茨伯格非常推崇托尼·沃森所著《追问管理》中的一段话：**“管理是一种非常实际、脚踏实地的活动。对于管理本身，没有深刻的真理可供发掘；怎样管理也没有隐藏的秘密可供揭露。管理是非常简单的活动，涉及人事和资源的整合，从而生产产品、提供服务……启示是，轻松点儿，幽默、活泼、机警些吧。”**

明茨伯格认为，**管理发展需要根据管理本身的性质进行组织**。

因此，不同的企业对绩效管理应采取科学的态度，不必盲目照搬一些既有的考核项目和形式，应该结合企业自身的特点开展绩效管理活动。

相关链接

德鲁克论组织绩效

管理大师德鲁克认为，**组织的目的是使平凡的人做出不平凡的事。**

组织不能依赖天才。因为天才稀少如凤毛麟角。考察一个组织是否优秀，要看其能否使平常人取得比他们看来所能取得的更好的绩效，能否使其成员的长处都发挥出来，并利用每个人的长处来帮助其他人取得绩效。组织的任务还在于使其成员的缺点相互抵消。

绩效精神要求每个人都充分发挥他的长处。重点必须放在一个人的长处上——放在他能做什么上，而不是他不能做什么上。

一个组织的“士气”并不意味着“人们在一起相处得是否好”，其检验标准应该是绩效。如果人际关系不以达成出色绩效为目标，那么实际上就是不良的人际关系，是互相迁就，并会导致士气萎靡。

一个企业要想培养绩效精神，应在以下四个方面付诸实践：

(1) 组织的重点必须放在绩效上。对企业和每个人来说，组织精神的第一要求就是绩效的高标准。但绩效并不意味着“每次都成功”，而是一种“平均成功率”，其中允许有而且必须允许有错误甚至失败。绩效所不能允许的是自满与低标准。

(2) 组织的重点必须放在机会上，而不是放在问题上。

(3) **有关人的各项决定，如工作岗位、工资报酬、提升、降职和离职等，都必须表明组织的价值观和信念。它们是组织的真正的控制手段。**

(4) 在有关人的各项决定中，管理层必须表明，正直是一个经理人所应具备的唯一的绝对条件。同时，管理层也应表明它对自己也同样地提出公正这个要求。

资料来源：http：//blog. csdn. net/yhhah/archive/2007/08/13/1741176. aspx

五、绩效考核

国内许多企业实行的绩效考核（也叫绩效考评），其实只是绩效管理中的一个环节。两者最大的不同在于，绩效考核是在年底对过去绩效情况的回顾，甚至有些公司到了年底才匆忙制订考核的标准、条款和权重；而绩效管理则是向前看，侧重过程，通常需要一年时间完成整个流程。

有新观点认为：绩效考核是计算企业的合力的过程，通过一定的手段衡量哪些因素推动企业发展，哪些因素制约企业发展，从而找到平衡点，以达到企业和谐发展的目的。

绩效考核的重点在薪酬和绩效的结合上。薪酬与绩效在人力资源管理中，是两个密不可分的环节。在设定薪酬时，一般已将薪酬分解为固定工资和绩效工资，绩效工资正是通过绩效予以体现的，而对员工进行绩效考核也必须表现在薪酬上，否则绩效和薪酬都失去了激励的作用。

绩效考核是一项系统工程，涉及战略目标体系及其目标责任体系、指标评价体系、评价标准及评价方法等内容，其核心是促进企业获利能力的提高及综合实力的增强，其实质是做到人尽其才，使人力资源作用发挥到极致。

明确这个概念，可以明确绩效考核的目的及重点。企业制定战略发展的目标，为了更好地完成这个目标，需要把目标分阶段分解到各部门各人员，也就是说每个人都有任务。绩效考核就是对企业人员完成目标情况的一个跟踪、记录、考评。

绩效考核是收集、分析、传递有关个人在其工作岗位上的工作行为、表现和工作结果等方面信息的过程。绩效考核的方式大致分三种：

第一种，按考核时间来分：可分为日常考评与定期考评。

第二种，按考核主体来分：可分为主管考评、自我考评、同事考评和下属考评，即“360 度考评方法”。

第三种，按考核结果的表现形式来分：可分为定性考评与定量考评。

第二节　企业伦理

一、正确对待竞争

（一）竞争是物竞天择的自然法则

美国人发明了一个新词：coopetition，就是 cooperation（合作）和 competition（竞争）的合成词。它提出了一个新的思维：一方面竞争，一方面合作；**在竞争中合作，在合作中竞争**。

“竞合”观念是一种全新的商业思维模式，既符合科学观，也符合古代的哲学思想。

从社会学角度来看，竞争是人类社会和自然界普遍存在的客观规律，是优胜劣汰、适者生存的自然法则。“大鱼吃小鱼，小鱼吃虾米”的逻辑使商家把竞争对象一直锁定在同行身上，所谓“同行是冤家”，“竞争就是你死我活，你输我赢”。

世界是平的，商业社会的生物链决定了任何一个商家不可能通吃天下，只有在合理的行业和产业细分的前提下进行生物链式的合作才能成功。

竞争的领域是飞速变化的市场，是永无止境的客户需求。和竞争对手竞争是低级的竞争，和市场竞争、和消费者的消费心态竞争，才是高层次的竞争。这一点，西方也是在最近才意识到的。

曾经，可口可乐与百事可乐之间的竞争之激烈，商界罕见，为争夺市场份额打了近百年。一则还算客气的广告，是一个小男孩从货架上拿下几罐竞争对手的可乐，垫在脚下，为了取放在高处的自己品牌的可乐。到了 20 世纪 90 年代末，可口可乐在战略上首次提出**“有对手才有自己”**，之后再进行的对百事可乐的攻击，就可以看出新的高度，品出新的味道了。

竞争对手在一段时间内可以消灭，但从长久看，竞争无法停止；因为旧的竞争对手消失后，又会带来新的竞争对手，所以，**竞争对手其实是无法消灭的**；竞争对手从产生到消灭是一个周而复始的过程。

斗了一辈子的对头死了，少了精神支柱，自己也无聊得寿终正寝；同行关门倒闭，自己的商品供不应求，质量和服务下降，新的同行出现，轮到自己关门。

从最朴素的愿望来看，竞争的最高境界就是没有竞争，消灭所有竞争对手似乎是一个理想的状态，但是事实上远非如此，**竞争的最高境界其实是选择与培育自己的竞争对手**。

在一个成熟的行业，如果没有竞争者的话，可能这个行业也即将灭亡。

相关链接

竞争对手的重要性

天敌的重要性

美国阿拉斯加有一种很珍贵的鹿，政府专门设立了一个自然保护区，对它们精心看护照管。开始时，管理人员为了不使鹿群受到伤害，便将狼、豹等动物驱逐“出境”，鹿群生活在没有危险的“安乐窝”之中。渐渐地，管理人员发现，这些鹿的活动量在逐渐减少，体质也变得越来越差，许多鹿因为抵抗力弱而死亡。怎样才能使鹿群恢复原来的生机呢？管理人员决定，从外地“引进”几只鹿的天敌——狼。狼引进来以后，鹿为了生存，整天来回奔跑。结果没过多长时间，这些鹿的体质和生命力都大为增强。

26只猫和1只老虎

2001年，华润啤酒公司在国内陆续收购了26家啤酒企业。由于各企业文化差异等原因，这些企业进入华润序列后，管理层、员工的思想依然停留在原企业层面上。华润啤酒公司总裁宁高宁在企业高层会议上讲了这样一个故事，这个故事后来在这26家企业管理层和员工中广泛流传：

大山很美，山里来了一只狼。狼饿了，找食吃，见到一群猫，数了数，有26只。这么多猫，把狼吓了一跳。可狼实在饿了，就壮着胆子向1只猫下了手，结果猫被吃了。猫虽然挣扎，但也没有用，其他猫也没有给予帮助。狼很得意，于是每天吃1只猫，26天，一连吃了26只猫。狼长得又肥又壮，很骄傲。

狼吃完了猫，又四处觅食，走了很远，正当饿极时，看到一只大猫。这下狼高兴了，心想，虽然这次只有一只，可是看起来却很大，可以吃饱，于是冲上去就咬。结果这只猫不但气力很大，而且还很凶猛，反过来把狼打倒在地，把狼吃了。狼至死也不知道，这只貌似猫的动物原来不是猫，而是老虎。一只大老虎的力量远大过26只猫。

在我们周围也有一个类似的故事，正在发生，很相似。这26只猫就是我们今天的26家啤酒厂，那只大老虎则是我们未来的啤酒集团。**狼，是我们的竞争对手，如果我们不变成老虎，就会被狼吃掉。**

经常拉响战斗警报

解放军的效率在于这个武装集团始终处于“准战争”状态。这种时刻做好战争准备的氛围，使这个组织对环境具有高度灵敏的反应，从而使军队具有强大的活力。这让我想到了所有军人都经历过的“紧急集合”。“紧急集合”是军队作为战斗组织的标志之一，军队是要时刻准备打仗的。很难想象，如果部队没有了“紧急集合”，还能够打好仗吗？在战场上，一个优秀的指挥官，他第一要知道谁是敌人；第二要知道敌人在哪里；第三要知道用什么方式战胜敌人。在和平环境下，一个优秀的指挥官不仅要把世界上最强的军队作为自己的潜在对手来组织部队训练，而且要时时拉响警报器，通过“紧急集合”方式，故意制造“紧张空气”，使部队经常保持“战斗队”

作风，随时处于“临战状态”。

因此，**一个具有效率、具有竞争力的组织，首先应该感谢敌人。**

资料来源：张建华：《向解放军学习——最有效率组织的管理之道》，北京出版社，2007年版。

在自然界里，虽然从表面上看竞争是一个主导的方法，但如果深究就可以发现，合作是一个比竞争更为广泛而基础的方法。甚至从广义上来说，竞争也是一个合作的手段，因为竞争使得物种分化，最终促进了进化，是一种高层次的合作手段。

把这个思路拿来考察人的社会，就会重新挖掘出竞争的一些被忽视的常识。可以说，现在人类社会的竞争方式，很少以消灭对手为目的。绝大多数的竞争，**比如说考试，其目的不是消灭对手，而是鉴别出每个人的能力高低和性格倾向，从而给他确定一个相应的社会位置。**

（二）企业竞争中的“狼性”

华为集团崇尚狼性文化，华为的老总任正非归纳出了**狼的三大特性：一是敏锐的嗅觉；二是不屈不挠、奋不顾身的进攻精神；三是群体奋斗**。这三点是狼在撕杀中成功的特性，转用到企业的竞争中，也会形成不可思议的力量，所以企业要发展就需要有点狼性。敏锐地察觉对手的动向和市场的变化，可以抓住先机、把握主动。当然竞争的过程中必然会有挫败，因而要想获得将来的胜利，就必须要有不怕输的精神、永不言止的信念，在市场竞争中，退怯和等待是没有任何意义的。企业是个集体组织，它的成功要靠每个人的努力，所以唯有全体奋斗，才有企业辉煌。

电视剧《亮剑》中有一个感人的情节，李云龙鼓励士兵要勇敢杀敌，他说：“狗行千里吃屎，狼行千里吃肉。”李云龙号召士兵必须像狼一样勇敢才有活路，否则死路一条。

总结许多有“狼性文化”的成功企业，它们都在企业竞争中把“狼文化”改良为适应市场竞争和遵循道德法规的“狼狗文化”，即**对外勇猛进攻，务实高效；对内忠诚组织，团结进取。**

相关链接

如何驾驭狼性？

首先，要想改变中国落后挨打的局面，就必须把中华的民族存在尽快地转变为经济政治上具有充分竞争性的民族存在，**尽快培养出强悍进取、永不满足的民族性格。这是决定中华民族命运之根本。**

其次，**在民族性格上，坚决走“现代文明狼”的道路**。必须适度地释放和高超地驾驭人性中的狼性，这是条世界性的高难道路。狼性充满凶猛强悍的活力和生命力，同时又充满疯狂的贪婪、掠夺和破坏力。人性中的狼性特别像热核反应，能量巨大，破坏性也巨大，控制得好就能造福人类，控制不好就会毁灭地球。世界上没有多少民族和国家能合理地释放它，又能牢牢地驾驭它。能做到这点的国家都走到了世界强国的行列。这条道路难度极高，即便是近现代强国，弄不好也会翻船。像第二次世界大战时的德、意、日三国的民族就未能驾驭住本民族的狼性，结果导致法西斯大爆炸，给本国和世界人民带来巨大灾祸。

中国的“文革”也出了大问题。由于在历史上，尤其是近代中华民族性格太软弱，“狼性”不足，被西方列强打成了半殖民地，饱受屈辱。中华民族被深深激怒，那些志士仁人引进西方强悍进取的狼性精神，又一点一点地引进强悍竞争的西方工业，起来打倒“孔家店”，强烈地释放被久久压抑的“狼性”。炎黄游牧民族的血液遗传和游牧民族的多次输血终于发挥了作用，中华民族性格慢慢强悍起来。百年奋斗，赶走了列强，取得了民族独立，还取得朝鲜战争的胜利。然而，到“文革”时期，由于政治需要人为地释放和煽动狼性，打倒一切“牛鬼蛇神”，打倒国家主席、元帅将军、工商界精华、知识分子学术权威。狼性“红卫兵”横行全国：打老师，批校长，烧书籍，毁文物，抄家产，杀人放火、冲击大使馆，无法无天，走向另一个极端，把中国推向史无前例的大灾难。

人类整个历史和中国这段历史都深刻证明了释放和驾驭人性中狼性的高难程度：像封建专制那样全面阉割和镇压民族性格中的狼性，其结果是民族性格羊性化，落后挨打，死路一条；像法西斯那样疯狂释放煽动狼性，则将把世界变成人间地狱，也是死路一条。**只有适度释放狼性，并采用唯一能够控制和驾驭狼性的真正民主制和法治，抛弃橡皮图章式的假民主，这才是中华民族的唯一出路。**真正的民主制和法治才是唯一能够释放又控制狼性“热核反应”的现代反应堆。

……

然而，由于在世界上，中国的农耕土地最广阔，农耕历史最悠久，农耕人口最庞大，农耕意识最深厚，城市化的空间又过于狭小，要想在民族性格上从“华夏羊”转换为“文明狼”，必将经历一个漫长、痛苦，甚至是残酷淘汰的时期。如何能更文明地对待、安置性格弱势人群，转化他们的软弱性格，将成为中国天大的社会难题。而且，以后政治体制的攻坚任务还可能由于民族性格软弱而久攻不克。这些难题必须依靠刚毅强悍坚韧的狼精神来攻克。

资料来源：姜戎：《狼图腾》，长江文艺出版社，2004年版。

二、企业伦理的含义及其重要性

（一）企业伦理的含义

企业伦理是企业在处理内外关系时应遵循的行为规范和准则，集中反映了企业的经营宗旨、价值准则和管理信条。具体来说，它包括企业处理与顾客、供应者、竞争者、所有者、员工、社区等各利益相关者关系时应遵守的伦理准则。

（二）企业伦理的重要性

对于企业伦理道德与企业竞争优势之间的关系，R. 爱德华-弗里曼文等在《公司战略与追求伦理》一书中指出：“追求卓越实质上就是追求伦理”；威廉·H. 肖等认为，“企

业通过竞争焕发活力，依靠伦理而得以生存”；卡米歇尔等甚至提出了“道德边际”的概念，认为企业为了获得竞争优势，有必要保证自己的道德标准高于竞争对手，产生道德边际利益。

经济全球化带来的压力使得企业要赢得社会的认可，所需要承担的伦理责任应达到特别重要的程度。首先，市场经济本质上是道德经济，市场交易行为天生具有三个道德前提：一是互惠互利；二是自由选择；三是相互信任。市场经济的道德本质在派生出市场经济的规则和秩序的同时，也派生出具有规律性的道德奖惩社会机制，**遵守规则能够获得更多更长远的利益，而不守规则将受到市场的惩罚**。其次，企业的可持续发展必须以社会责任为出发点，在追求自身利润最大化的过程中，必须贯彻经济与伦理相协调的原则。

三、市场竞争对企业伦理的要求

（一）树立崇高的企业价值观

企业要做“理性经济人”，不仅要正确处理自己与他人的利益关系，而且还要“胸怀大利”。由此，企业需要跳出自身利益的狭隘圈子，从为社会、为大众服务这一角度提出远大目标，树立崇高的企业价值观。

理性的企业领导人会首先提出远大的企业目标和树立崇高的企业价值观，远大目标与崇高的价值观不只是适用于个别部门、个别人，而是适用于所有部门、所有员工，而且它考虑了利益相关者的正当利益，明确了企业处理与利益相关者关系的基本原则，这样就能统一全体员工的思想，起到指导作用，同时又能获得融洽的外部关系。

（二）加强企业合作，采取“双赢”战略

企业经营是一种合作活动。企业离不开所有者、员工、顾客、供应者、社区、政府、公众的合作与支持，甚至也离不开竞争者。在这种相互依赖的状态中，“双赢”是唯一的正确选择。

（三）信守承诺，维持企业形象

由市场竞争的伦理优势引发的竞争优势是一种可靠的竞争优势。尽管一个企业可以通过狠抓产品、服务或成本建立竞争优势，但是，如果没有伦理优势做基础，这些优势都无法持续保持下去。一个企业如果不是真正为顾客着想，就不能始终不懈地狠抓产品质量；如果企业管理者处事不公，以权谋私，员工就没有动力来改善服务、降低成本。

四、构建企业伦理竞争优势

（一）推行社会认可的企业使命

企业使命是指企业除利润以外，区别于其他类型组织存在的原因和目的。拥有卓越伦理的企业把自己看做社会的一分子，从企业在社会中的职责出发来制定企业的使命，充分考虑企业、顾客、社会三者之间的效益。德鲁克指出：**“企业目的必须在企业本身**

之外，事实上，企业的目的必须在社会之中，因为工商企业是社会的一种器官。”

一个良好的使命表述应该能满足不同利益相关者的需要，注意协调好这些矛盾冲突之间的关系，从而得到用户、员工、社会的认可，帮助企业实现与内外部利益相关者的有效沟通并赢得广泛的支持。

（二）树立战略远见

现代企业理论把企业看做社会系统的一部分，认为社会是企业生存和发展的基础和保障，企业必须对社会期望和要求做出积极响应。所以，真正追求长远发展的企业必须明确自己应该如何为消费者、为员工、为社会造福，如果把这些目标看得比利润更重要，它们就会有更多的赚钱机会，就会成为企业的一大竞争优势。

（三）进行明确的战略定位，实施一系列有效的战略行动

企业伦理竞争优势的定位，就是依据企业外部环境的要求和企业内部已有的资源、能力，确定企业伦理竞争优势的具体行动目标和标准。企业伦理与企业经营实力一样，是可以描述和量度的客观状态。具体来说，可以从顾客忠诚度、员工忠诚度、股东忠诚度、融资资信度、供销稳定度、社会美誉度等几个方面来衡量。具体实施控制可以从顾客回头率、争议率、员工离职率、企业品牌价值、企业公众形象等来进行。从战略高度主动构建企业伦理竞争优势，通过战略管理系统落实到企业的战略目标、战略规划和全体人员的日常生产经营活动中，真正实现企业的经济目标和伦理目标之间的相互支撑。

（四）培育优秀的企业文化

构建企业伦理竞争优势离不开企业优秀文化的培育，**没有优秀的企业文化就谈不上企业伦理竞争优势的构建，这是根、这是本。**

（五）建立有效的企业伦理管理机制

构建企业伦理竞争优势的关键在于建立一套伦理管理机制，通过这套机制使企业伦理观念转化为道德行为，再从道德行为上升为伦理观念，是不断发展和不断升级的动态过程。这就要求企业必须对组织结构、制度、文化等进行相应的调整，使其成为一个具有战略柔性的组织。

（六）加强企业领导人的伦理道德建设

从某种意义来讲，企业领导者的伦理道德素质决定了企业伦理道德的水准。与普通员工相比，他们更应具备较高的伦理素质和能力。优秀的企业领导者应该把社会责任纳入企业的发展战略中，以求取得长期的竞争优势，并且以身作则，成为良好企业道德的倡导者、实践者和楷模。

综上所述，随着竞争的加剧，品种、质量、成本上的差别化越来越难实现，优秀的企业伦理将成为一种新的竞争优势的来源。可见，从战略的角度建立的基于伦理标准的竞争

优势不会被竞争对手轻易超越，这种竞争优势最终成为企业长期持续发展的内在动力和不竭的源泉。

五、企业内部的竞争伦理

金志国先生认为，狼的特点除了善斗，还有集团作战。金志国先生上任之后，把青啤中层管理人员拉到崂山搞拓展训练，所有人蒙上眼睛，掌门人在前面带路，后面跟随者手拉手纵队向上爬，行进中不许说话，只能使用肢体语言，不许掉队，必须全部到达终点。训练完成之后，许多人流下眼泪，不是因为疼痛，而是因为这种同舟共济的经历。

香港首富李嘉诚在谈及他企业的员工时说："在我的企业内，人员的流失及跳槽率很低，并且从没出现过工潮。最主要的是员工有归属感，万众一心。"他在谈及人际关系时说："坏人固然要防备，但坏人毕竟是少数，人不能因噎废食，不能为了防备极少数坏人连朋友也拒之门外。更重要的是，为了防备坏人，猜疑、算计别人，必然会使自己成为孤家寡人，既没有朋友，也失去事业上的合作者，最终只能落个失败的下场。"他对企业竞争的看法是：**"绝不同意为了成功而不择手段，刻薄成家，理无久享。"**

企业内部的竞争伦理要求员工忠诚组织，团结合作，在遵守组织制度和不损人利己的前提下，为组织绩效最大化而开展竞争。

生产一线员工应努力围绕组织绩效，不断提高自己的个人绩效，自觉遵守竞争伦理，不断提高个人和组织的竞争力。

实践训练

1. 凡事第一反应：找方法，而不是找借口。

2. 开会坐在前排，每次开会要带上记事本和笔，并认真记录。

3. 每天提前上班，推迟下班。每天在下班前用5分钟时间做一天的整理性工作，如整理办公桌、整理文档、检查一天工作绩效等。

4. 到野战训练基地模拟开展对抗性战斗演练，或积极参加体育锻炼和体育竞赛。

案例分析

某公司员工绩效因素说明表

因素		因素说明
工作绩效	完成数量和效率（15分）	是否按时完成工作任务（含卫生任务），每日工作量是否全部完成（完成任务100%——15分，80%——12分，70%——9分，60%——6分，60%以下——0~4分）
	完成质量（15分）	是否严格执行工艺操作规程，完成任务的完整性、准确性、可接受性（很好——15分，好——12分，尚可——9分，差——5分，太差——2分）

续表

因素		因素说明
工作技能	掌握技能程度（10分）	工作是否很快进入角色及技能水平如何（出色——10分，满意——8分，尚可——4分，差——2分，很差——1分）
	工作知识，学识应用到本职工作的程度（5分）	对专业知识的了解和掌握程度（很丰富——3分，丰富——2分，一般——1.5分，不足——0.5分，太差——0分） 是否学以致用（很好——2分，好——1.5分，一般——1分，不足——0.5分，太差——0分）
	学习能力（3分）	学习自觉性（具有钻研精神——3分，力求上进——2分，尚可——1.5分，欠佳——0.5分，不进取——0分）
	创新能力（4分）	工作的创新能力如何，能否提合理化的建议（出色——4分，满意——2.5分，尚可——1.5分，差——1.0分，很差——0分）
	计划性（2分）	做事的计划性、计划的严密性及计划的执行程度（很强——2分，强——1.5分，尚可——1分，差——0.5分，太差——0分）
	应变能力（4分）	应对突发事件能力如何（出色——4分，满意——3分，尚可——1.5分，差——0.5分，很差——0分）
	工作协作性（2分）	与上级、同事的协调沟通及合作能力如何（良好——2分，好——1.5分，尚可——1分，差——0.5分，太差——0分）
工作责任	责任心（10分）	做事认真负责程度（很强——10分，强——8分，尚可——6分，差——3分，太差——1分）
	工作态度（5分）	敬业精神及对工作的热忱程度（很积极——5分，积极——4分，尚可——2.5分，欠佳——1分，散漫——0分）
	爱护公司财物（3分）	是否爱护公司财物、维护公司形象、声誉（很好——3分，好——2.5分，一般——2分，差——0.5分，极差——0分）
	成本意识（2分）	成本观念如何，节约成本、避免浪费、节约水电情况等（很好——2分，好——1.5分，一般——1分，差——0.5分，极差——0分）

续表

因素		因素说明
品性	个人修养（4分）	具备良好的道德品质和社会公德（良好——4分，好——3分，尚可——2.5分，差——1分，太差——0分）
	仪容仪表及行为规范（3分）	良好的个人仪容仪表及整洁的服装，穿工作服及佩证上岗，行为大方得体（很好——3分，好——2.5分，一般——2分，差——0.5分，极差——0分）
	人际关系（3分）	人际关系如何（融洽——2分，好——1.5分，尚可——1分，差——0.5分，紧张——0分） 同事之间是否互帮互助（乐于助人——1分，助人——0.5分，偶尔助人——0.1分，很少帮人——0分）
组织纪律观念	组织性（3分）	团队精神和集体荣誉感如何（很强——3分，强——2.5分，尚可——1分，低——0.5分，太低——0分）
	纪律性（2分）	是否遵守国家的法律法规、公司及部门的有关规定，出勤情况如何（极强——2分，强——1.5分，尚可——1分，差——0.5分，散漫——0分）
	服从性（5分）	接受工作任务、上级领导交办的事情时，态度如何（贯彻执行——5分，服从——4分，尚可——3分，欠佳——2分，阳奉阴违——1分）

◎**分析思考**：许多单位在每年评“先进”或绩效考评时，大家都感到很为难，“为解决一个问题，却产生了更多的问题”是许多人对评优、评职称、绩效考评等的感慨。阅读以上绩效考评表，分析该表的优缺点及实施的可行性，思考你所在组织的绩效考评有什么缺陷。

推荐阅读

“网络水军”：可载舟亦可覆舟

在网络论坛的非广告位置灌水，借助论坛的人气打广告、做宣传，已经成了流行的营销方式。那些受雇于网络公关公司，为他人发帖、回帖造势的网络人员，在“网络推手”的带领下，手法多样，战绩显著，由于人数众多，被形象地称为“网络水军”。“水军”发帖通常五毛钱一条，因此行内又叫他们“五毛党”。

随着蒙牛“诽谤门”事件暴露，此前曾被广泛关注过的网络公关公司再次成为舆论焦点。社会公众也意识到“网络水军”的双重性。一方面，“网络水军”可以为新开发的产品提高人气，吸引网民关注和参与；另一方面，公众也为“网络水军”

的兴风作浪担心。

某些“网络水军”帮助幕后企业诋毁、诽谤竞争对手，影响其正常运营，这不仅严重侵害了受害企业商誉，而且也严重扰乱了社会主义市场经济秩序。专业化“网络水军”的出现，使得这类事件变得更加隐蔽化、复杂化，蒙牛“诽谤门”事件，让公众对国产乳业再度产生信任危机。

资料来源：http：//it. people. com. cn/GB/1307003. html

◎思考题

1. 绩效管理的作用主要体现在哪些方面？
2. 如何正确对待竞争？
3. 市场竞争对企业伦理的要求有哪些？
4. 企业内部的竞争伦理对生产一线员工的要求是什么？

第十八章 学习型组织

第一节 学习型组织的概念及基础理论

一、学习型组织的概念

学习型组织是一个不断学习、不断创新、不断进步的组织，组织中的每一个成员不断学习，共同提高，培养全新、前瞻、开阔、包容的思考方式，从而不断突破自我的能力上限，全力实现组织的共同目标，努力完成组织的共同使命。

二、创建学习型组织的必要性

（一）树立远大的愿景

愿景是人们心中最渴望实现的愿望和远景，它能够激励人们全身心地投入到事业中，并且自觉地、持久地终生学习。"心有多大，未来的舞台就有多大"，**现在的志向很大程度上会影响和决定未来的成就。**

组织成员只有积极创建和加入学习型组织，才能不断突破自己的能力上限，培养全新、前瞻、开阔、包容的思考方式，全力实现共同的抱负。组织成员也只有在此基础上才能不断满足更高层次的需求，实现个体与组织的愿景。

（二）"海纳百川、追求卓越"的理念

据统计，我国一个孩子从幼儿园到大学，家庭需支出20万~25万元，国家培养一个大学生的费用为每年7万~10万元，当今社会一

对夫妇将赡养4位老人。因此，我们必须用“海纳百川、追求卓越”的理念去提高和充实自己，用自己的成就回报家庭和社会；企业也必须采用“海纳百川、追求卓越”的理念，通过创建学习型组织来不断提升组织的心智模式及决策水平等。

三、如何打造学习力

（一）学习力的概念

学习力是指一个组织或个体学习的动力、毅力和能力的综合体现，它是学习型组织的根基，它的显著特征反映在学习的效果上。

（二）学习力的重要地位

学历代表过去，能力代表现在，学习力代表未来。能力比学历重要，但学习力比能力更重要。

（三）学习力的三要素

有动力：有明确的目标（有压力的学习是短暂的，如学外语）。

有毅力：有坚强的意志（如张海迪的自学成才）。

有能力：知识只有通过与实践结合，通过科学的转化，才能变成能力。

打造学习力的关键是要把学习压力化作动力，把学习当做一种责任，把学习当做一种快乐。学习目标不同，结果也就不同。

相关链接

学者钱文忠：全按三字经等经典行事90%要吃亏（节选）

对于山东省教育厅关于经典诵读的新规——不可不加选择地全文推荐《弟子规》、《三字经》等内容，要求“取其精华，去其糟粕”，社会各界热议不断。对山东省教育厅的做法，绝大多数网友持认可态度。有网友表示，如果完全按照《弟子规》、《三字经》的标准来培养孩子，将来走上社会肯定不适应。

全按经典培养，一到社会上就被摆平

曾在央视《百家讲坛》解读过《弟子规》的复旦大学历史学系教授钱文忠，2010年11月在第三届新东方家庭教育高峰论坛上表示，有人问他这几年讲国学、讲《三字经》、《弟子规》，觉得最大的难处在哪里？他认为，最大的困难是按照《弟子规》、《三字经》的标准培养孩子，以后到社会上90%是吃亏的。“你把孩子按照《弟子规》那样培养成忠诚、守信、孝悌、守规矩的人，到社会上混混看，马上被人摆平，这是大问题啊。”钱文忠说。

山东提出要“取舍”，做法很理智

网友认为，山东省教育厅的做法是有针对性的。“我们对历史遗产的科学态度仍需要鲁迅的‘拿来主义’，先做具体分析，分清糟粕与精华，而且对精华还要结合实际，才能‘古为今用’。”

资料来源：http：//news. sina. com. cn/c/2011-01-01/052121744363. shtml

（**编者注**：学习力的显著特征反映在学习的效果上，既然“按照《弟子规》、《三字经》的标准培养孩子，以后到社会上90%是吃亏的”，而我们又提倡继承和发扬中华民族传统美德，这是否相互矛盾呢？这就需要运用学习力去加以甄别，将理论与实践相结合，使学习的效果体现在工作成效中。**我们不能因噎废食，不能因为诚实善良会吃亏而放弃优良品德的学习和培养。**）

有人曾粗略地统计过一个活到73岁的美国人对时间是怎么支配的：睡觉21年，工作14年，个人卫生7年，吃饭6年，旅行6年，排队6年，学习4年，开会3年，打电话2年，找东西1年，其他3年。学习时间只有4年，所以在有限的时间里，必须博览群书，学习知识，拓展知识面，不断提升应变能力，使自身得到增值。

松下幸之助认为：在市场、产品、技术、人才、学习力的相互关系中，学习力起主导作用。

上海明德学习型组织研究所认为：学习型组织的真谛是：学习力的培养和改进；活出生命意义（快乐工作）；持续创造。

哈佛大学佛睿思特教授在1965年《企业的新设计》一文中首先提出学习型组织的一些基本特征是：组织结构扁平化、组织信息化、组织更具开放性、组织不断学习、不断调整组织内部的结构关系等。

由此可见，组织和个人必须通过组建学习型组织，通过对学习力的不断培养和改进，与时俱进。“问渠哪得清如许，唯有源头活水来”说的就是这个意境。

第二节 学习型组织培养人才的有关理论

一、人才新论

中国社科院研究人员对人才作了如下分类：

“一”字型人才：知识面非常广，但不精。

“1”字型人才：有专业知识，但缺乏广度。

“T”字型人才：有深度，有广度，但缺少创新力。

“十”字型人才：有深度，有广度，又有创新力。

在许多组织中，最缺乏的是“十”字型人才，**只有通过创建学习型组织，才能培养出更多的“十”字型人才，从而为企业的人才储备、企业接班人的培养打下坚实的基础。**

二、关于智慧的培养

数据是有关事件的一些离散的互不关联的客观事实，在组织中，数据通常指关于事项的结构化的记录，其本身缺乏关联性和目的性。

信息是具有意义的数据，具有目的性和关联性。信息分为正确的信息和错误的信息。

知识是一种有用的信息。在商业背景下，知识就是一个组织对顾客、产品、企业经营过程以及成功与失败的了解。

智慧则把有用的知识应用于实践，在实践中证明是正确的，并产生相应的经济效益和社会效益。

数据、信息、知识与智慧的关系如图 18-1 所示。

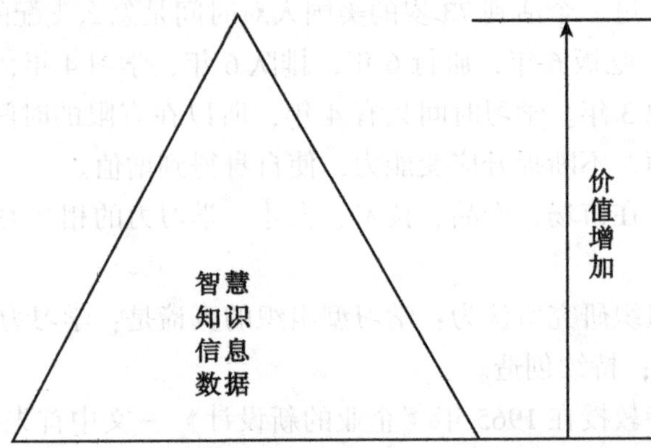

图 18-1　数据、信息、知识与智慧的关系

第三节　学习型组织模型与学习型组织的意义

一、学习型组织模型

管理大师彼得·圣吉认为：学习型组织不在于描述组织如何获得和利用知识，而是告诉人们如何才能塑造一个学习型组织。他说：“学习型组织的战略目标是提高学习的速度、能力和才能，通过建立愿景，发现、尝试和改进组织的思维模式并因此而改变他们的行为，这才是最成功的学习型组织。”

圣吉提出了建立学习型组织的“五项修炼”模型，也被称做“圣吉模型”。

（一）自我超越

自我超越是实现心灵深处的渴望。它是指突破极限的自我实现。

自我超越首先是不断理清并加深个人的真正的愿望，集中精力，培养耐心；其次是在不断学习中，客观地观察现实，了解目前的真实情况。组织对于学习的愿望与能力，基于个别成员尤其是组织领导对于学习的意愿和能力。

（二）改善心智模式

改善心智模式是用新眼睛看新世界。“心智模式”是指存在于人们大脑的许多设想、信念或图像、印象。这种“心智模式”通俗地讲，就是心理素质和思维方式。“心智模式”扎根于人们的心中，它源于过去对事物的认识过程，又参与对现实事物的认识。人的心智模式影响着其看待世界、对待事物的态度，有时可能直接决定人的成功。

怎样才能改善心智模式呢？第一，把镜子转向自己，是心智模式修炼的起步。学习发掘内心世界的图像，使这些图像浮上表面，并严加审视；第二，有效地表达自己的想法；第三，以开放的心灵容纳别人的想法。

（三）建立共同愿景

建立共同愿景是为了打造组织生命共同体。“共同愿景”是指组织中人们共同的愿望和远景。它要求组织的全体成员拥有一个共同的目标、价值观与使命感，把大家凝聚在一起，为了实现大家衷心渴望实现的目标，而主动地认真努力学习、追求卓越。

共同愿景为学习提供了焦点与能量。它有三个层次：个人愿景、团队愿景和组织愿景。建立共同愿景的领导艺术是从建立个人愿景出发确立共同愿景。

（四）团队学习

团队学习是为了激发群体智慧。它是指发展团队成员整体搭配能力和提高实现共同目标能力的过程。当团队真正在学习的时候，不仅能产生出色的成果，成员成长的速度也比其他的学习方式更快。在团队中进行的讨论和深度会谈，可以让每个成员开展自由交流，以发现远比个人深入的见解，从而克服有碍学习的自我防卫。

在现代组织中，学习的基本单位是团队而不是个人，因而团队的学习就显得尤为重要。

（五）系统思考

系统思考可达到见树又见林的效果。系统思考要求人们运用系统的观点看待组织的发展。它引导人们从局部到整体，从看事物的表面到洞察其背后的结构，以及从静态的分析到认识各种因素的相互影响，进而寻找一种动态的平衡。

“系统思考”需要“自我超越”、“改善心智模式”、“建立共同愿景”与“团体学习”四项修炼来发挥它的潜力。“自我超越”则是不断反照个人对周围影响的一面镜子；缺少自我超越的修炼，人们将陷入“压力—反应”式被动困境。“改善心智模式”专注于开放的方式，反思认知方面的缺点失误。“建立共同愿景”培养成员对团队的长期承诺。“团队学习”是发挥团队力量，使团队力量超过个人力量的总和的技术。

改善心智模式和团队学习这两项修炼是基础；自我超越和建立共同愿景这两项修炼是向上张力；第五项修炼系统思考是核心，好比是火箭的发动机。如果将五项修炼比做等待发射的火箭，那么没有稳固的基础，火箭是不能发射的；没有发动机产生的推力，火箭更是升不了天的。圣吉模型见图 18-2。

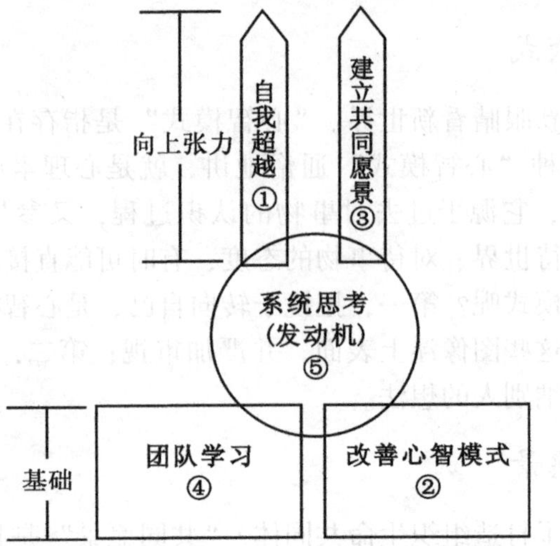

图 18-2　圣吉模型

二、学习型组织的时代意义

(一) 体现了"把人作为发展的中心"的时代要求

21 世纪是强调"把人作为发展的中心"的世纪，人的发展需要学习型组织。

(二) 管理科学发展的必然要求

心理学家唐纳德·赫布说：**"好的理论应该令你长久信服，直至你获得更好的理论。"** 21 世纪的人应是能系统思考、能在共同愿景下努力发展的个体，不仅应把学习看做人的天性，而且还应把它视为个体和组织生命趣味盎然的源泉，所以每个人应是"学习型"人，通过不断学习获得更多、更好的理论。

(三) 构建"学习型社会"的必然要求

21 世纪是强调构建"学习型社会"的世纪，"学习型社会"的大厦，必须由"学习型组织"这个基石来建成。江泽民就说，要构建终生学习型社会。《中共中央关于加强和改进新形势下党的建设若干重大问题的决定》强调，要把中国共产党建设成为学习型政党。

(四) 信息社会、知识经济与创新力经济时代的必然要求

随着科技更加迅速的发展，当今社会已全面进入信息社会、知识经济与创新力经济，个人和组织为能跟上时代发展，需要构建"学习型组织"。

三、学习型组织的学习方法

（一）进行研究的基本步骤

组织在开展学习的时候，往往是带着问题或任务而学习的，这就需要我们边研究边学习，在研究中学习，在学习中研究。这种学习方法的目的性很强、针对性很强，往往成效也最大。其基本步骤如下：

第一步：定义所研究的问题和有待做出的管理决策。

第二步：制定开发项目的方法原则。

第三步：搜集资料。

第四步：分析、研究并解释所搜集到的资料。

第五步：撰写研究报告并讲解研究报告。

（二）进行研究的基本程序

进行研究要讲究研究程序，一般有四个基本程序，即：发现问题、确定原因、制定改善方案、明确实现改善方案的措施。

（三）进行研究的方法

进行研究的方法很多，这里简要介绍几种方法。

1. 常规研究法

这种方法是以事实（包括现状、数据、案例等）为依据，反复进行假设、论证，最后形成解决方案。

2. 行动研究法

行动研究法的基本模式是：计划—执行—评估（即观察与思考）—改进，各步骤之间呈螺旋上升状的关系。

3. 系统研究法

系统研究法强调以下四个基本原则：

第一，系统思考原则。系统思考具有系统性，必须将组织的四个部分都纳入系统思考：（1）组织程序；（2）组织设计；（3）组织文化；（4）组织的权力运作。

第二，组织认知原则。所有参与成员都必须对组织有必要的认知。

第三，系统利益原则。必须系统考虑组织间的不同利益关系以及在受到系统思考的干预之后，组织的四个部分将受到影响的程度。

第四，全员参与原则。必须确保全员参与，避免受少数人控制。

相关链接

关于学习与学习型组织

片段一

世界经济论坛发布的《全球竞争力报告》（2003—2004）指出：中国的成长竞争

力指标在102个国家/地区中名列第44名，下滑了4位；中国的商业竞争力指标在95个国家/地区中排名第46位，下滑了7位。

为什么中国的综合国力增强了，而国际竞争力却下降了呢？一个重要的原因，就是我们国民的素质问题：权威机构对世界部分国家竞争力的评价中，中国的国民素质排在第35位；中国7000万技术工人，高级技工仅占3.5%，而西方发达国家占40%以上；中国人均劳动生产率为日本人的1/26、美国的1/25。

我们的国家靠什么提高国际竞争力？就是要从细节入手，扎扎实实提高国民的素质。在德国，很多学校的办学方向就是"培养第一流的劳动力大军"，这就是我们学习的榜样。

如何提高国民素质呢？我想别无二法，就是学习、学习、再学习。我记得在《李岚清教育访谈录》中，这位前副总理指出：**让每一个愿意学习的人都有机会学习**。

资料来源：汪中求：《细节决定成败》，新华出版社，2004年版。

片段二

"……别盯我枪尖，你俩要始终盯着我眼睛，就是盯着鬼子的眼睛！鬼子眼睛朝哪儿看，刺刀就会朝哪儿捅。对！慢慢转圈，寻找战机，下手要狠，两人注意配合。进攻啊，朝我攻！杀！"操场上，顺溜眼中闪着凶狠的光芒，身上全无护具地向对面两名全副武装的新兵命令道。

……

那兵狼狈地爬起来，疼得几乎掉泪，可是顺溜却没有丝毫同情之意，再次端枪喝道："注意站立位置，**千万别让阳光刺进你眼里**，对！脚下一定要站稳当，动作要快，要狠！攻我啊！"

……

"冲击之前，仔细看好地形。把每一道土坎，每一片草丛，每一块石头都记在心里。为啥？因为它能救你的命！救了你的命，你才能要敌人的命。东边有日军机枪，西边也是伪军阵地。两边的火力在谷地上形成交叉火力网。还有，鬼子的山炮就在那片高坡后面，如果看见炮口冒烟，七八秒钟后炮弹就会落地。这只是第一拨炮火，接着会有第二拨。山炮从装弹、瞄准到发射，大概二十秒。要是你没给炸死，这二十秒就是你最好的跃进时间。为啥，前一拨炮弹炸起的尘土掩护了你，敌人机枪手一时也看不清目标了。明白不？"看着面前一个个年轻的面孔，顺溜大声询问道。

……

回头怒视了一眼这些新兵，顺溜不断地呵斥道："身体尽量放低！你呆瓜啊你，子弹贴你头皮呢……手榴弹怎么鼓到胸前来了？胸前不能有任何物品，那会害死你……双脚两边叉开，用力蹬进。枪口千万不能戳进土，要不会炸膛！眼睛始终盯着前面，寻找火力空子……遇到障碍物不能抬起身体，翻滚一下避开……真是一群窝囊废，上战场不死才怪！"

……

"……敌人上山时，瞄他的头。敌人下山时，瞄他的脚。为什么呢？因为上山时，目标朝高处移动，而子弹出膛后，飞向敌人要有一段时间。你瞄的虽然是头，但子弹击中目标时，目标已经向上移动了一尺，因此你正好击中敌人的胸膛。下山时瞄他的脚，这又为什么呢？因为下山时，目标是朝下面冲，其移动速度要比上山快得多。因此，你虽然瞄的是脚，但子弹击中目标时，目标已经朝下移动了几尺，所以你正好击中鬼子胸膛。"(文书在给新兵讲射击课)

听到文书的介绍，顺溜在旁边不时赞叹道："是啊，一点儿没错，太对了，就这样打!"

文书得意地点了点头，继续说道："我认为，陈二雷一颗子弹，顶你们三、四颗。这意味着什么？意味着在战斗中，陈二雷一杆枪顶你们三、四杆枪！同志们哪，如果我们大家都掌握了陈二雷的射击经验，都成为陈二雷了，又意味着什么呢？意味着我们一个营顶别人三、四个营，意味着我们一个六分区，顶它三、四个一分区啊！鬼子何愁不灭。"

资料来源：朱苏进：《我的兄弟叫顺溜》，江苏文艺出版社，2009年版。

生产一线员工必须积极参加学习型组织，不断增长自己的学习力，不断增长自己的智慧。当今时代是一个学习的时代，要时刻警醒自己：只有不断地学习和充实自己，才能保证不被这个社会淘汰。

实践训练

1. 请反省或检查自己，谈谈自己属于哪类人才。

2. 请你找一个合适的机会与领导或同事交流：你在工作和其他方面还有哪些不足？

3. 与你的直接领导和企业的培训机构联系，制订一个使自己某方面能力有所提高的学习计划。

案例分析

青啤"创建学习型组织，争做知识型职工"简要事迹（节选）

青啤集团工会**坚持围绕生产经营这一中心任务**，认真扎实开展了经济技术创新工程和班组建设活动，并以此作为创建学习型组织、争做学习型职工的有效载体，收到了明显效果；逐步实现了班组工作科学化、民主化、群众化和制度化，增强了广大职工的主人翁意识，充分调动了广大职工的生产积极性和劳动热情。截至2006年，共评出53个名牌班组和350个自主管理班组。

另外，集团通过"绝活"征集活动，提高了职工的岗位技能。活动开展两年来，共征集绝活项目200余项，涌现出像青啤一厂"卫生杀菌车"、青啤二厂"若明双叉"、青啤四厂"刘林装酒机升降锁"、青啤五公司"建军扳手"、松江公司"四叉项目"、黄石公司的"相林支撑"等品牌项目，集团汇集成册，加以推广。

资料来源：http：//www. sdgh. org. cn/qdgh/index3. jsp？entityid = 6300&fid = 34903

◎**分析思考**：青啤集团是围绕什么来建立学习型组织的？你所在的企业是如何建立学习型组织的？在形式和内容上如何改进？

推荐阅读

"马太效应"与中小企业员工培训

《圣经·马太福音》第二十五章有这么几句话："凡有的，还要加给他叫他多余；没有的，连他所有的也要夺过来。"1973年，美国科学史家莫顿用这句话概括了一种社会心理现象："对已有相当声誉的科学家作出的科学贡献给予的荣誉越来越多，而对那些未出名的科学家则不承认他们的成绩。"莫顿将这种社会心理现象命名为"马太效应"。

培训员工，为员工提供学习机会，对企业发展来说，不可避免会出现"马太效应"，这就是，**企业培训工作做得好，员工技术更高，企业更容易得到发展。快者更快，慢者更慢。**

鲍勃·纳尔逊多年前提出的建议至今仍是中小企业员工培训的"金规"：

第一，确保每一位员工都有一个发展目标，学习一项技能，选修一门课程等。

第二，发动员工积极参与，确定自己的发展目标。

第三，尽可能经常地向员工宣布发展的机会，并且尽可能广泛地通报有关的信息。

第四，利用定期出版的时事通讯、电子邮件、语音邮件、职工大会以及任何其他能想到的方式把信息传播出去。

同时，中小企业应当选择符合实际的方式。总体上看，目前比较通行的企业培训方式大致有以下两种：其一，学位教育。为实现长期的目标而进行的学位教育，是一条不错的途径，它可以为企业的发展做好充分的准备，不过对大多数的中小企业来说，这一培训方式周期长，投入大，并不完全合适。所以，选择这一培训方式时应当全面和综合地衡量。其二，短期培训。一个月或一个星期有针对性的短期培训，效果立竿见影，会收到意想不到的效果。

美国迈阿密市艾伦餐馆的老板艾伦·苏瑟给员工提供每月一次的外出就餐机会，50美元以下的饭费全部给予报销。员工可以带着自己的配偶或一位朋友光顾任何一家餐馆。交换条件是，就餐员工须详细地描述用餐时的情况，并写成一页纸的报告，内容应包括用餐时所在地的服务水准、店内环境、食物供应的状况，并在全体员工面前做一个口头报告。通过这种学习方式，艾伦餐馆的员工了解到其他餐馆是如何为顾客服务的，同时也提高了自己的服务水平，为餐馆带来了许多新的发展措施。这样的一次性的学习方法，没有教师，也不需教材，但是目标明确，方法适用，真正做到从企业的实际出发，为员工提供一次轻松而愉快的学习机会。

资料来源：http：//wenku. baidu. com/view/0f105709581b6bd97f19eafe. html

◎思考题

1. 什么叫学习型组织？
2. 学习型组织的时代意义有哪些？
3. 谈谈学习力的重要性以及如何增强自己的学习力。
4. 系统研究法的四个基本原则是什么？

第十九章　生产一线员工的道德修养

第一节　生产一线员工的价值观改造

一、生产一线员工面临的时代困惑

当今人们普遍质疑一些社会不良现象，面临着许多的时代困惑。

（一）来自精神家园的困惑

由于出现了学术上的腐败，有些读书人越来越没有读书人的样子，人们骂专家教授为“砖家叫兽”，骂他们“有知识，没文化”、“有地位，没品位”。本应为社会楷模的某些精英让人失望。

有些人把无耻当牛气、当勇气，甚至出现少数女孩想一脱成名的事情。在当今社会的“三大毒药”中，消费主义以品牌为噱头，以时尚为药效，将人卷入无休止的购买与淘汰的恶性循环中，恋物成瘾；性自由以人性为噱头，以性爱为药效，不断释放暧昧与激情的烟幕弹，纵欲成瘾；成功学以速成为噱头，以名利为药效，误导急于走捷径成为人上人的年轻人投身其中，投机成瘾。

疾步走在物质繁荣大道上的中国人民的精神家园正在经历一场有史以来最严重的山体滑坡。面对物欲横流、浮躁泛滥的社会，生产一线员工的精神家园能不受影响吗？

（二）来自身份的困惑

恰逢代际更替，造成了不同的“二代”，比如“富二代”、“官二代”、“二代农民工”、“二代独生子”，“学好数理化，不如有个好爸爸”、“他们有的是背景，我们有的是背影”、“拼爹”、“恨爹不成钢”等让人啼笑皆非的网络民谣，让人看到在社会的同场竞技中，不同“二代”面临的不同境遇，“穷二代”不生“穷三代”、“宁当二奶，不嫁穷人”的思想也开始滋生。试问生产一线员工中有多少是“富二代”、“官二代”？生产一线员工中有多少是富人？

（三）来自就业质量和收入保障的困惑

“博士生、研究生、本科生，生生不已；上一届、这一届、下一届，届届失业。”这反映了巨大的就业压力，生产一线员工及他们的子女也为就业及就业质量担忧。好不容易有了最低月工资和最低每小时工资作保障，却不料又碰到物价上涨。多数生产一线员工依靠自己的工资收入在工作地买房极其艰难，“蜗居”、“蚁族”的现象不可避免，他们还要被宣传“成功学”的人训斥为“犯了不成功罪”。

正因为生产一线员工面临着许多时代困惑，生产一线员工有必要重新审视自己的价值观，**“用脚走不通的路，用头走得通”**。

二、新时代生产一线员工的价值观改造

北大景观设计学研究院院长俞孔坚先生在《新时代的价值观与财富》中说：“应当在自然和宇宙之间建立一种和谐关系。但是这种与自然的关系也要求所有人类之间能够相互交流。**压力、竞争给我们带来了另一种形式的污染，我们同样需要与之斗争。我们需要寻找一种合作的战略，需要在传统智慧中寻找解决现实问题的方法**，因为这些智慧在今天而言，对于我们改变生产、消费和生活方式是十分必要的。中国传统智慧在这方面所发挥的作用，对整个人类的未来都十分重要。我们已经无法再承受目前的这种发展方式，我们正迈向生态、卫生和社会灾难，如果我们再不改变目前的发展方式的话。”

钱文忠教授在 CCTV《百家讲坛》栏目讲解《弟子规》时说：**“当我们找不到一个更好的办法和一条更好的路径时，我们就要回过头去，回到先民的智慧当中去**，看看我们的先民留下了什么遗产，看看我们的先民的那些智慧，今天是否依然能够继承。”

相关链接

《弟子规》是做人的基本法则（节选）

《弟子规》是中华民族最根本的东西。

为什么要学《弟子规》？钱文忠打比方说，就像党员要遵守党章，和尚要遵守戒律一样，《弟子规》就是中华民族子孙的戒律和规矩，如果我们不能做到或者不认同《弟子规》努力追求的东西，那么我们不能称自己是中国人。他说：“《弟子规》中没有高妙的东西，都是非常细节的规定，然而就是这些规定，决定了我们是中华民族。”

我们这个民族需要什么？近几年，“文化”讲得太多，讲得很少的恰恰是文明。**有学历的人很多，有学问的人不多；有文凭的人很多，有文化的人不多。全民族的文化水平在上升，文明水平却在降低。《弟子规》就是文化落地到文明的一部重要的规**

章和指南。

钱文忠认为《弟子规》关乎民族的命运。

80后即将接过国家发展的担子。钱文忠提醒大家，中国有一亿四千万的独生子女，教育所面临的所有问题，是因为我们没有教育独生子女的经验。这批独生子女聪明无比，非常优秀，但是他们远离中国传统。“因为中国传统文化的根基是家族制，而现在的孩子一出生就有六个大人宠着。家长制在崩塌，中国传统文化的相当一部分面临‘皮之不存，毛之焉附’的问题。”钱文忠说。

如何让我们从小就习惯了宠爱、独占的孩子，在今天懂得感恩、分享、回报；从小享受很多自由的孩子，懂得约束、懂得退让，钱文忠认为要靠家庭教育，靠父母的努力，“如果我们要寻找一本教材的话，找不到比《弟子规》更合适的教材了”。

资料来源：http：//hxzg.net/html/thkszjy/2010/0728/5370.html

（**编者注**：本文与第十八章“相关链接”《学者钱文忠：全按三字经等经典行事90%要吃亏》是从做人法则与科学对待传统文化两个不同方面进行阐述的文章，并不矛盾，请注意科学理解。）

近代著名的政治家曾国藩勉励他的后代：“**慎独则心安，主敬则身强，求仁则人悦，习劳则神钦**。”大意为：一个人做事，无人监督时也要谨慎，时刻自省，则心安理得；要有信仰，要敬业，外表持重，内心沉着，则身体强健；不断追求仁义，则受人敬重，能与人和谐相处；要自食其力，所得与付出要合理，则天经地义。

原北大校长许智宏院士说：“**幸福感有‘三乐’——知足常乐、助人为乐、自得其乐**。”

结合以上观念和思想，生产一线员工应勇敢面对新时代的不良现象，树立如下正确的价值观：

（一）乐观向上的人生态度

“人生价值”问题应该是价值观的中心问题，也是人生观的中心问题。胡适先生曾说：“生命本身并没有什么实际意义，你赋予它什么意义，它就有什么意义。一个人与一只猫、一只狗有什么区别，人生的意义不在于何以有生，而在于自己怎样生活。你若情愿把这六尺之躯葬送在白昼作梦之上，那就是你一生的意义。**你若发愤振作起来，决心去寻求生命的意义，做一事便添一事的意义，生活无穷，生命的意义也无穷了。**”胡适先生所倡导的“赋予生命以意义”当是我们应持有的积极的人生态度。有了积极的人生态度，就能做到知足常乐、助人为乐、自得其乐。

（二）正确处理个人利益和集体利益、局部利益和全局利益、眼前利益和长远利益的关系

一般说来，企业是一个利益单位，根据利益来进行人员和行为的取舍，尽管企业也讲感情讲人情，但本质都是利益关系的博弈。要想在企业里安安稳稳地过日子，就要不断提高自己为企业创造价值的能力，当你没有能力为企业贡献利益之时，就是被企业淘汰

之日。

要正确对待收入差距和目前的收入状况，要正视社会主义初级阶段多种需要改善的社会状况，个人利益、局部利益、眼前利益要服从集体利益、全局利益、长远利益。

（三）时时牢记“责任”二字

“穷则独善其身，达则兼济天下”，“修身齐家治国平天下”，“天下兴亡，匹夫有责”，这些都提出了对不同身份和地位的国民的基本要求，那就是责任。

巴纳德在《经理人员的职能》中讲道：**“责任心是个人的特质，通过这种特质，不管怎样的道德都会有效地体现在行动上。”**

华中科技大学著名教授张培刚经常勉励他的学生要有责任感和远大理想：“经商者要立志做大商人，执政者要立志做大好官，执教者要立志做大学问。”他说，当国家贫弱受欺时，一个爱国的、有民族责任感的人是不会计较自己的个人得失的，他们那一代留学生大多数学成回国以振兴国家。

对赋予我们生命、辛苦养育我们成长的父母，对所有给予我们爱和希望的亲人、老师、朋友，对国家，我们都有责任去努力学习，去坚强生活，去奋斗。若没有“责任”感，无情地舍弃他们以逃避挫折和压力，那么这种生命便是空壳，是无灵魂的行尸走肉，毫无价值意义。

（四）少和别人比，多和自己以前比

许多人的烦恼大多来自横向对比的“人比人”，当自己不如别人时，就发出“气死人”的感慨。其实正确的比较应该是少和别人比，多纵向地和自己以前比。

人与人之间，在遗传基因、健康状况、继承财富、教育、机会、人脉资源等方面很难找到可比性，如果非要与别人比，就会自添烦恼。不同职业、不同身份的人自有其不同的人生价值，美国思想家爱默生说：**“劳动的真正价值就是知识和美德，财富和信誉只不过是标记。”**如果有的人非要跟别人比，那就应该有“比上不足，比下有余”的有利于心理健康的自我宽慰心理。

应该多跟自己以前比，当你看到自己的知识和能力在不断增加，朋友在不断增加，财富在不断增加，自己的人生价值随着自己的工作和努力而得到证明，那么你的自信心和幸福感就越来越强，你对未来更好的信念就会更加坚定。

（五）生活情趣健康高雅，讲求精神品位

情趣爱好就像一把双刃剑，关键就看如何对待它。只有培养健康高雅的生活情趣才能做一个有益于组织和大家的人；反之，不注重培养健康高雅的生活情趣，甚至迷恋庸俗的情趣，就会祸害组织和大家，严重的会走向犯罪。

胡锦涛主席要求党员干部要有健康高雅的生活情趣。健康高雅的生活情趣应是健康、向上、文明、科学的情趣，它反映出一个人有较高的素质及道德修养，因此，不仅仅是领导干部，我们每个人都应该追求和向往健康高雅的生活情趣。

在日常生活中，如果吃喝嫖赌、“过把瘾就死”、“三俗”(庸俗、低俗、媚俗）等不

良风气盛行，那将严重动摇我们这个社会的精神文明根基，中国将成为物质上富有而精神上贫穷空虚的“胖无力”国家。

“穷且益坚，不坠青云之志”，“位卑未敢忘忧国”，生产一线员工应自觉抵制不良生活情趣的影响，以“八荣八耻”要求自己，讲求精神品位的崇高性。

第二节　生产一线员工提高道德修养的方法

一、节俭开支，生活作风优良

杰出企业家李嘉诚说：“衣服和鞋子是什么牌子，我都不怎么讲究。一套西装穿十年八年是很平常的事。我的皮鞋十双有五双是旧的。皮鞋坏了，扔掉太可惜，补好了照样可以穿。我手上戴的手表，也是普通的，已经用了好多年。”

台湾经营之神王永庆的一条旧毛巾，使用了27年，一直舍不得扔掉，他的太太十分心疼他，拿了一条新毛巾想给王永庆换一换，但王永庆却说：“既然能凑合着用，又何必换新的呢？**就是一分钱的东西也要捡起来加以利用，这不是小气，是一种精神，是一种警觉，一种良好的习惯。**”

连巨富们在生活上都如此节俭，生产一线员工又有什么必要为攀比去高消费呢？

古希腊伟大的唯物主义哲学家德谟克利特说，**节俭与修养就是获得快乐最好的手段。**中国有句古语：安步当车，晚食当肉。“俭以养德”，人是必须有点精神的，这个精神就是正确的思想——清廉高远的志向。

生产一线员工应该保持节俭，谨慎投资彩票、股票、基金等，在诚实守信等生活作风方面要严以律己。

二、有主见，不拉帮结派

孔子曰：“益者三友，损者三友。友直，友谅，友多闻，益矣。友便辟，友善柔，友便佞，损矣。”意思是：有益的朋友有三种，有害的朋友有三种。结交正直的朋友、诚信的朋友、知识广博的朋友，是有益的。结交谄媚逢迎的人、表面奉承而背后诽谤别人的人、善于花言巧语的人，是有害的。

成龙有这样一段关于父亲的回忆，“为了生计，我17岁那年父亲要出国赚钱，在机场临走的时候，父亲硬是抓住我说，‘我在外，没人管你，你什么都可以干，但有三种事你决不可以做：第一不能吸毒贩毒，第二不能加入黑社会，第三不能去跟人家赌牌九’”。成龙说，这是从小到大父亲留给自己最为沉重的一份嘱托，由当年懵懂的无知少年到今天驰名中外的明星，成龙坦言，正是后来真正懂了父亲的话，才有今天的他。

大约100年前英国的斯格里普斯女士说：“**大学的首要任务是培养学生清晰而独立地思考的能力，以及自信、勇敢、充满希望地生活的能力。**”

习近平同志要求党员干部加强自省意识，要慎权、慎独、慎微、慎友。

生产一线员工一定要认真领会以上思想，要有独立思考的能力，不信谣，不传谣。要结交好朋友，从好朋友那里得到更多的帮助。

三、有感恩之心

（一）孝敬父母长辈

钱文忠教授在CCTV《百家讲坛》栏目讲解《弟子规》时说：“孝的基本道理是奉养双亲，然后引申出来尊敬长辈。孝道内核是一种人与人之间的亲情，是处理家庭中长辈和儿女之间关系的最基本的伦理道德准则。……天下没有不是孝子的忠臣，**自古忠臣出孝子**，这是传统文化对于孝的一种最通行的阐说和定义。”

有人说，**世间最应该马上办的两件事就是孝敬和行善**。作为子女应该孝敬父母长辈，牢记“**子欲养，而亲不待**”、“回家是最好的礼物”。

美国精益针灸医疗服务公司总裁李强在其所著《经历》一书中讲道，当他70多岁的母亲要去美国探亲而连续两次被拒签时（当时李强已获得美国绿卡），他发誓要加入美国国籍，这样根据美国法律就能使他母亲也成为美国公民，《弟子规》中“**亲所爱，力为具**”的孝敬思想鞭策着他加倍学习和工作，最终他以特殊人才成为美国公民，此后还受到美国许多政要如克林顿总统、希拉里、苏丽凰等人的接见。

可见，孝敬父母、常怀感恩之心是一种能鞭策自己奋发有为的修身之举。

（二）感恩孩子，把做家长当做另一个职业

当今“穷二代”不生“穷三代”的思想开始滋生，这与特定时期生活成本不断加大而实际工资收入增长过慢有一定关系。人口学家已经发出我国的人口红利时期已过的信号。

中华民族自古对君子就有“修身、齐家、治国、平天下”的传统道德要求，其中“齐家”的道德规范被赋予新的时代内涵，那就是要让广大群众理性对待繁衍和培养后代，只有这样中华民族才能生生不息。

当前有一种舆论认为，收入不高者买房会成为“房奴”，生孩子后会成为“孩奴”，这可能是一些人迟迟不愿生育的原因之一。试想广大的生产一线员工大多数不生育，国家的人口出生率将下降，国家的生产建设和国防将后继乏人。所以我们应以民族繁衍为己任，排除困难，为国家养育健壮的后代。

一个把子女培养得很优秀的家长在介绍教育经验时说，要把孩子当做陪伴自己一生的恩人，这样就会生出感恩之心，就会把一个人的一生看做有两个职业：工作是一个职业，家长是另一个职业；**要把做家长当做职业一样去尽职尽责**。

“孟母三迁”体现了一个家长对培养后代的责任感和科学方法，她的所作所为正是把家长当做一个职业的充分体现。

只要每一个人把他一生的这两个职业做好，家庭就不愁培养不出好儿女，企业就不愁没有好员工，国家就不愁没有好公民，军队就不愁没有好军人。

（三）感恩企业、领导及同事

要感恩企业给予的恩惠，是企业容纳了我们，让我们有一个通过劳动展示个人价值并

获得收入的地方，而企业创立者却承担了创业风险。要感谢企业领导及同事的严格要求和言传身教，是他们使我们不断成长和进步。勤奋工作、懂得感恩，是世界众多知名企业所崇尚的企业文化，也是员工持续进步的动力。

四、“听话、出活”的职业素养和敬业精神

“听话、出活”是原清华大学校长蒋南翔对学生的勉励之语，简单地说就是要把握人才的政治方向和能力问题。

“听话”，就是听党的话，听组织的话，正确地领会领导意图，树立坚定的政治方向，方向不对，越有能力越害人。

“出活”，就是代表有能力，能干出成绩来，为领导排忧解难，让领导放心。

只有能力而不听话的人，一般的领导是不会给机会的；而只听话但做不出成绩来，也同样没有太多的发展潜力，两者不可偏废。

“听话、出活”这四个字是生产一线员工的安身立命之本。能够做到“听话、出活”的员工，就会诚实正直，努力学习，勤于奉献，富有成效，逐步养成良好的职业素养和敬业精神。

五、不断学习的进取精神

曾经有个学生问一个大学的校长，他们大学发学位的标准是什么？校长说：“当你发现你什么都懂时，就给你发学士学位；当你觉得你似懂非懂时，就给你发硕士学位；当你觉得什么都不懂时，就发给你博士学位。”

这段饱含哲理的话，就是勉励学生“做学问要不知足”，因为学问是无止境的。当今的学习型社会、学习型组织、学习型政党、学习型人生等观念都对个人加强学习赋予了更高层次的要求。

比尔·盖茨说：**“你可以离开学校，但你不可以离开学习。”**

生产一线员工一定要不断学习，不断提高道德修养，成为学习型员工，只有这样才能不断进步。

在近代，曾国藩被政界人物奉为“官场楷模”，有“从政要学曾国藩，经商要学胡雪岩”的说法。然而，作为中国历史上最有影响的人物之一，曾国藩小时候的天赋却并不高。

据曾国藩回忆，小时候他曾遭遇这样一件尴尬事：有一天晚上，夜深人静之时，万籁俱寂，少年曾国藩在家读书，对一篇文章重复朗读很多遍了，还是背不下来。背不下来不能睡觉，他只好一直诵读此文。

这时候，家里来了一个小偷，潜伏在屋檐下，希望等读书人睡觉之后捞点好处。可是等啊等，就是不见曾国藩去睡觉，只听他还是翻来覆去地读那篇文章。贼人大怒，实在忍不住了，跳出来大声说：“这种水平读什么书？”接下来发生的事情让曾国藩目瞪口呆：只见贼人将那篇文章很流畅地背诵了一遍，然后轻蔑地看了曾国藩一眼，扬长而去。

这个小偷很聪明，至少其天赋要比曾国藩高许多，但是他却荒废了天赋沦落为“梁上君子”；而曾国藩从此知耻而后勇，刻苦治学，奋发图强，通过后天的不懈努力，终于

成为封建社会中罕有的立功、立德、立言“三不朽”的奇才。

由此可见不断学习对人的进步和发展有决定性作用。

六、“天下兴亡，匹夫有责”的爱国精神

在国家面临地震、洪水、瘟疫等自然灾害时，许多生产一线员工慷慨解囊，“众人拾柴火焰高”，“位卑未敢忘忧国”，正是因为大家有“天下兴亡，匹夫有责”的爱国精神，才使我国渡过了许多难关。“天下兴亡，匹夫有责”的爱国精神是对生产一线员工道德修养的基本要求。

生产一线员工一定要**对自己有信心，对他人有爱心，对公司有责任心，对顾客有耐心，对国家有民族责任感**，要不断提高道德修养，树立良好的个人形象，为家庭、为组织、为社会、为国家作出更大的贡献。

实践训练

按如下要求，加强道德修养并树立良好的个人形象：

(1) 对父母长辈孝敬，对同事朋友以礼相待。

(2) 每天自我反省一次。

(3) 请你的同事和好朋友指出你的不足。

推荐阅读

领导干部生活情趣中的辩证法

在中纪委第七次全体会议上，胡锦涛总书记十分强调干部生活作风建设，他指出，领导干部“要生活正派、情趣健康，讲操守，重品行，注重培养健康的生活情趣，保持高尚的精神追求”。生活情趣简言之就是志趣和爱好，生活情趣健康与否，往往影响领导干部的事业发展和人生轨迹，因此，必须正确认识，辩证解析。笔者认为，应处理好四种关系。

1. 大与小的关系

一些人认为，既然生活情趣是一个人的志趣和爱好问题，没有必要在这个问题上小题大做，甚至认为只要工作上有成绩、有能力，生活作风随便一点没关系，这种认识是十分错误的、有害的。大量事实表明，一些领导干部蜕化变质，一步步陷入违纪违法的泥潭，往往都是从吃喝玩乐这些看似小事的地方起步的，许多都有权色交易从中作怪。玩乐奢靡成风极易销蚀一个人的理想、信念和进取心，使人变得精神空虚、意志消沉、思想颓废、行为猥琐，并可能同时引发贪污受贿、买官卖官、失职渎职、欺压群众等违法乱纪行为。所以说，生活情趣确非小事，是一件关系到“修身、齐家、治国、平天下”的大事。千里之堤，毁于蚁穴；防微杜渐，知微见著。如果领导干部在生活情趣上不检点、不健康，在道德情操上打开了缺口，出现了滑坡，那就很难做到清正廉洁。因此，领导干部成就一番事业，就要管住自己的小节，从小事做

起，从小处严起，从一点一滴开始树立自身的良好形象，**“勿以善小而不为，勿以恶小而为之”**。

2. 多与少的关系

生活情趣关键在于是否健康，至于爱好兴趣的广泛与否、多与少，要辩证分析。笔者认为，凡事都要有个度，领导干部在生活情趣问题上也要把握好度，尽量减少用在个人兴趣爱好上的时间。因为人的精力是有限的，用在兴趣爱好上的精力、时间多了，用在工作上的精力、时间便少了，即便不到“玩物丧志”的地步，也必然会影响工作，贻误事业。兰州军区某集团军军长房峰辉有两个爱好：集邮、无线电，因为集邮花费时间太多，他早就“戒”了；而无线电是事业的“好帮手”，一直占据着他大部分业余时间。他自费订阅《无线电》杂志已有20多年，后来又增加了《计算机世界》。空闲时，他的乐趣就是钻到微机房，研究开发军事指挥方面的新软件。近年来，他在科研和技术革新上身体力行，带领部属在指挥自动化领域取得了一系列新成果，可以说，对无线电的热爱和兴趣成为他事业辉煌的助推器。

3. 公与私的关系

尽管生活情趣从表面上看属于领导干部八小时之外的“私事”，但也要自觉接受组织、群众、舆论的监督和批评，及时扫除自己政治上、思想上、人品上沾染的灰尘，在拜金主义、享乐主义、极端个人主义和灯红酒绿的侵蚀面前，做到一尘不染，一身正气，以优秀的品格、高尚的行动、良好的形象，取信于民，决不能借口生活情趣是私事而逃避监督和批评。从生活情趣本身看，它又的确是领导干部的“私事”，**决不能借口是“公事”、“公务行为”而由公款来为其生活情趣买单**。有些领导干部，假公济私，巧取豪夺，习惯于把自家的私事当“公事”办，家里遇到婚丧嫁娶之类，恨不能嚷嚷得全世界都知道，不仅动用公车和公权，甚至组成专门办公室，配备“秘书班子”专门来替自家操办，趁机聚敛钱财。

4. 雅与俗的关系

对于一般人来说，有益于身心的活动如游泳、打球、读书、琴棋书画、吹拉弹唱等，只要不影响他人，均属健康和文明的情趣；而酗酒、赌博、涉黄等，属于低俗、不文明的情趣。这些低俗的情趣，领导干部是绝对不能参与的。但有些高雅的情趣，领导者也要注意分寸和场合。并不是所有高雅的活动在所有场合都适合领导干部，比如与外宾、客商一块跳舞、打高尔夫球、保龄球是高雅的，应该的，也是无可厚非的，但如果领导干部本人泡舞厅、迷高尔夫球、保龄球，即使是个人消费也是不可取的，何况是公款消费呢？再比如穿名牌、住别墅、坐豪车，这些情趣对一般人可以，但在领导干部这里就不合适。因此，领导干部培养健康的生活情趣既要脱俗，又要符合实际、符合身份。**最好能引导领导干部多培养一些不那么昂贵、又简便易行的情趣**，像读读书、跑跑步、打打球，等等，既能调剂领导干部的精神，强健他们的体魄，给他们带来活力和昂扬向上的朝气，保持高尚的精神追求，又能防止在“培养情趣热潮”中，使情趣变味，产生新的腐败。当然，情趣的雅和俗也是辩证的，也存在雅俗共赏的问题，像下下棋、打打牌等，一些大众性的情趣，领导干部在工作之余也可以适当参与，如果拒之千里，反而容易疏远与群众的关系，影响领导干部的感召力和凝聚力。

资料来源：http：//theory. people. com. cn/GB/40537/5645424. html

◎思考题

1. 新时代生产一线员工如何进行价值观改造？
2. 生产一线员工提高道德修养的方法有哪些？

参考文献

[1] [美] 彼得·德鲁克．管理的实践 [M]．北京：机械工业出版社，2009.

[2] [美] 彼得·德鲁克．管理：使命、责任、实务（使命篇）[M]．北京：机械工业出版社，2006.

[3] [美] 彼得·德鲁克．卓有成效的管理者 [M]．北京：机械工业出版社，2008.

[4] [美] 彼得·德鲁克．21世纪的管理挑战 [M]．北京：三联书店，2003.

[5] [美] 彼得·德鲁克．公司的概念 [M]．北京：机械工业出版社，2009.

[6] [法] 亨利·法约尔．工业管理与一般管理 [M]．北京：机械工业出版社，2007.

[7] [美] 巴纳德．经理人员的职能 [M]．北京：机械工业出版社，2007.

[8] [美] 詹姆斯·马奇，赫伯特·西蒙．组织 [M]．北京：机械工业出版社，2008.

[9] [日] 大野耐一．丰田生产方式 [M]．北京：中国铁道出版社，2006.

[10] [加] 明茨伯格．明茨伯格管理进行时 [M]．北京：机械工业出版社，2010.

[11] [美] 汤姆·彼得斯，罗伯特·沃特曼．追求卓越 [M]．北京：中信出版社，2009.

[12] [美] 吉姆·柯林斯，杰里·波勒斯．基业长青 [M]．北京：中信出版社，2006.

[13] [美] 玛丽·福列特．福列特论管理 [M]．北京：机械工业出版社，2007.

[14] [英] 斯图尔特·克雷纳.管理百年 [M]. 海南：海南出版社，2007.
[15] 中国企业管理研究会《企业管理》编写组. 企业管理导论 [M]. 北京：经济科学出版社，2002.
[16] 金志国. 一杯沧海：我与青岛啤酒 [M]. 北京：中信出版社，2008.
[17] 付春雨. 现代企业管理 [M]. 北京：化学工业出版社，2007.
[18] 季辉. 现代企业管理 [M]. 北京：科学出版社，2007.
[19] 林宏. 现代企业管理 [M]. 杭州：浙江大学出版社，2007.
[20] 谢卫民，李日. 工业企业管理基础知识 [M]. 杭州：浙江大学出版社，2008.
[21] 林祖华. 管理学基础 [M]. 北京：中国时代经济出版社，2007.
[22] 北京英达管理培训中心. 班组安全意识手册 [M]. 北京：中国计量出版社，2009.
[23] 文放怀. 如何成长为优秀班组长 [M]. 广东：广东经济出版社，2008.
[24] 戴旭.C形包围——内忧外患下的中国突围 [M]. 上海：文汇出版社，2010.
[25] 戴旭. 盛世狼烟：一个空军上校的国防沉思录 [M]. 北京：新华出版社，2009.
[26] 戴旭. 海图腾 [M]. 北京：华文出版社，2009.
[27] 金一南. 苦难辉煌 [M]. 北京：华艺出版社，2010.
[28] 李凯城. 向毛泽东学管理 [M]. 北京：当代中国出版社，2010.
[29] 张进喜，陶劲松. 中外国防教育比较 [M]. 武汉：武汉理工大学出版社，2004.
[30] 张建华. 能力是证明出来的 [M]. 北京：北京出版社，2010.
[31] 张建华. 向解放军学习：最有效率组织的管理之道 [M]. 北京：北京出版社，2007.
[32] 贺迎九. 论“以产品为根，以生产一线员工为本” [J]. 学习月刊，2010 (3).
[33] 贺迎九. 生产一线员工学习管理知识的必要性 [J]. 学习月刊，2010 (4).
[34] 张慧. 群体责任的追究及处理原则 [J]. 学习月刊，2010 (10).
[35] 贺迎九. 论校园安全隐患及安全精细化管理 [J]. 湖北成人教育学院学报，2011 (1).